Eva Lipkowski und Liane Schüller

Perspektiven für den inklusiven Deutschunterricht

Literatur- und sprachdidaktische Praxisbeispiele zum Thema Hören und Höreinschränkungen

Waxmann 2017
Münster • New York

Bibliografische Informationen der Deutschen Nationalbibliothek
Die Deutsche Nationalbibliothek verzeichnet diese Publikation in der Deutschen Nationalbibliografie; detaillierte bibliografische Daten sind im Internet über http://dnb.dnb.de abrufbar.

Print-ISBN 978-3-8309-3701-2
E-Book-ISBN 978-3-8309-8701-7

Steinfurter Straße 555, 48159 Münster

www.waxmann.com
info@waxmann.com

Umschlaggestaltung: Inna Ponomareva, Düsseldorf
Umschlagabbildung: „The More I See You", © Jürgen Jansen, Privatsammlung Essen (Courtesy Galerie Obrist)
Satz: Sven Solterbeck, Münster
Druck: CPI books GmbH, Leck

Gedruckt auf alterungsbeständigem Papier, säurefrei gemäß ISO 9706

FSC www.fsc.org
MIX
Papier aus verantwortungsvollen Quellen
FSC® C083411

Printed in Germany

Perspektiven für den inklusiven Deutschunterricht

Inhalt

Vorbemerkung

Seit der Ratifizierung der UN-Behindertenkonvention im Jahr 2009 ist Inklusion ein zentraler Aspekt der Schullandschaft und des Unterrichtslebens und damit auch Aufgabenbereich der universitären Forschung und Lehre. Die einzelnen Fächer und Fachdidaktiken haben sich auf verschiedene Art und Weise der Herausforderung gestellt, vorhandene Konzepte und Methoden zu überarbeiten bzw. neu zu entwickeln. Dabei wird bereits Erprobtes mit neuen Konzepten in Bezug auf die Gegenstände, Methoden und die Zieldimensionen sowie die Kompetenzen für die Gestaltung eines inklusiven Unterrichts verbunden.

Der vorliegende Band ist aus der universitären Praxis entstanden und verbindet literatur- und sprachdidaktische mit linguistischen Aspekten für den inklusiven Deutschunterricht, um als Studienbuch für Studierende sowie als Anregung für die Hochschullehre und interessierte Lehrerinnen und Lehrer zu dienen.

Der Schwerpunkt der Darstellung liegt auf der Inklusion von Schülerinnen und Schülern mit Höreinschränkungen und damit auf dem Hören als zentraler Schnittstelle zwischen der Person und ihrer Umwelt. Der Band vermittelt Fachwissen zu Höreinschränkungen, Förderbereichen und Therapiekonzepten mit konkreten didaktisch-methodischen Anregungen für die unterrichtliche Praxis, damit Studierende auf ihre Rolle als Lehrerinnen und Lehrer vorbereitet und kompetente Partner für die betroffenen Schülerinnen und Schüler, aber auch für die Eltern und Therapeuten werden. In der Qualifizierung der Lehrkräfte besteht ein großer Nachholbedarf, vor allem in Bezug auf gemeinsames Lernen, denn „Kinder mit höherem Assistenzbedarf (…) brauchen fachlich gut ausgebildete Lehrerinnen und Lehrer, denen es in Kooperation mit anderen an Bildungsprozessen Beteiligten gelingt, die ‚Barrieren für Lernen und Teilhabe' abzubauen".[1]

In der vorliegenden Arbeit geht es im Einzelnen um:

- Sensibilisierung für die Belange von Schülerinnen und Schülern mit Hörbeeinträchtigungen
- Vermittlung von Sachkenntnissen zu den sprachlichen Auswirkungen von Höreinschränkungen als Basis unterrichtlichen Handelns (z. B. Erscheinungsformen von Hörbeeinträchtigungen, Therapiebereiche)
- Basisinformationen zu aktuellen Förderansätzen
- Hinweise zur therapiebegleitenden Förderung der Schülerinnen und Schüler mit Höreinschränkungen in der Regelklasse
- Einbindung des Themas Höreinschränkung in den Deutschunterricht
- Methodische und didaktische Anregungen für den Unterricht anhand von Texten und Filmen
- Basale Kenntnisse zu Medien und Möglichkeiten der Förderung von Medienkompetenz in inklusiven Lehr- und Lernkontexten

---

1 Jürgen Baurmann/Astrid Müller (2016): Gemeinsam lernen. Der Umgang mit Vielfalt im Deutschunterricht. Basisartikel in: Praxis Deutsch 258, 43. Jahrgang. S. 6 f.

Darüber hinaus kann das Werk auch fächerübergreifend in inklusiven und nicht-inklusiven Klassen eingesetzt werden, um das Thema Hören und Höreinschränkungen zu besprechen.

Zu den verwendeten Begriffen

Zur Bezeichnung von Menschen mit und ohne Höreinschränkungen wurden und werden zahlreiche Begriffe verwendet, unter anderem:

- Hörende, Normalhörende, Personen mit intaktem Gehör, nicht eingeschränkt Hörende
- Nichthörende, Gehörlose, Taube, Taubstumme
- Höreingeschränkte, Hörbehinderte, Hörgeschädigte, Hörgestörte, Höreingeschränkte, Personen mit nicht intaktem Gehör

Manche dieser Begriffe werden als diskriminierend empfunden und daher in der vorliegenden Darstellung vermieden oder explizit thematisiert (vgl. Kap. 4.2.1 Ergänzender Hinweis zum Begriff „taubstumm“).

1. Einleitung: Inklusion und Heterogenität

Am 26. März 2009 hat sich die Bundesrepublik Deutschland zur Umsetzung der Ratifizierung der Behindertenrechtskonvention verpflichtet. Artikel 8 des Abkommens macht deutlich, dass es sich bei der Inklusion um einen gesamtgesellschaftlichen Prozess handelt, bei dem Behinderungen als ein wesentlicher Aspekt innerhalb der Anerkennung von Vielfalt, Verschiedenartigkeit und Individualität zu sehen sind. Die Behindertenrechtskonvention benennt folgende Punkte:

1) Die Vertragsstaaten verpflichten sich, sofortige, wirksame und geeignete Maßnahmen zu ergreifen, um
   a) in der gesamten Gesellschaft, einschließlich auf der Ebene der Familien, das Bewusstsein für Menschen mit Behinderungen zu schärfen und die Achtung ihrer Rechte und ihrer Würde zu fördern;
   b) Klischees, Vorurteile und schädliche Praktiken gegenüber Menschen mit Behinderungen, einschließlich aufgrund des Geschlechts oder des Alters, in allen Lebensbereichen zu bekämpfen;
   c) das Bewusstsein für die Fähigkeiten und den Beitrag von Menschen mit Behinderungen zu fördern.[2]

Die obigen Ziele sind nicht umzusetzen, ohne dass ein gleichberechtigter Zugang zu Bildung für alle gewährleistet wird. Barrieren müssen erkannt und überwunden werden, damit sich alle Beteiligten aktiv in das gemeinsame Leben und Lernen einbringen können. Barrierefreiheit sollte sich dabei besonders auch auf den Bereich der Sprache beziehen. Hierbei kommt der Schule und dem Deutschunterricht eine Schlüsselfunktion zu, denn Sprache ist im Deutschunterricht beides: Medium und Gegenstand. Die im Deutschunterricht zu erwerbenden Kompetenzen stellen Grundlagen für das Lernen in jedem Fach bereit.[3]

1.1 Inklusion: Literaturdidaktik, Linguistik und Sprachdidaktik

In der vorliegenden Darstellung werden vor diesem Hintergrund literaturdidaktische, sprachdidaktische und linguistische Teile miteinander vernetzt. Die linguistischen und sprachdidaktischen Schwerpunkte stellen Ursachen und Erscheinungsformen von Hörbeeinträchtigungen vor und befassen sich mit deren Auswirkungen auf den Spracherwerb. Es werden alternative Kommunikationssysteme (z. B. die Gebärdensprache) und technische Unterstützungen des Hörens angesprochen, in

---

2 Vgl. http://www.behindertenrechtskonvention.info/bewusstseinsbildung-3786/ [23.04.2017]

3 Vgl. Tilman von Brand/Anja Pompe (2015): Inklusion im Deutschunterricht. In: Anja Pompe (Hrsg.): Deutsch inklusiv. Gemeinsam lernen in der Grundschule. Baltmannsweiler: Schneider. S. 30 f.

ihren Grundzügen charakterisiert und Auswirkungen von Höreinschränkungen auf die Rezeption ästhetischer Produktionen thematisiert. Zudem werden Hintergrundinformationen zum Verständnis der Lernprozesse Höreingeschränkter, ihrer Geschichte, gesellschaftlichen Situation und zu Kommunikationsmitteln gegeben. Auch werden linguistische Basisinformationen zu den sprachdidaktischen Unterrichtsvorschlägen sowie Kommunikationsmodelle (Bühler, Shannon und Weaver, Watzlawick, Schulz von Thun) und Gesprächsformen (Struktur des Gesprächs, Streitgespräch, patronisierende Sprache) besprochen. Ein Teil der linguistischen Aspekte ist in die Form von ergänzenden Hinweisen gebracht worden, die übersprungen oder schnell aufgefunden werden können, falls sie in anderen Zusammenhängen als den vorgeschlagenen verwendet werden sollen.

Ein flexibler Umgang mit den ergänzenden Hinweisen bietet sich häufig an, da in allen behandelten literarischen Werken und Filmen Themen wie Gebärdensprache, Ausgrenzung, Kommunikationsprobleme etc. angesprochen werden und die Autorinnen die Hinweise nicht wiederholen wollten.

Auch die literaturdidaktischen Vorschläge können flexibel eingesetzt werden, wenn z. B. mit älteren Schülerinnen und Schülern Themen wie die oben genannten über verschiedene Texte und Filme hinweg behandelt werden sollen.

Überblick zu den ergänzenden Hinweisen

Unter: 4.2.1 *Freak City*

- Auswirkungen von Höreinschränkungen
- Begriff „taubstumm“
- Gebärdensprache
- Absehen, Lippenlesen
- Kommunikation mit Gehörlosen
- Kommunikationsmodelle
- Normalform des Gesprächs
- Sprache und Gruppe I

Unter: 4.2.2 *Talk talk*

- Prälinguale und postlinguale Taubheit
- Leben und Beschulung Gehörloser in früherer Zeit
- Sprachbegriff bei Lew S. Wygotski
- Denken Gehörloser ohne Sprachbesitz
- Wortschatz bei Höreinschränkungen
- Phonologie, Spür- und Hörbarkeit von Lauten
- Sprache und Gruppe II
- Schallübertragung
- Die fünf Axiome zur Kommunikation von Paul Watzlawick et al.
- Konfliktgespräche

Unter: 5.1.1 Förderung der Wahrnehmung durch inklusive Filmbildung

- Rezeption von Filmen durch Höreingeschränkte

Unter: 5.2.2 *Jenseits der Stille*

- Nonverbale Kommunikation – Blickkontakt, Mimik, Gestik
- Organon-Modell von Karl Bühler/Kommunikationsquadrat von Friedemann Schulz von Thun
- Gallaudet-Universität
- Wahrnehmen von Musik durch Höreingeschränkte
- Hören und Gleichgewicht

Unter 5.2.3 *Louisa*

- Kultur der Gehörlosen
- Patronisierende Sprache

Dieses Grundwissen und die ergänzenden Hinweise fließen in den literaturdidaktischen Teilen sowohl in die Beschreibung und Analyse ausgewählter literarischer Texte und Filme als auch in die konkreten Kommunikationssituationen im Unterricht ein, an denen Schülerinnen und Schüler mit und ohne Hörbeeinträchtigungen beteiligt sind.

Mit Bezug auf die linguistischen und sprachdidaktischen Teile wird in den literarischen und filmischen Beispielen untersucht, wie dort Menschen mit Höreinschränkungen dargestellt werden (Selbstbild, allgemeines Verhalten, sprachliches und kommunikatives Verhalten) und wie ihr (soziales) Umfeld (Familie, Freunde, Institutionen) darauf reagiert. Mit Blick auf die in den Kernlehrplänen verankerten Lernbereiche, kooperativen Lehr- und Lernkonzepte und ausgewählten Unterrichtsmethoden finden sich darüber hinaus Überlegungen zur Thematisierung der Texte und Filme im inklusiven Deutschunterricht. Hier werden sowohl didaktische, als auch methodische Fragestellungen eine Rolle spielen und verschiedene Möglichkeiten Literarischen Lernens im Sinne einer inklusiven Literaturdidaktik ausgelotet.

Da audiovisuelle Medien viele Handlungs-, Erfahrungs- und Kommunikationsräume insbesondere für Schülerinnen und Schüler mit zusätzlichem Förderbedarf eröffnen, werden auch basale Kenntnisse über technische Möglichkeiten sowie assistive Technologien für Schülerinnen und Schüler mit Höreinschränkungen vermittelt.

Die am Kommunikations- und Bildungsprozess Beteiligten sollen hierdurch befähigt werden, die Situation in inklusiven Klassen genauer wahrzunehmen und (sprach-)förderliche Maßnahmen, etwa in Zusammenarbeit mit Förderschullehrerinnen und Förderschullehrern, zu unterstützen und zu initiieren.

1.2 Inklusion: Schulische Kontexte

„Alle Menschen sind frei und gleich an Würde und Rechten geboren".[4] Es darf niemand aufgrund von Behinderung, sozialer oder ethnischer Herkunft, Religion, Geschlecht, Sprache, sexueller Identität und Hautfarbe diskriminiert werden. Die Vielfalt von Gruppen und Individuen spiegelt sich in der aktuellen Schullandschaft wider. Die Lerngruppen sind, unter anderem bedingt durch die oben genannten Faktoren, meist heterogen zusammengesetzt. Alle Schülerinnen und Schüler – mit und ohne Einschränkungen – haben durch den Startschuss für die „inklusive Schule" einen Rechtsanspruch auf einen Platz in der Regelschule und auf individuelle Förderung, die ihr eigenes Leistungsvermögen berücksichtigt. Generell sollte die Ausbildung fachlicher und sozialer Kompetenzen für alle Schülerinnen und Schüler im Fokus stehen. Dem muss erstens auf bildungspolitischer Seite durch eine Erweiterung der Ressourcen Rechnung getragen werden. Zweitens müssen Institutionen wie Kindergärten, Schulen, Universitäten und andere Ausbildungsstätten stärker kooperieren. Derzeit wird das Thema Inklusion in der Fachdidaktik Deutsch vielfach diskutiert.[5] Die vorliegende Darstellung will einen Beitrag zu dieser Diskussion leisten und auf der Grundlage von Kenntnissen über Höreinschränkungen konkrete Ideen und Impulse für den Unterricht vermitteln, an denen es nach wie vor insbesondere für die Sekundarstufen mangelt. Wenn Schülerinnen und Schüler mit sonderpädagogischem Förderbedarf in einer Klassengemeinschaft mit Regelschülerinnen und -schülern unterrichtet werden sollen, müssen praktikable Konzepte und Modelle entwickelt werden, die Lehrerinnen und Lehrern, aber auch den Eltern die gemeinsame Arbeit erleichtern.

Verbindungen von Literatur- und Sprachunterricht werden in der Schulpraxis selten hergestellt, stattdessen werden beide Bereiche in „Epochen" thematisiert. Dabei stellt eine Verflechtung in den Augen der Verfasserinnen – nach dem vorliegenden ersten Versuch – ein vielversprechendes Projekt dar. Sie könnte den oft abstrakt wahrgenommenen Sprachthemen durch die Spiegelung sprachlicher Phänomene in der Literatur mehr Lebensnähe verleihen. Literarische Texte oder Filme könnten dagegen durch sprachbezogene Hinweise transparenter und für den Unterricht anschaulicher werden. So könnten sich die oft sehr genauen Recherchen, die den literarischen und filmischen Darstellungen häufig zugrunde liegen, offenbaren und die im literarischen Text angesprochene Sachebene kann durch sprachanalytische Aspekte systematisiert und vertieft werden.

---

4 http://www.menschenrechtserklaerung.de/ [29.03.2017]

5 Vgl. hierzu u. a.: Johannes Hennies/Michael Ritter (2014) (Hrsg.): Deutschunterricht in der Inklusion. Auf dem Weg zu einer inklusiven Deutschdidaktik. Stuttgart: Fillibach bei Klett; Jürgen Baurmann/Astrid Müller: Gemeinsam lernen, a. a. O. S. 4–11; Daniela Frickel/Andre Kagelmann (2016) (Hrsg.): Der inklusive Blick. Die Literaturdidaktik und ein neues Paradigma. Frankfurt a. Main u. a.: Peter Lang; Anja Pompe (2016) (Hrsg.): Deutsch inklusiv. Baltmannsweiler: Schneider.

Wie bereits von einigen Schulen praktiziert,[6] sollte das gemeinsame Lernen als Chance in den Blick genommen und erprobte Lehr- und Lernwege in Hinblick auf Heterogenität, Vielfalt und Inklusion genutzt werden. Wichtig ist in diesem Zusammenhang, dass „Lehrende ihre Aufmerksamkeit für das, was bedeutsam an Lernenden ist, sensibilisieren und insofern erweitern, als sie auf das eigentlich Unteilbare, die Individualität, umstellen".[7] Dies kann vor allem durch konkrete Angebote für den unterrichtlichen Kontext erfolgen, um die Lehrerinnen und Lehrer in ihrer Arbeit zu unterstützen.

Reflektiert werden sollte auch die Frage, ob und inwieweit es sinnvoll ist, Beeinträchtigungen, von denen teilnehmende Schülerinnen und Schüler betroffen sind, zu thematisieren oder ob andere Behinderungen im Unterricht besprochen werden und der Transfer den Schülerinnen und Schülern überlassen wird. Andererseits könnte in Klassen, die von Schülerinnen und Schülern mit unterschiedlichen Beeinträchtigungen besucht werden, die Behandlung nur einer Form der Behinderung als Benachteiligung verstanden werden.

In bestimmten Zusammenhängen könnte es sich als zweckmäßig erweisen, nicht einzelne Behinderungen, sondern Einschränkungen in bestimmten Leistungen etwa die Schriftsprachbeherrschung, das Sprechen, alternative Kommunikationssysteme wie die Gebärdensprache oder die Blindenschrift in den Vordergrund zu rücken, um so Behinderungen weniger gruppenbezogen zu thematisieren.

Diese Fragen sind komplex und sollten, solange kaum diesbezügliche Unterrichtserfahrungen bestehen, unter Berücksichtigung der Zusammensetzung und Motivation einer konkreten Schülergruppe beantwortet werden.

Die Förderung der Fähigkeiten *Hören*, *Sprechen*, *Lesen* und *Schreiben* ist Aufgabe aller Schulfächer. Dem Deutschunterricht kommt jedoch eine besondere Stellung zu, da Sprache hier nicht nur als Medium, sondern auch als System in den Blick genommen wird. In Hinblick auf Schülerinnen und Schüler mit Hörbeeinträchtigungen hat die Förderung der sprachlichen Fähigkeiten besondere Bedeutung, da auf Probleme mit sprachlichen Leistungen intensiver eingegangen werden muss. Auch zeigt sich, dass viele linguistische Gegenstände des Deutschunterrichts der Sekundarstufe I und II (z. B. Kommunikationsmodelle und Sprachformen) in Zusammenhang mit Höreinschränkungen auf eine Weise thematisiert werden können, die für alle Beteiligten lebenspraktische Bezüge herstellt und den linguistischen Stoffen einen hohen Motivationswert verleihen kann.

6 Vgl. etwa die David-Ludwig-Bloch-Schule in Essen – Förderschwerpunkt Hören und Kommunikation (http://www.david-ludwig-bloch-schule.lvr.de/de/nav_main/startseite.html) [15.07.2017] und die Gesamtschule Nettetal (http://www.ge-nettetal.de/upload/dateien/schule/konzepte/Nettetal_Inklusion_Konzept_2011.pdf) [15.07.2017]

7 Anja Pompe (2016): Deutsch inklusiv, a. a. O. S. 10.

Hören, Sprechen, Lesen und Schreiben bei Höreinschränkungen

Das *Hören* von Sprache ist eine wesentliche Quelle für den Erwerb aller sprachlichen Fähigkeiten. Über Hören wird das Sprachsystem (Aussprache, Wortschatz und Grammatik) im frühkindlichen Alter auf natürlichem Weg aufgebaut. Dabei ist Hören von Anfang an auch Mittel der Welterschließung und des Literarischen Lernens. Das Vorlesen, das Singen von Liedern, das Sprechen von Reimen und das Rezipieren von Hörspielen und -büchern gehört zu den ersten Erfahrungen literarischer Sozialisation. Die Schule hat daher den Auftrag, das Hören zu unterstützen und diese Fähigkeit nach Möglichkeit auszubauen. (Näheres hierzu in Kap. 2)

Das *Sprechen* Höreingeschränkter weist oftmals eine besondere Artikulation auf und kann von Wortschatz- und Grammatikeinschränkungen gekennzeichnet sein. Solche Auffälligkeiten können sich zunächst als beeinträchtigend erweisen, spricht die höreingeschränkte Person jedoch häufig in der Klasse, tritt eine Gewöhnung ein, die einerseits unrichtige Implikationen tilgt und andererseits ein besseres Verstehen ermöglicht. (Zum Sprechen Höreingeschränkter finden sich zahlreiche Beispiele in den später besprochenen Texten und Filmen.)

Für Höreingeschränkte ist demnach eine besondere Förderung der mündlichen Kommunikation und ihrer Begleiter wie Blickkontakt, Lippenlesen und Gesten und/oder Verständigung in der Gebärdensprache von besonderer Bedeutung.

Aus *Lesen* ergibt sich eine Erweiterung des Wortschatzes, aber auch in erheblicher Weise des Weltwissens. *Lesen* und *Schreiben* festigen die Grammatik und führen zu einer Aneignung des schriftsprachlichen Stils. Da Hören auch zum *Schriftspracherwerb* beiträgt, sind für Höreingeschränkte auch hier oft besondere Bedingungen gegeben. Schreiben zu lernen bedeutet zunächst, sich auf die Lautseite zu konzentrieren und akustische Gebilde zu analysieren (Wörter in Silben und Silben in Einzellaute zu zerlegen). Beim Lesen werden visuelle Eindrücke (Buchstaben) zusammengeführt (zu Silben und Wörtern). Von der Inhaltsseite wird dabei zeitweilig abgesehen. Lässt die Höreinschränkung diesen Weg zu, kann der Schriftspracherwerb zu einer Präzisierung des Hörens beitragen, meist ist dieses Vorgehen aber nur bedingt möglich und der Erwerb der Schriftsprache erfordert ergänzende oder andere Methoden. Liegen Hörbeeinträchtigungen vor, die den Aufbau des verbalen Sprachsystems stark beeinträchtigen, stehen Lesen- und Schreibenlernen unter erschwerten Bedingungen.

> „Eine Hörstörung ist dann als sprachrelevant anzusehen, wenn ein beidseitiger Hörverlust (>25dB auf dem besser hörenden Ohr) im Hauptsprachbereich (zwischen 500 und 4000 Hz) länger als 3 Monate bzw. permanent besteht. Schulkinder zeigen bereits bei einer geringgradigen Schwerhörigkeit deutlich Schwierigkeiten in der Lautunterscheidung, einer Basisvoraussetzung für den Lese- und Rechtschreibprozess, die unbedingt rehabilitiert werden muss.“[8]

8 Deutsche Gesellschaft für Kinder und Jugendpsychiatrie, Psychosomatik und Psychotherapie (2015) (Hrsg.): Evidenz- und konsensbasierte Leitlinie AWMF-Registernummer

Auch Gehörlose, die ausschließlich oder vornehmlich in der Gebärdensprache kommunizieren, können Schreiben und Lesen lernen. Zu bestimmten Gebärden, Zeichnungen oder Objekten lernen sie die zugehörigen Schriftbilder, die ihnen als Ganzwörter präsentiert werden (Ganzheitsmethode). Auch ein Frühbeginn des Schriftspracherwerbs wird empfohlen: „Ein früher intensiver Einsatz der Schriftsprache ab 2½ Jahren führt nach van Uden (1983, 58) vier Jahre später zu einem Lese-Wortschatz von 600–1000 (!) und einem Schreib-Wortschatz von 60–100 Wörtern (…).“[9]

Gehörlose werden durch den Kontakt mit Schrift auch an die Grammatik der deutschen Sprache herangeführt. Da die Grammatik der Gebärdensprache anders aufgebaut ist, bedeutet dies einen Aufwand, der dem Erwerb einer Fremdsprache nahekommt und der bei Gehörlosen, anders als bei vielen Höreingeschränkten, mühsam verläuft.[10] Allerdings erweisen sich die grammatischen Strukturen in vielen Fällen als ein Problem, das die Leselust und den Schreiberfolg beeinträchtigt.

Da die weiterführende Sprachaneignung durch Lesen erhebliche Impulse erfährt und das Schreiben eine Kommunikationsform darstellt, auf die nicht verzichtet werden sollte, ist auf diese Fähigkeiten in Regel- und Förderunterricht großer Wert zu legen.

Dies gilt allerdings auch für Hörende mit Schriftspracherwerbsproblemen, die in Gefahr sind, von einer Grundvoraussetzung für eine weiterführende Sprach- und Weltaneignung ausgeschlossen zu bleiben, weshalb schriftliche Kommunikation sowohl in der Literatur- als auch der Sprachdidaktik eine zentrale Rolle spielt.

Kommunikation als Gegenstand des Deutschunterrichts

Das Kapitel 2 zeigt Ausschnitte aus schulischen Kompetenzbeschreibungen, die die Analyse von Kommunikation als einen zentralen Gegenstand des Deutschunterrichts ausweisen. Da Systeme immer dann gut verständlich beschrieben werden können, wenn man sie mit anderen Systemen vergleicht, ist die Beschäftigung mit Verständigungssystemen wie dem Lippenlesen, der Gebärdensprache oder der schriftlichen Kommunikation als Ergänzungs- und Ersatzsystem zur mündlichen ein geeigneter Hintergrund, Kommunikationsgewohnheiten zu reflektieren und zu erweitern. Auch die Beschreibung und Reflexion des kommunikativen Umgangs

---

028–044. Diagnostik und Behandlung von Kindern und Jugendlichen mit Lese- und/oder Rechtschreibstörung. Unter: http://www.kjp.med.uni-muenchen.de/download/leitlinie_lrs_kjp_langfassung.pdf. S. 17. [28.03.2017]

9 Klaus Günther (2014): Früher Schriftspracherwerb: Missachtete Option in der Früherziehung gehörloser Kinder. Unter: http://gehoerlosekinder.de/wp-content/uploads/2014/05/G%C3%BCnther.pdf [29.03.2017]; A. v. Uden (1983): Diagnostic Testing of Deaf Children. Lisse: Swets & Zeitlinger.

10 Vgl.: Klaudia Krammer (2001): Schriftsprachkompetenz gehörloser Erwachsener. Unter: http://www.uni-klu.ac.at/zgh/downloads/krammer.pdf [29.03.2017]

mit Konfliktpartnern und sprachlich (vermeintlich) Unterlegenen fügt sich problemlos in die oben genannten Kompetenzbeschreibungen ein.

Kommunikation ist eine wesentliche Bedingung allen Lernens und der interpersonalen Verständigung, auch im schulischen Raum. Literalität wird dabei definiert als eine „kommunikative und soziale Praxis, die sich mit den räumlichen und den medialen Bedingungen, den Konventionen und den individuellen Gestaltungen konturiert und alle schriftbezogenen Handlungen einschließt".[11]

Bei der Umsetzung von Inklusion als Bildungsaufgabe sind literatur- und sprachdidaktische sowie linguistische Aspekte gleichermaßen mitzudenken: Förderung von Lesekompetenz, Ausbildung literarästhetischer Urteilskompetenz sowie Technik des Lesens und Schreibens, grammatische Aspekte der Lesefähigkeit, Wortanalyse und Textsortenkenntnis.

Eine Vernetzung der Bereiche, zwischen denen eine Wechselwirkung besteht, erscheint im Kontext von Inklusion vor allem deshalb sinnvoll, da die erfolgreiche Teilnahme an weiterführender Kommunikation für Schülerinnen und Schüler mit Einschränkungen nach wie vor infrage steht, solange sie keine (Sprach-)Förderung erhalten, die die erreichbaren Entwicklungen auslotet. Eine solche Förderung sollte in dem Sinne ganzheitlich sein, dass sie Sprachübung und -erweiterung sowie die Reflexion der besonderen kommunikativen Situation der beeinträchtigten Schülerinnen und Schüler verbindet. Hörbeeinträchtigte sind häufig in Standardsituationen in der Lage, Unverstandenes auf anderen Wegen zu erschließen (Absehen, Interpretation von Gestik und Mimik, Einsatz von Wissen über die Wort- und Satzgliedstellung im Satz und erwartbaren Gesprächsbeiträgen). Redeteile, die unerwartete Inhalte, lexikalische oder syntaktische Strukturen aufweisen, können dagegen Schwierigkeiten bereiten. Derartige elaborierte Sprachstrukturen und kreative Gestaltungen von Inhalten sind aber für literarische Texte kennzeichnend.

So können

- die Ziele der Sprachübung, die auf die Teilnahme an elaborierten Kommunikationsformen hinauslaufen, mittels geeigneter literarischer Texte unmittelbar umgesetzt werden;
- die in der Sprachübung erarbeiteten Formen durch Anwendung in verschiedenen, auch auf Literatur und deren Analyse bezogenen Kommunikationssituationen gefestigt werden;
- die Reflexionen literarischer Texte den Schülerinnen und Schülern mit Beeinträchtigungen als Motivation zur Teilhabe dienen, da sie ihre besondere Situation als mehr oder weniger adäquat wahrgenommen erleben;
- sich Schülerinnen und Schüler ohne Beeinträchtigung über ausgewählte mediale Formen (z. B. literarische Texte und Filme) die besonderen Situationen beeinträchtigter Schülerinnen und Schüler erschließen und so in die Lage versetzt werden, ihr kommunikatives Verhalten zu reflektieren.

---

11 Andrea Bertschi-Kaufmann/Cornelia Rosebrock (2009): Literalität. Bildungsaufgabe und Forschungsfeld. München, Weinheim: Juventa. S. 7.

Neben literarischen Texten, die als „Unterrichtsgegenstände zu den Schlüsselmedien des Deutschunterrichts (gehören), die in allen Kompetenz- und Lernbereichen ihren festen Platz haben und anhand derer ganz unterschiedliche Kompetenzen ausgebildet und gefördert werden können",[12] werden als weitere Medien für die vorliegende Darstellung Filme in den Blick genommen, mit denen die Schülerinnen und Schüler im inklusiven Unterricht durch die „Sprache des Films" neue Ausdrucksformen kennenlernen und durch filmbezogene sowie projekt- und ergebnisorientierte Lernformen ihre kooperativen und sozialen Fähigkeiten fördern können.[13]

Verwendung des Werks in Seminaren für Lehramtsstudierende

In der universitären Lehre ist das Werk in mehreren Seminartypen einsetzbar, dabei sind allerdings nur Auszüge, wie z. B. einige der *Ergänzenden Hinweise* für eine Verwendung in den ersten Fachsemestern geeignet. So wäre eine Thematisierung der Hörbarkeit von Lauten in einer Veranstaltung zu Laut und Schrift eine Möglichkeit, eine der Implikationen des Gegenstands für lebenspraktische Zusammenhänge aufzuzeigen.

Welche Begriffe aus fachwissenschaftlichen und didaktischen Seminaren des Grundstudiums vorausgesetzt werden und daher gegebenenfalls vorgeklärt werden müssen, ist im Anhang zu ersehen.

In didaktischen Seminaren des Hauptstudiums können die vorgelegten Unterrichtsvorschläge als Grundlage und Ausgang vertiefender Recherchen und Diskussionen dienen. Hierzu kann auch das Literaturverzeichnis genutzt werden. Besonders geeignet ist die vorliegende Darstellung für Seminare, in denen linguistische, sprach- und literaturdidaktische Aspekte verknüpft werden. Solche Seminare können in der Regel im Masterstudium in „Freien Modulen" oder Modulen zu aktuellen Entwicklungen platziert werden. Hierbei sollte Teamteaching einer literaturdidaktisch und einer linguistisch-/sprachdidaktisch orientieren Lehrkraft praktiziert werden. Welchem Bereich die Leistung der Studierenden (z. B. in Form von Credit Points – ECTS) zugerechnet wird, kann von der Ausrichtung der studentischen Leistungen abhängig gemacht werden.

Auch ein Einsatz in ausschließlich literaturdidaktischen Seminaren ist möglich. Die in der Darstellung berührten Themen des Literaturunterrichts können an den vorgeschlagenen Texten linear abgearbeitet werden. Ein weiterer Angang wäre, zu ausgewählten Themen, z. B. Grundbegriffen der Literatur- und Filmanalyse wie etwa der Erzählperspektive, über mehrere Werke hinweg Beispiele zu suchen und

---

12 Tilman von Brand (2015): Deutsch unterrichten. Einführung in die Planung, Durchführung und Auswertung in den Sekundarstufen. 4. aktual. u. erw. Aufl. Seelze: Klett/Kallmeyer. S. 167.

13 Vgl. hierzu: Praxisleitfaden Inklusion und Film. Methoden, Tipps und Informationen für eine inklusive Filmbildung (2014). Hrsg. von Vision Kino – Netzwerk für Film- und Medienkompetenz (www.visionkino.de). S. 8.

die hierzu unterbreiteten unterrichtlichen Umsetzungen und deren weiteres didaktisches Potential zu diskutieren. In diesem Fall sind die linguistisch orientierten *Ergänzenden Hinweise* Hintergrundinformationen, die einen vertieften und vernetzenden Zugriff der Studierenden auf die vorgeschlagenen oder auch weitere literarische/filmische Werke ermöglichen.

In sprachdidaktischen Seminaren können die angesprochenen Themen des Sprachunterrichts, wie Gesprächsanalyse in den Zusammenhang einer allgemeinen Thematisierung von Höreinschränkungen eingebunden oder in Auszügen als Vertiefung einer konventionellen Thematisierung herangezogen werden.

Verwendung des Werks bei Unterrichtsvorbereitungen

Da viele Themen des Literatur- und des Sprachunterrichts gemeinsame Gegenstände haben, etwa Textsorten, Sprech- und Schreibstile, Verknüpfungen von Sprache und Denken etc., ist eine beide Aspekte verbindende Arbeitsweise in verschiedener Hinsicht von Vorteil. Die literarische Betrachtung kann die Analysekriterien der Sprachbetrachtung nutzen, der Sprachunterricht gewinnt an Anschaulichkeit, Vielfalt und Bezug zur Lebenswelt, weit über die oft zentral gestellten Fragen der Korrektheit eigenen sprachlichen Handelns hinaus.

Neben den eingehend besprochenen Texten/Filmen und den zugeordneten Vorschlägen für den Unterricht enthält das Werk in den unter diesem Gesichtspunkt konzipierten Teilen des Anhangs Texte und Fundstellen, die Grundlage weiterer Erarbeitungen sein können.

2. Umgang mit Hörbeeinträchtigungen im Unterricht

2.1 Kompetenzen und Lernbereiche im inklusiven Deutschunterricht

Eine Vielzahl von Veröffentlichungen zur integrativen Beschulung von Schülerinnen und Schülern mit Höreinschränkungen ist sich darin einig, dass deren Unterstützung auf mehreren Ebenen erfolgen sollte:

- auf der Verwendung technischer Hilfsmittel
- den Kenntnissen der Lehrerinnen und Lehrer und der weiteren Unterstützerkreise über Schülerinnen und Schüler mit Höreinschränkungen
- der angepassten Verhaltensweise aller Beteiligten

Es wird angemahnt, Mitschülerinnen und Mitschüler sachdienlich zu informieren. So nennen etwa Tilly Truckenbrodt und Annette Leonhardt die „Sensibilisierung durch Lehrer und Mobilen Dienst, Rücksichtnahme, gegebenenfalls sogar Hilfestellung (Banknachbar, Einhalten von Gesprächsdisziplin und Nutzen der Übertragungsanlage)".[14] Der Mobile Dienst ist Bestandteil von Förderschulen. Bundesweit gibt es verschiedene Bezeichnungen (Mobiler Dienst, Ambulanter Dienst, Mobiler Sonderpädagogischer Dienst oder Mobile Reserve).[15] Er kann Förderschullehrkräfte aus nahegelegenen Förderschulen, die die wohnortnahe schulische Inklusion von Schülerinnen und Schülern beratend unterstützen, zur Verfügung stellen. Zu den Angeboten gehören:

- „Information der Mitschülerinnen und Mitschüler
- Beratung zur Akustik des Klassenraumes und zur Verwendung der technischen Hilfsmittel
- Beratung zu Art und Umfang der Hörschädigung und zu Prinzipien der Kommunikation
- Beratung und Unterstützung in Bezug auf didaktische, methodische, unterrichtsorganisatorische und soziale Aspekte
- Beratung zur Gewährung und Umsetzung des Nachteilsausgleichs".[16]

Bei Einsatz einer Übertragungsanlage wird Gesprochenes[17] aufgenommen und an die Hörhilfe des Höreingeschränkten gesendet, die Aufnahmestation kann bei der Lehrerin oder dem Lehrer verbleiben oder weitergereicht werden.

---

14 Tilly Truckenbrodt/Annette Leonhardt (2016): Schüler mit Hörschädigungen im inklusiven Unterricht. Praxistipps für Lehrkräfte. 2., durchges. Aufl. München, Basel: Ernst Reinhardt. S. 36.

15 Vgl. ebd. S. 76.

16 https://www.landesschulbehoerde-niedersachsen.de/bu/schulen/paedagogische-psychologische-unterstuetzung/mobile-dienste/hoeren [27.04.2017]

17 Vgl. http://www.schwerhoerigen-netz.de/MAIN/ratg.asp?inhalt=HOERGERAETE/HILFSMITTEL/hilfsmittel-rl [27.04.2017]

Die didaktischen und methodischen Wege, wie ein kompetenter Umgang der hörenden und eingeschränkt hörenden Schülerinnen und Schüler miteinander entwickelt werden kann, sind erst im Entstehen. Die vorliegende Veröffentlichung will hierzu einen Beitrag leisten. Viele der hier entwickelten Vorschläge für die Unterrichtspraxis sind entsprechend so ausgerichtet, dass sie in nicht-inklusiven Klassen Einsatz finden können und in inklusiven, die von Schülerinnen und Schülern mit Höreinschränkungen oder mit anderen Behinderungen besucht werden.

Aus Sicht der Lehrerinnen und Lehrer ergeben sich hier einige Fragen, etwa, ob die durch die Inklusion bedingten Kompetenzen mit den im Lehrplan geforderten in Einklang zu bringen sind und wie ihre Umsetzung erfolgen kann.

Um eine Antwort auf diese Fragen zu finden, ist ein Blick in die Curricula angebracht, die die konkreten Unterrichtsinhalte weitgehend bestimmen. Im Folgenden werden die Bildungsstandards der Kultusministerkonferenz näher betrachtet, da sie die Basis aller anderen Lehrpläne darstellen.

Tatsächlich werden in den Bildungsstandards viele Kompetenzbereiche ausgewiesen, deren Erarbeitung anhand einer Thematisierung von Höreinschränkungen erfolgen kann. Dies ist in den Kompetenzbereichen *Interpersonale Kommunikation, Sprachreflexion, Literarisches Lernen, Ästhetische Bildung* und *Medien* in besonderer Weise der Fall.

2.2 Kompetenzbereich interpersonale Kommunikation

Sprechen, Zuhören, Körpersprache

Im Kompetenzbereich *Sprechen und Zuhören* kommt es vor allem darauf an, praktische kommunikative Kompetenzen auszubilden, zu reflektieren und zu fördern. Besonders bei Schülerinnen und Schülern mit Höreinschränkungen sind in Bezug auf Möglichkeiten des Nachteilsausgleichs verschiedene Aspekte zu berücksichtigen, um das Hörverstehen der Betroffenen zu sichern. Neben räumlichen Maßnahmen, die eine verbesserte Akustik ermöglichen, wie etwa störschallfreie Räume, ist auch an gute Beleuchtung in bestenfalls kleineren Klassen(-gruppen) und an eine geeignete Sitzordnung zu denken. Auch sind unterschiedliche Hörhilfen einzubeziehen (etwa Übertragungs-/Mikroportkommunikationsanlage, Hörgeräte, Sprechhilfen/Talker; vgl. Kap. 5.1.3). Die Lehrkräfte sollten darauf achten, dass die Mikroportanlagen auch tatsächlich sowohl von Lehrkraft zu Lehrkraft bei wechselndem Fachunterricht als auch innerhalb der Klasse weitergereicht werden, etwa in Diskussionen in der Schülergruppe. Bei starker Höreinschränkung ist auch die Unterstützung von Gebärdendolmetschern und -dolmetscherinnen denkbar, damit im Bedarfsfall sowohl in Laut- als auch in Gebärdensprache kommuniziert werden kann. Dabei muss allerdings überprüft und mit der jeweiligen Lehrkraft abgesprochen werden, wann und in welcher Form der Einsatz zielführend ist, da Gebärdendolmetscher und -dolmetscherinnen einerseits zumeist keine pädagogische Ausbildung haben und andererseits in manchen Situationen die sprachliche Übersetzung wenig nutzt, wenn aufgrund von fehlendem Hintergrund- und Allgemeinwissen Inhalte nicht verstanden werden (vgl. Kap. 3).

Die Rheinische Förderschule Essen führt als primäres Ziel für die Beschulung hörgeschädigter Kinder und Jugendlicher an, dass diese je nach ihren individuellen Möglichkeiten durch den Unterricht „ihren Fähigkeiten entsprechend die Deutsche Schriftsprache erlernen und auch zur lautsprachlichen Kommunikation gelangen [sollen], damit ihnen eine selbstständige Kommunikation außerhalb der Schule möglich ist. Insgesamt wird unsere Kommunikation durch intensiven Einsatz von Mimik und Gestik gesichert und erleichtert".[18] Hier wird bereits auf den Aspekt der nonverbalen Kommunikation hingewiesen, der im Kontext von interpersonaler Kommunikation von großer Bedeutung ist.

Um hörbeeinträchtigte Schülerinnen und Schüler in den Regelunterricht zu integrieren, bieten sich zunächst vor allem kooperierende Lernformen an (vgl. Kap. 4.1.1), bei denen sich die Schülerinnen und Schüler gegenseitig unterstützen, z. B. durch das Mitschreiben von Informationen, die dann weitergereicht werden können, oder durch die Möglichkeit, bei dem Partner/der Partnerin Unverstandenes nachzufragen. Zudem sollte von Seiten der Lehrkraft darauf geachtet werden, Inhalte des Unterrichts nicht nur verbal zu kommunizieren, sondern auch zu visualisieren bzw. zu verschriftlichen (z. B. auf der Tafel, dem Whiteboard, dem Overheadprojektor oder mittels einer Power Point Präsentation), um den Unterrichtsverlauf über einen weiteren Lernkanal für alle Schülerinnen und Schüler nachvollziehbar zu machen. Auch sollte im Unterricht regelmäßig auf texterklärendes Bildmaterial zurückgegriffen werden. Die Lehrkraft sollte deutlich artikuliert sprechen und ihre Äußerungen durch Gestik, Mimik und Blickkontakt unterstützen.[19] Eine adäquate Gesprächsführung kann gewährleistet werden, indem z. B. Beiträge wieder aufgegriffen bzw. wiederholt, Fachbegriffe erläutert oder visualisiert, Gesprächsbeiträge strukturiert oder Arbeitsschritte innerhalb eines Gesprächs zusammengefasst werden. Abschließend ist es angebracht, die verschiedenen Phasen des Unterrichts(-gesprächs) miteinander zu vernetzen und die Ergebnisse festzuhalten.[20]

Gerhard Rupp spricht vom „körpernahen Erleben" als Leitbegriff für den Arbeitsbereich Körpersprache: „Formen der Beeinträchtigung sollten ausgeglichen werden, besondere Fähigkeiten gestärkt werden, um eine optimale Verarbeitung und Produktion vokaler und nonvokaler körpersprachlicher Zeichen zu gewährleisten".[21] Im Unterricht sollten die „Sprachzeichen des Körpers" – Mimik, Blickkontakt, Gestik,

---

18 http://www.david-ludwig-bloch-schule.lvr.de/de/nav_main/wir_ueber_uns_1/kommunikationen/kommunikationsformen.html [15.02.2017]

19 Vgl. Barbara Litterst (2011): Die Bedeutung der Lehrersprache im Unterricht für hörgeschädigte bzw. sprachbehinderte Schüler. In: Hörgeschädigtenpädagogik, Band 6, Jahrgang 65. S. 242.

20 Vgl. Markus Stecher (2010): Grafisches Strukturieren im Kontext Kooperativen Lernens. In: Hörgeschädigtenpädagogik, Band 1, Jahrgang 64. S. 128 f.

21 Gerhard Rupp (2016): Der inklusive Blick auf das Lernen von Sprache, Literatur und den Umgang mit Medien – kulturwissenschaftliche Perspektiven auf die Deutschdidaktik.

Körperhaltung und Körperkontakt – durch körpernahes Erleben, szenisches Spiel und Bewegungsformen gefördert werden, um Beeinträchtigungen kompensieren zu können. Menschen mit starker Hörbeeinträchtigung sind häufig etwa durch die Gebärdensprache, aber auch durch das Lippenlesen mit verschiedenen Formen nonverbaler Kommunikation vertraut. Szenisches Spiel zielt neben der Förderung kommunikativer Kompetenz besonders auf die Förderung sozialer Kompetenz, den Umgang miteinander, aber auch die Ausbildung von Empathie ab.

Für die auf Sprache und Sprachuntersuchung bezogenen Teile der vorliegenden Darstellung wurden Kompetenzbeschreibungen zu interpersonaler Kommunikation und Sprachreflexion ausgewählt, da die interpersonale Kommunikation das Zusammenleben im Klassenraum direkt betrifft und die Sprachreflexion besonders im Bereich der Kommunikationssysteme durch eine Konkretisierung anhand von Höreinschränkungen erheblich an Lebensnähe und Motivationswert gewinnen kann.

Herangezogen werden Kompetenzbeschreibungen, die für den Schulabschluss nach der 9. Klasse und für das Abitur gelten. Damit wird ein breites Spektrum der Leistungserwartungen in der Sekundarstufe erfasst. Hierbei ist festzuhalten, dass für die Schülerinnen und Schüler mit Höreinschränkungen in der Regel kein reduziertes oder verändertes Curriculum gilt und dass sie ein Recht auf Nachteilsausgleich haben.

Kompetenzbeschreibungen für den Hauptschulabschluss (Jahrgangsstufe 9)

Die Beschlüsse der Kultusministerkonferenz für die Bildungsstandards im Fach Deutsch für den Hauptschulabschluss (Jahrgangsstufe 9) legen fest:

Die Schülerinnen und Schüler kennen und beachten Wirkungen der Redeweise: Lautstärke, Betonung, Sprechtempo, Stimmführung, Körpersprache (Gestik/ Mimik):[22]

> „Die Schülerinnen und Schüler können:
> mit anderen sprechen
> - sich konstruktiv an einem Gespräch beteiligen,
> - durch gezieltes Fragen notwendige Informationen beschaffen,
> - Gesprächsregeln einhalten,
> - die eigene Meinung begründet vertreten,
> - auf Gesprächsbeiträge sachlich und argumentierend eingehen,
> - das eigene Gesprächsverhalten und das anderer kriterienorientiert beobachten und bewerten.
>
> verstehend zuhören

In: Daniela Frickel/Andre Kagelmann (Hrsg.): Der inklusive Blick. Die Literaturdidaktik und ein neues Paradigma, a. a. O. S. 54.

22 Vgl. http://www.kmk.org/fileadmin/Dateien/veroeffentlichungen_beschluesse/2004/2004_10_15-Bildungsstandards-Deutsch-Haupt.pdf/ S. 10 f. [07.02.2017]

- Gesprächsbeiträge anderer verfolgen und aufnehmen,
- wesentliche Informationen verstehen, wiedergeben und kritisch hinterfragen,
- Aufmerksamkeit für verbale und nonverbale Äußerungen (z. B. Stimmführung, Körpersprache) entwickeln."[23]

Kompetenzbeschreibungen für das Abitur

Die Bildungsstandards im Fach Deutsch für die Allgemeine Hochschulreife legen im Bereich der Interpersonalen Kommunikation, *Hören und Sprechen,* folgende Kompetenzbereiche fest:

> „Die Schülerinnen und Schüler können:
> - in ihren Gesprächen auf Verständigung zielen und respektvolles Gesprächsverhalten zeigen,
> - in verschiedenen Gesprächsformen und in unterschiedlichen Rollen kommunikativ handeln und dabei nonverbale sowie stimmliche Mittel bewusst nutzen,
> - zur Analyse mündlicher Kommunikationssituationen exemplarisch auditive und audiovisuelle Aufzeichnungen sowie Mitschriften nutzen,
> - den Verlauf fachlich anspruchsvoller monologischer und dialogischer Gesprächsformen konzentriert verfolgen, um Argumentation und Intention der Gesprächspartner wiederzugeben bzw. zusammenzufassen sowie ihr Verständnis durch Mitschriften und Notizen zu sichern, (…)
> - auf konstruktive Weise eigenes und fremdes Gesprächsverhalten beobachten, reflektieren und besprechen,
> - nach Geboten der Fairness kommunizieren und Strategien unfairer Kommunikation erkennen,
> - Diskussionen, Debatten und Präsentationen selbstständig moderieren."[24]

Beide Kompetenzbeschreibungen zeigen in diesen auf die Praxis des Sprechens und Zuhörens gerichteten Punkten große Gemeinsamkeiten: Die kommunikativen Mittel, die Normalform des Gesprächs, der Austausch über Gespräche und ihre kritische Sichtung stehen im Vordergrund. Die Vorschriften für das Abitur legen dabei einen besonderen Wert auf Dokumentation und Analyse mündlicher Äußerungen.

In den folgenden Vorschlägen zur Gestaltung von Unterricht in Hinblick auf Höreingeschränkte werden Fragestellungen aufgeworfen, in die sich die Kompetenzen wie folgt einpassen:

- Kommunikative Mittel:
  - Welche Rolle spielen Sprachstil, Stimmführung und Gesten für ein Gespräch?
- Gespräch:

---

23 Ebd.

24 Kompetenzbereiche der Bildungsstandards im Fach Deutsch für die Allgemeine Hochschulreife (Beschluss der Kultusministerkonferenz vom 18.10.2012). Unter: http://www.kmk.org/fileadmin/Dateien/veroeffentlichungen_beschluesse/2012/2012_10_18-Bildungsstandards-Deutsch-Abi.pdf. S. 15 f. [07.02.2017]

- Wie sieht ein normales Gespräch aus, welche Struktur hat es?
    - Wie sind die Strukturen von Konfliktgesprächen?
- Metasprachliche Kommunikation:
    - Mit welchen Worten kann ich Sprechen beschreiben?
    - Wie stellt man verbale und nonverbale Nachfragen?
    - Wie kann man mit Missverständnissen umgehen?
- Sprachkritik:
    - Welches Sprachverhalten ist fair, welches unfair?

2.3 Kompetenzbereich Sprachreflexion

Der Kompetenzbereich Sprachreflexion zielt darauf ab, sprachanalytische Kategorien als Grundlage für die kritische Sichtung von Sprachrezeption und -produktion einzusetzen. Der Unterricht baut hier auf in der Grundschule erworbenen und in der Sekundarstufe erweiterten grammatischen Begriffen (Wortarten, Satzglieder, Satzarten etc.) auf, die zu Beschreibung, Vergleich und Bewertung von mündlichen Äußerungen und Texten eingesetzt werden. So können grammatische und lexikalische Strukturen von Äußerungen erfasst werden, die zur Bildung von Stilebenen beitragen. Beispiele für mögliche lexikalische und grammatische Strukturen einer Bitte:

- Könnten Sie (bitte) die Tasche von dem Sitz nehmen?
- Können Sie die Tasche (bitte) von dem Sitz nehmen (bitte)?
- Wäre es vielleicht möglich, dass Sie die Tasche von dem Sitz nehmen?
- Nehmen Sie (bitte) die Tasche von dem Sitz!
- Nehmen Sie das da weg!

Kompetenzbeschreibungen für den Hauptschulabschluss (Jahrgangsstufe 9)

Die Bildungsstandards im Fach Deutsch für den Hauptschulabschluss (Jahrgangsstufe 9) legen hier fest:

- „Äußerungen/Texte in Verwendungszusammenhängen reflektieren und bewusst gestalten,
- beim Sprachhandeln die Inhalts- und Beziehungsebene unterscheiden, Bedingungen und Regeln für kommunikative Situationen im Alltag kennen,
- grundlegende Textfunktionen erfassen: Information (z. B. Zeitungsmeldung), Appell (z. B. Werbeanzeige), Kontakt (z. B. Bewerbung, Beschwerde); ästhetische Funktion (z. B. Gedicht),
- ‚Sprachen in der Sprache' kennen und in ihrer Funktion unterscheiden: Standardsprache, Umgangssprache; Dialekt; Gruppensprachen, Fachsprachen; gesprochene und geschriebene Sprache,
- Sprechweisen unterscheiden und ihre Wirkung einschätzen: z. B. abwertend, gehoben,
- ausgewählte Beispiele fremdsprachlicher Einflüsse kennen und bewerten,

- Unterschiede und Gemeinsamkeiten verschiedener Sprachen wahrnehmen.“[25]

Die Bildungsstandards gehen hier nur auf Teilaspekte linguistischer Gegenstände und Theorien ein. Hinsichtlich des Varietätenmodells werden Standardsprache, Umgangssprache, Dialekt, Gruppensprachen, Fachsprachen, gesprochene und geschriebene Sprache als Elemente herausgestellt, offengelassen wird, in welchen Verwendungszusammenhängen diese angesprochen werden sollen. Die Funktionen der Varietäten sollen vermittelt werden – hinsichtlich der Beschreibung ihrer sprachlichen Form oder eines Modells findet sich keine Aussage.

Aus dem Bereich der Kommunikationstheorien und -modelle werden die Konzepte einer Inhalts- und Beziehungsebene, die sich im Kommunikationsmodell nach Schulz von Thun und in den Axiomen von Watzlawick finden, genannt, die Modelle selbst aber nicht erwähnt.

Im Abschnitt zu Sprachfunktionen finden sich Informationsfunktion, Appell, Kontakt (mit Beispielen zu juristischer und appellativer Funktion) und die ästhetische Funktion – wertende und intrapersonale Funktion sind unberücksichtigt. Hinsichtlich der Betrachtung von Sprache als System werden Sprachbeeinflussung und Sprachvergleich angeführt. Sprachkritik wird eher implizit angesprochen. Die Schülerinnen und Schüler sollen Wirkungsweisen von Sprache wie Abwertung erkennen.

Kompetenzbeschreibungen für das Abitur

Die Bildungsstandards im Fach Deutsch für die Allgemeine Hochschulreife legen für Hören und Sprechen folgende Kompetenzbereiche fest:

Grundlegendes Niveau:

„Die Schülerinnen und Schüler können
- ein grundlegendes Verständnis der kognitiven und kommunikativen Funktion von Sprache formulieren,
- sprachliche Äußerungen kriterienorientiert analysieren und ihre Einsichten in der Auseinandersetzung mit Texten und Sachverhalten dokumentieren,
- sprachliche Strukturen und Bedeutungen auf der Basis eines gesicherten Grammatikwissens und semantischer Kategorien erläutern,
- Strukturen und Funktionen von Sprachvarietäten beschreiben,
- Bedingungen gelingender Kommunikation analysieren, auch auf der Basis theoretischer Modelle, (…)
- verbale, paraverbale und nonverbale Gestaltungsmittel in unterschiedlichen kommunikativen Zusammenhängen analysieren, ihre Funktion beschreiben und ihre Angemessenheit bewerten,

25 Bildungsstandards Hauptschulabschluss (Kl. 9), a. a. O. S. 15 [20.02.2017]

- verbale, paraverbale und nonverbale Signale für Macht- und Dominanzverhältnisse identifizieren,
- sprachliche Handlungen kriterienorientiert in authentischen und fiktiven Kommunikationssituationen bewerten,
- Auswirkungen der Sprachenvielfalt und der Mehrsprachigkeit analysieren, (...)
- persuasive und manipulative Strategien in öffentlichen Bereichen analysieren und sie kritisch bewerten."[26]

Erhöhtes Niveau:

„Die Schülerinnen und Schüler können darüber hinaus

- sprachphilosophische Positionen zur Analyse von Sprache und Kommunikation heranziehen,
- sprachliche Handlungen in authentischen und fiktiven Kommunikationssituationen theoriegestützt beschreiben,
- Phänomene des Sprachwandels und des Spracherwerbs theoriegestützt beschreiben, in geeigneten Nutzungszusammenhängen mit grammatischen und semantischen Kategorien."[27]

Die Bildungsstandards nennen hier Gruppen sprachwissenschaftlicher Gegenstände und Theorien in pauschaler Weise, offenbar können die Lehrerinnen und Lehrer eigene Entscheidungen darüber treffen, welche Modelle sie für ihren Unterricht wählen. Als sprachwissenschaftliche Gegenstände werden ein gesichertes Grammatikwissen und Kategorien der Semantik genannt, als sprachwissenschaftliche Theorien Sprachvarietäten in Strukturen und Funktionen. Bei den Sprachfunktionen wird besonderer Wert auf kritische Sichtung gelegt, bei der auch Sprache als Manipulations- und Herrschaftsinstrument erkannt werden soll. Kommunikationstheorien und -modelle sollen bekannt sein sowie – für das erhöhte Niveau – Theorien der Sprachphilosophie und zum Spracherwerb.

In den folgenden Vorschlägen zur Gestaltung von Unterricht in Hinblick auf Höreinschränkungen (Kap. 4 und 5) werden Fragestellungen aufgeworfen, in die sich die Kompetenzen wie folgt einpassen:

- Kommunikative Mittel:
  - Wie wirken sich Hörbeeinträchtigungen auf den Wortschatz und die grammatischen Fähigkeiten aus?
  - Welcher Zusammenhang besteht zwischen nonverbalem Ausdruck und Sprache?
  - Wie können Wörter und grammatische Mittel in der Gebärdensprache vermittelt werden?
- Varietätenmodell:

---

26 Bildungsstandards Abitur, a. a. O. S. 20 f. Unter: http://www.kmk.org/fileadmin/Dateien/veroeffentlichungen_beschluesse/2012/2012_10_18-Bildungsstandards-Deutsch-Abi.pdf [20.02.2017]

27 Ebd. S. 21. [20.02.2017]

    - Welche Varietäten bestehen in der Gebärdensprache?
    - Wäre eine Gesellschaft ohne Lautsprache funktionsfähig?
    - Lässt sich die Gebärdensprache in das Varietätenmodell einordnen?
- Sprachfunktionen:
    - Welche Sprachfunktionen bestehen? Sind alle durch die Gebärdensprache einzulösen?
    - Welche Zielgruppen und Ziele hat auf Lautsprache gerichteter Unterricht für Höreingeschränkte heute? Welche Zielgruppen und Ziele hat Unterricht, der die Gebärdensprache einsetzt?
- Sprachkritik:
    - Wurde die Gebärdensprache unterdrückt und warum?
    - Was ist patronisierende Sprache, welche besonderen Mittel hat sie gegenüber Menschen mit Höreinschränkungen?
- Sprachphilosophie und Sprachsystem:
    - Welcher Zusammenhang zwischen Sprache und Denken wird von verschiedenen Autoren vermutet?
    - Welche Unterschiede ergeben sich in Hinblick auf Begriffsbildung zwischen Gehörlosigkeit und eingeschränktem Hören?
- Spracherwerb:
    - Wie verläuft der Spracherwerb und welche Auswirkungen haben Höreinschränkungen auf den frühkindlichen Spracherwerb?
    - Was bedeutet ein angeborener, was ein postverbaler Hörverlust?

2.4 Kompetenzbereich Literarisches Lernen und Ästhetische Bildung

Literarisches Lernen und Ästhetische Bildung sind als Teilbereich dem Kompetenzbereich *Lesen – Umgang mit Texten und Medien* zuzuordnen. Das übergeordnete Ziel, das im Kernlehrplan Deutsch für das Gymnasium (G8) festgehalten wird, lautet dazu: „Die Begegnung und Auseinandersetzung mit Literatur – auch in ihren unterschiedlichen historischen und gesellschaftlichen Bezügen – soll Leseinteresse wie Lesevergnügen wecken und zur Lektüre von Literatur anregen. Sie ermöglicht es, Grundmuster menschlicher Erfahrungen kennen zu lernen und trägt dazu bei, eigene Positionen und Werthaltungen zu entwickeln".[28] Zum Umgang mit literarischen Texten wird Folgendes empfohlen:

- ein Spektrum altersangemessener Werke – auch Jugendliteratur – bedeutender Autorinnen und Autoren kennen
- epische, lyrische, dramatische Texte unterscheiden, insbesondere epische Kleinformen, Novelle, längere Erzählung, Kurzgeschichte, Roman, Schauspiel, Gedichte

---

28 http://www.schulentwicklung.nrw.de/lehrplaene/upload/lehrplaene_download/gymnasium_g8/gym8_deutsch.pdf [20.02.2017]

- Zusammenhänge zwischen Text, Entstehungszeit und Leben des Autors/der Autorin bei der Arbeit an Texten aus Gegenwart und Vergangenheit herstellen
- zentrale Inhalte erschließen
- wesentliche Elemente eines Textes erfassen: z. B. Figuren, Raum- und Zeitdarstellung, Konfliktverlauf
- wesentliche Fachbegriffe zur Erschließung von Literatur kennen und anwenden, insbesondere Erzähler, Erzählperspektive, Monolog, Dialog, sprachliche Bilder, Metapher, Reim, lyrisches Ich
- sprachliche Gestaltungsmittel in ihren Wirkungszusammenhängen und in ihrer historischen Bedingtheit erkennen: z. B. Wort-, Satz- und Gedankenfiguren, Bildsprache (Metaphern)
- eigene Deutungen des Textes entwickeln, am Text belegen und sich mit anderen darüber verständigen
- analytische Methoden anwenden: z. B. Texte untersuchen, vergleichen, kommentieren
- Handlungen, Verhaltensweisen und Verhaltensmotive bewerten[29]

Mit Literarischem Lernen sind

> „schulische Lehr- und Lernprozesse zum Erwerb von Einstellungen, Fähigkeiten, Kenntnissen und Fertigkeiten (gemeint), die nötig sind, um literarisch-ästhetische Texte in ihren verschiedenen Ausdrucksformen zu erschließen, zu genießen und mit Hilfe eines produktiven und kommunikativen Auseinandersetzungsprozesses zu verstehen".[30]

In den vergangenen Jahren sind vor allem Kaspar Spinners Ideen zum Literarischen Lernen, die er in den „elf Aspekten Literarischen Lernens"[31] ausführlich dokumentiert hat und die „den bislang überzeugendsten Versuch einer Systematisierung nicht nur des Literarischen Lernens, sondern auch der entsprechenden Lern- und Kompetenzbereiche dar(-stellen)",[32] vielfach besprochen worden. Im Sinne einer ganzheitlichen Literaturvermittlung, die auch weitere Medien wie das Hörspiel, Theater und Film miteinbezieht, ist Literarisches Lernen im Unterricht mit höreingeschränkten Schülerinnen und Schülern auf den ersten Blick unproblematisch, da es keinen Grund gibt, davon auszugehen, dass diese Schülerinnen und Schüler das ästhetische Wirkungspotential und die Komplexität eines literarischen Textes nicht ebenso gut erfassen können wie Schülerinnen und Schüler ohne diese Einschränkungen. Konzepte wie die sogenannte Leichte Sprache, die „sich nicht an

29 Vgl. ebd.

30 Petra Büker (2002): Literarisches Lernen in der Primar- und Orientierungsstufe. In: Klaus-Michael Bogdal/Hermann Korte (Hrsg.): Grundzüge der Literaturdidaktik. München: dtv. S. 121.

31 Kaspar H. Spinner (2006): Literarisches Lernen. In: Praxis Deutsch, Heft 200, 30. Jahrgang. S. 6–16.

32 Clemens Kammler (2006) (Hrsg.): Literarische Kompetenzen – Standards im Literaturunterricht. Anmerkungen zum Stand der Diskussion. Seelze: Klett/Kallmeyer. S. 16.

eine gesellschaftlich abgrenzbare Gruppe, sondern an alle Menschen (richten),[33] können dennoch genutzt werden, um beispielsweise ein vertiefendes Verständnis zu gewährleisten. Vor allem der ergänzende Gebrauch von Bildern, Symbolen und Piktogrammen,[34] wie er in den Regeln für die textliche Darbietung in Leichter Sprache vorgesehen ist, kann im Kontext des Literarischen Lernens im gemeinsamen Unterricht gut ergänzend genutzt werden.

Bestimmte Aspekte, die von Spinner beschrieben werden, eignen sich besonders gut für den Unterricht mit höreingeschränkten Schülerinnen und Schülern bzw. für einen Unterricht, der das Thema Hören in den Mittelpunkt rückt. Die im Folgenden ausgewählten Aspekte werden in den Unterrichtsideen, die in den Kapiteln 4 und 5 entwickelt werden, bevorzugt berücksichtigt.

1. Beim Lesen und Hören Vorstellungen entwickeln: Spinner spricht davon, dass die „imaginative Vergegenwärtigung sinnlicher Wahrnehmungen (…) ein grundlegender Aspekt (literar-)ästhetischer Erfahrung“[35] sei. Durch verschiedene produktive Unterrichtsmethoden kann die Vorstellungsbildung der Schülerinnen und Schüler in besonderem Maße gefördert werden, vor allem, wenn auditive und visuelle Medien miteinbezogen werden.
2. Perspektiven literarischer Figuren nachvollziehen: In der Rezeption literarischer Figuren geht es immer auch um „Identifikation und Abgrenzung“,[36] wenn beim Lesen eigene Erfahrungen und Gefühle mit der Fremdheit von Figuren zusammenkommen. Diese Alteritätserfahrung kann zu „gesteigerter Selbstreflexion“[37] und zu einem flexibleren Umgang mit der Uneindeutigkeit bzw. Ambivalenz und Vielschichtigkeit von Figuren sowie deren Beziehungen untereinander führen.
3. Narrative und dramaturgische Handlungslogik verstehen: Indem verschiedene ausgewählte Textstellen bzw. Filmausschnitte im Unterricht miteinander in Beziehung gesetzt werden, können die Schülerinnen und Schüler lernen, die nicht immer eindeutige Logik eines Textes und Filmes nachzuvollziehen. Dadurch werden die Texte/Filme oftmals „aussagekräftiger, aspektreicher und damit interessanter“.[38]
4. Metaphorische und symbolische Ausdrucksweise verstehen: Bildhafte Sprache ist ein wichtiges Element in nichtliterarischen Zusammenhängen (vgl. „Maus“ als Tier und „Maus“ als PC-Zubehör). Insbesondere mit Blick auf die Gebärdensprache wird deutlich, dass gegenseitiges Verstehen auch im Alltag viel mit

33 Valentin Aichele (2014): Leichte Sprache – Ein Schlüssel zu „Enthinderung“ und Inklusion. In: Bundeszentrale für politische Bildung (Hrsg.): Leichte und Einfache Sprache – ApuZ, 9–11, Jahrgang 64. S. 19.

34 Vgl. Ingelore Oomen-Welke (2015): Leichte Sprache, Einfache Sprache und Deutsch als Zweitsprache. In: Didaktik Deutsch, Heft 38. S. 25.

35 Kaspar H. Spinner (2006): Literarisches Lernen, a. a. O. S. 8.

36 Ebd. S. 9.

37 Ebd.

38 Ebd. S. 10.

Symbolen, Metaphern und Zeichen zu tun hat. Wenn darüber hinaus anhand von (literarischen) Texten und Filmen die zusätzlichen Bedeutungsdimensionen besprochen werden, kann bei den Schülerinnen und Schülern auch ein besseres Verständnis für die vielen Möglichkeiten von Kommunikation geschaffen werden.

5. Sich auf die Unabschließbarkeit des Sinnbildungsprozesses einlassen: Texte, Filme etc. werden nie „ausgedeutet“ sein. Sinngebung und Interpretation sind offene Prozesse. Spinner sieht Literatur aus diesem Grunde auch in ihrer Funktion als „Problematisierungsmedium“[39]: „Dass sie sich nicht einfach einfügt in das routinierte Alltagsverstehen, führt durchaus zu Irritation, aber macht immer wieder auch ihre Faszination aus“.[40] Diese Faszination kann durch eine abwechslungsreiche Auswahl an Texten (und Filmen) im Unterricht in Kombination mit unterschiedlichen methodischen Zugängen erhalten bzw. entwickelt werden.

2.5 Kompetenzbereich Medien

In den Kernlehrplänen ist der Umgang mit Texten und Medien ein wichtiges Element aller Schulformen. In diesem Zusammenhang geht es insbesondere um das Lernen *mit* Medien und *über* Medien. So sollen die Schülerinnen und Schüler z. B.:

- „medienspezifische Formen kennen: z. B. Print- und Online-Zeitungen, Infotainment, Hypertexte, Werbekommunikation, Film
- Intentionen und Wirkungen erkennen und bewerten
- wesentliche Darstellungsmittel kennen und deren Wirkungen einschätzen
- zwischen Wirklichkeit und virtuellen Welten in Medien unterscheiden: z. B. Fernsehserien, Computerspiele
- Informationsmöglichkeiten nutzen: z. B. Informationen zu einem Thema/Problem
- in unterschiedlichen Medien suchen, vergleichen, auswählen und bewerten (Suchstrategien)
- Medien zur Präsentation und ästhetischen Produktion nutzen“[41]

Als methodische Herangehensweise sind verschiedene Verfahren denkbar, vor allem aus dem Bereich des produktionsorientierten Umgangs mit Texten und Medien. Die Schülerinnen und Schüler sollen hier lernen, produktive Methoden auf Texte und Medien anzuwenden: z. B. Perspektivwechsel durch einen inneren Monolog; einen Brief in der Rolle einer literarischen/filmischen Figur verfassen; eine szenische Umsetzung erstellen; einen Paralleltext schreiben; einen Text/Film weiterschreiben oder in eine andere Textsorte umschreiben.

---

39 Ebd. S. 12.

40 Ebd.

41 http://www.schulentwicklung.nrw.de/lehrplaene/upload/lehrplaene_download/gymnasium_g8/gym8_deutsch.pdf [20.02.2017]

Erst allmählich setzt sich die Medien- und Literaturdidaktik damit auseinander, „dass das Lernen über Medien, im Sinne reflexiver Medienkompetenz, ebenso zum schulischen Bildungskanon gehört und dass Medienbildung als weitere Möglichkeit des Lernens bei heterogenen Ausgangslagen dazu beitragen kann, Inklusionsprozesse zu gestalten".[42] Rupp hat in diesem Zusammenhang ein Konzept zur Medienkompetenzmodellierung vorgelegt, das sich in vier Teildimensionen gliedern lässt:

1. Instrumentelle Medienkompetenz: Apparate bedienen, mit Software umgehen
2. Interaktive Medienkompetenz: Mittels Medien kooperieren und kommunizieren
3. Analytische Verarbeitungskompetenz: Medien analysieren, verstehen, kritisch bewerten
4. Produktive Verarbeitungskompetenz: Selber Medienprodukte und -programme kreativ herstellen[43]

In Kapitel 5 werden in den Praxisbeispielen für den Unterricht Ideen vorgestellt, die mit unterschiedlichen methodischen Zugängen alle Teildimensionen berücksichtigen.

Da die einzelnen Kompetenzen und Gegenstände in sehr unterschiedlicher Tiefenschärfe und mit variablem Abstraktionsgrad angesprochen werden können, werden in den unterrichtsbezogenen Vorschlägen der Kapitel 4 und 5 nur allgemeine Angaben zu Altersstufen und Schulformen gemacht.

42 Ingo Bosse (2016): Filmbildung als Aufgabe einer sich entwickelnden inklusiven (Literatur-)Didaktik – eine Standortbestimmung. In: Daniela Frickel/Andre Kagelmann (Hrsg.): Der inklusive Blick, a. a. O. S. 197.

43 Vgl. Gerhard Rupp (2016): Der inklusive Blick auf das Lernen von Sprache, Literatur und den Umgang mit Medien – kulturwissenschaftliche Perspektiven auf die Deutschdidaktik, a. a. O. S. 52.

3. Höreinschränkungen und ihre Folgen

3.1 Hören

Funktionen des Hörens

Hören ist eine zentrale Schnittstelle zwischen einer Person und ihrer Umwelt. Gegenstand des Hörens sind Schallwellen, sie werden nach Frequenz (Tonhöhe) und Amplitude (Lautstärke) beschrieben. Die Schallereignisse werden in Geräusche, Töne und Sprache unterteilt. Geräusche sind nicht periodisch, Töne sind weitgehend periodisch und Sprache setzt sich aus Tönen (Vokalen), geräuschhaltigen Lauten (Nasal, Lateral, Frikativ, Affrikat) und Geräuschen (Plosiv) zusammen. Sprachlaute bilden im Gegensatz zu Tönen, die auch zur Kommunikation eingesetzt werden, einzelne Sprachen ab.

Für Hörende ist Sprachhören eine wesentliche Quelle des Spracherwerbs. Spracherwerb bedeutet, dass das Sprachsystem aufgebaut wird, das aus Lautsystem, Wortschatz, Morphologie, Syntax und Textgrammatik besteht. Über Hören wird Sprache im frühkindlichen Alter auf natürlichem Weg erlernt. Sehr bald wird Hören auch zum Mittel der Welterschließung und trägt mit dem Schuleintritt auch zum Schriftspracherwerb bei. Der Schriftspracherwerb leistet seinerseits einen Beitrag zur Verfeinerung der Hörmuster und des gesamten Sprachsystems (vgl. Kap. 3.1 – Hör- und Spracherwerb bei hörenden Kindern).

Sprachlaute werden auch hinsichtlich der emotionalen Ebene, die zwischen den Sprechern besteht, ausgewertet, neben Wortwahl und Syntax werden auch Tonhöhe, Lautstärke, Stimmwahl (Flüstern, Sprechen, Singen), Sprechrhythmus und -geschwindigkeit als Signale der interpersonalen Stimmung interpretiert. Hören hat auch Funktionen für die Sicherheit einer Person. Höreindrücke warnen z. B. vor schnell herannahenden Geräuschquellen wie Explosionen und Gewittern.

Hören ist auch für die Orientierung im Raum von Bedeutung, dies bleibt zwar meist unbewusst, trotzdem tragen Höreindrücke ständig dazu bei, festzustellen, wo man sich befindet und wie der Raum beschaffen ist, in dem man sich aufhält oder bewegt.

Der Vorgang des Hörverstehens

Hören und Verstehen erfolgen, indem ein Redeteil in das auditive Arbeitsgedächtnis aufgenommen und ausgewertet wird. Auf Basis dieses Teilverstehens wird eine Vermutung (Hypothese) erzeugt, was als nächstes gesagt werden wird. Je passender die Hypothese ist, umso weniger Teile der kommenden Redeeinheit müssen ausgewertet werden. Kommt keine Hypothese zustande, müssen das Weltwissen und das folgende Material Aufschluss darüber geben, was das Vorgängermaterial zu bedeuten hatte. Dieses retrospektive Verstehen (Inferieren) kann leicht misslingen.

Hörverstehen verlangt also nicht nur einen passenden Zeichenvorrat, sondern auch ein dem Gegenstand angepasstes Weltwissen.

Inferieren

Verbal Nicht-Verstandenes kann durch die Anwendung von Erfahrungswissen erschlossen werden. Diesen Vorgang nennt man Inferieren (vgl. Lippenlesen). Es kann auf mehreren Ebenen erfolgen, auf der

- Lautebene (*Sie wollen es nicht verta-en.* => Der Laut im Wort war wohl ein -*g*-.)
- Wortebene (*Die Bundestags--- => -debatte? -abgeordnete?*)
- Grammatischen Ebene (*Die Bundestagsabgeordnete --- zu spät. => kam/war/erschien*)
- Inhaltsebene (*Das --- beschließt ein Gesetz. => Parlament*)

Menschen mit Höreinschränkungen müssen während eines Gesprächs wesentlich häufiger Inferieren als Hörende. Dieser Prozess wird in den später besprochenen Werken mehrfach geschildert.

Hör- und Spracherwerb bei hörenden Kindern

Bereits Ungeborene können etwa ab der 13. Schwangerschaftswoche hören, dennoch ist das Hörsystem erst mit 15 Jahren biologisch ausgereift. Die Entwicklung ist jedoch kein rein biologischer Ablauf, sondern auch ein Lernprozess, für den Umweltreize eine wichtige Rolle spielen.

Bereits Neugeborene unterscheiden Sprachlaute von Geräuschen und Tönen und erkennen prosodische Merkmale der Muttersprache. Nach der Geburt können die Säuglinge bereits mit einem Monat einige Sprachlaute unterscheiden. Die ersten Reaktionen auf Sprache lassen sich zwei Monate nach der Geburt feststellen.[44] Die vorsprachliche Lautproduktion ist von mehreren Lallphasen gekennzeichnet, in der ersten sind die Lautäußerungen noch unabhängig vom Input, alle Kinder lallen in derselben Weise. In der zweiten Lallphase werden die Laute der Muttersprache bevorzugt und andere zurückgedrängt. Dies geht auf erste Auswertungen von Höreindrücken zurück. Mit etwa zehn Monaten werden Wörter der Muttersprache von Wörtern anderer Sprachen unterschieden und die Kinder beginnen zu brabbeln; die Lautproduktion wird wort- und satzähnlich.

---

44 Vgl. Rolf Oerter/Leo Montada (Hrsg.) (2008): Entwicklungspsychologie. Weinheim: Beltz. S. 416 f.

Hörmuster

Hörmuster sind sich im Gehirn bildende Präferenzen für Laute und Silben, die für das Verstehen der Muttersprache von Bedeutung sind. Kinder mit der Muttersprache Deutsch können den Unterschied zwischen S-Lauten und Th-Lauten der englischen Sprache nicht erkennen (*the* oder *se/that* oder *sat/zat*). Schon Säuglinge bilden erste Hörmuster aus, wenn sie in der zweiten Lallphase lernen, welche Höreindrücke für die Sinnentnahme aus Gesprochenem von Bedeutung sind. Dabei werden Lautkontraste wie laut und leise oder hoch und tief und Lautgebilde wie Plosive und Zischlaute bevorzugt wahrgenommen. Die entstehenden Hörmuster sind auf die Sinnentnahme aus den Lautgebilden der Muttersprache zugeschnitten. Hörmuster für Lautunterschiede, die in der Muttersprache nicht relevant sind, werden nicht ausgebildet. Die Entwicklung von Hörmustern bedingt ab dem vierten Lebensjahr eine erhebliche Beschleunigung der Sprachverarbeitung. Das Fehlen adäquater Hörmuster für Fremdsprachen ist jedem Sprachlerner aus der Phase bekannt, in der er zwar einfache Fragen formulieren kann, die Antworten von Muttersprachlern aber auch dann nicht versteht, wenn ihm das Vokabular bekannt ist.

Auch für die Entwicklung der Artikulation ist das Hörmuster von entscheidender Bedeutung. Zunächst entwickelt sich ein Hörmuster für einen Laut, dann wird der Laut vom Kind produziert. Die Aussprache wird durch die ständige akustische Kontrolle des eigenen Sprechens präzisiert. Zunächst werden Vokale und Konsonanten unterschieden, dann die hellen /e (:)/, /i (:)/, /ü (:)/ und dunklen /a (:)/, /o (:)/, /u (:)/, /ä (:)/, /ö (:)/ Vokale[45] differenziert wahrgenommen und schließlich die Konsonanten. Die ersten Unterschiede zwischen Konsonanten, die erkannt werden, sind die von Sonoranten (Konsonanten, die nur stimmhaft auftreten) und Obstruenten (Konsonanten, die eine stimmhafte und eine stimmlose Variante haben). Dann bilden die Kinder ein Gefühl für Lautklassen heraus, sie unterscheiden also die Gruppen der Frikative, Plosive, Laterale und Nasale, später differenzieren sie die einzelnen Vertreter der Lautklassen (*/p, b, t, d, k/* etc.). Daher können Wörter wie *Futter* und *Butter* in isolierter Form erst unterschieden werden, wenn die Hörmuster sich für die einzelnen Plosive ausgebildet haben. Das Verstehen wird aber durch die noch mangelnde Differenzierung nur dann beeinflusst, wenn die Kinder das Gemeinte nicht aus dem Kontext inferieren können.

Im Großen und Ganzen gilt dabei, dass im vorderen Mundraum gebildete Laute früher erkannt und gebildet werden als weiter hinten liegende, also /b,p/ vor /k,g/.

Im Grundschulalter werden alle Laute der Muttersprache erhört und artikuliert. Manche Kinder haben allerdings noch Probleme mit den S-Lauten. Die Unterscheidung zwischen langen und kurzen Vokalen bereitet dagegen vielen Grundschulkindern Probleme; sie machen entsprechende orthografische Fehler wie *Schne liggt auf der Hüte*. In der Grundschulzeit werden die höranalytischen Fähigkeiten durch den Schriftspracherwerb weiterentwickelt. In diese Zeit fällt mit dem frühen Englisch-

45 (:) steht für die mögliche Länge des Vokals.

erwerb auch eine erste planmäßige Erweiterung der Hör- und Artikulationsfähigkeit über die Muttersprache hinaus.

Wenn die Hörfähigkeiten mit 14 bis 15 Jahren ausreifen, wird auch der Unterschied zwischen langen und kurzen Vokalen erfasst. Dieses Ausreifen des Hörsystems zeigt sich auch in einer genaueren Wahrnehmung von Tönen, die durch Instrumente erzeugt werden – einige Kinder sind beispielsweise erst ab diesem Alter in der Lage, Instrumente wie Geige oder Gitarre selbst zu stimmen.

Hör- und Spracherwerb bei hörbeeinträchtigten Kindern

Verbreitung von Höreinschränkungen

Bei Kindern sind Höreinschränkungen selten, ca. 1 Prozent der unter 15-Jährigen weist Höreinschränkungen auf. Als absolute Zahl werden für Deutschland 500 000 Kinder mit Höreinschränkungen genannt (vgl. Kap. 3.4).[46] Von der Gesamtbevölkerung der Bundesrepublik werden 19 Prozent als hörbeeinträchtigt eingestuft, dabei machen leicht- und mittelgradige Beeinträchtigungen ca. 92 Prozent aus, hochgradige Beeinträchtigungen und Taubheit ca. 8 Prozent. Der Anteil der Hörgeschädigten wächst demnach mit dem Lebensalter, was sich durch die weiter unten angeführten Ursachen erklärt.[47]

> „Etwa 15 Millionen Menschen in Deutschland sind von einer Hörstörung betroffen. Ungefähr 90 Prozent davon sind über 50 Jahre alt. Aber ein bis zwei von tausend Kindern werden bereits mit einer auffälligen Hörminderung geboren."[48]

Ursachen für Höreinschränkungen

Höreinschränkungen können angeboren sein, werden aber häufig erworben. Mögliche Ursachen sind Verletzungen, chronische Mittelohrentzündungen, Kinderkrankheiten wie Diphterie, Masern, Meningitis oder Mumps und später lärmbedingte Probleme/Schäden durch häufige Discothek- oder Konzertbesuche. Vorübergehende Hörstörungen können durch Erkältungskrankheiten und Mittelohrentzündungen vor allem bei jüngeren Kindern auftreten.[49] Bei Erwachsenen sind des Weiteren Lärm am Arbeitsplatz und der Hörsturz als Belastungsfolge zu nennen.

---

46 Vgl. http://www.hoerkomm.de/schwerh%C3%B6rigkeit_in_zahlen.html#H%C3%A4u fig keit [21.03.2017]

47 Vgl. Gerlinde Renzelberg unter: http://www.gehoerlosenbund.de/index.php?option=com_content&view=article&id=1542%3Awasisteinehoerstoerungtestverfahrenundihreergebnisse&catid=83%3Ameinkind&Itemid=129&lang=de http://www.hoerkomm.de/wie-funktioniert-hoeren.html#H%C3%B6rnerv [21.03.2017]

48 Ebd. http://www.hoerkomm.de/schwerh%C3%B6rigkeit_in_zahlen.html/ [15.04.2012]; www.ich-will-hoeren.de [24.10.2016]

49 Ebd.

Ursachen für einen angeborenen Hörverlust

- Erkrankungen der Mutter mit Röteln
- Medikamenten- und Alkoholmissbrauch in der Schwangerschaft
- Vererbung/genetisch bedingte Hörschädigung (Down-Syndrom, Pendred-Syndrom und andere Genmutationen)

Ursachen für einen erworbenen Hörverlust

- Lärm
- Unfall
- Altersbedingte Beeinträchtigungen
- Autoimmunerkrankung
- Infektionen
- Einnahme von Medikamenten[50]

Ursachen für einen zeitweiligen Hörverlust

- Infektionen
- Hörsturz

Auch Aufmerksamkeitsdefizite und die Hyperkinetische Störung können Auswirkungen auf die Höraufmerksamkeit und damit auf das Hörergebnis haben.[51] (Vgl. auch Anhang: Texte/Lärmschwerhörigkeit.)

Formen der Höreinschränkung

Das Außenohr und der äußere Hörgang nehmen Schallwellen auf und leiten sie zum Trommelfell. In diesem Abschnitt können Fehlbildungen des Außenohrs und – was wesentlich häufiger und auch temporär auftritt – Entzündungen das Hören beeinträchtigen. In diesen Fällen wird der Schall nicht optimal weitergeleitet und erreicht das Mittelohr in abgeschwächter oder deformierter Weise. Werden diese Entzündungen erkannt, können sie medikamentös behandelt werden und führen nicht zu dauerhaften Beeinträchtigungen.

Im *Mittelohr* trifft der Schall auf Trommelfell und Hammer; Ambos und Steigbügel leiten die Bewegungen an das Innenohr weiter. Sind Trommelfell, Gehörknöchelchen oder beide nicht funktionstüchtig, können die von den Schwallwellen erzeugten Bewegungen nicht an das Innenohr weitergegeben werden. Man spricht von einer Schallleitungsstörung.

---

50 Vgl. https://www.welches-hoergeraet.de/horverlust-und-medikamente-aspirin-und-paracetamol-konnen-zu-schwerhorigkeit-fuhren-106.html [21.03.2017]

51 Vgl. http://www.adhs-deutschland.de/Home/ADHS/Informationen-zum-Krankheitsbild-ADHS.aspx [21.03.2017]

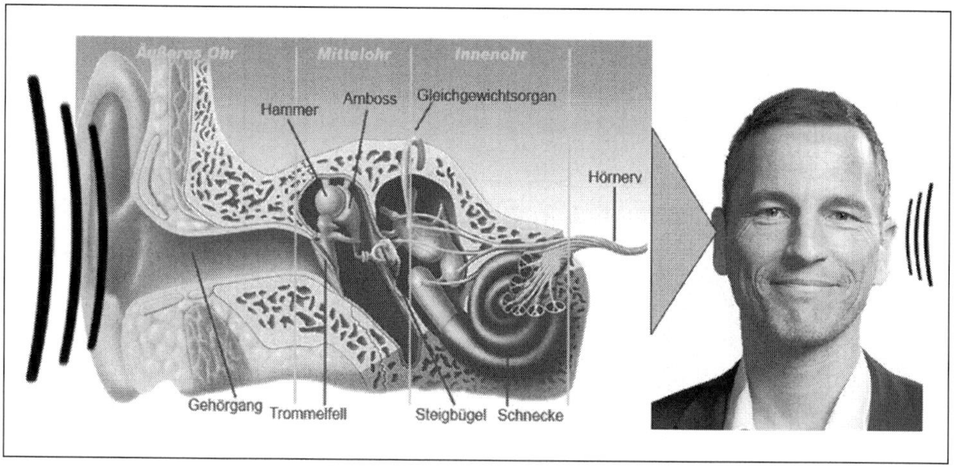

Abb. 1: Die Schallwahrnehmung

> „Schallleitungsstörungen
> Seltener sind Schallleitungsstörungen, bei denen das Außen- und/oder das Mittelohr betroffen sind. Beispielsweise ist der Gehörgang entzündet, verengt oder nicht vorhanden, das Trommelfell kann eingerissen sein oder die Gehörknöchelchenkette im Innenohr ist unterbrochen. Es kommt hierdurch zu einer nur gedämpften Übertragung der akustischen Reize. Schallleitungsstörungen treten oft erst innerhalb der frühen Lebensjahre und meist durch infektiöse Prozesse auf (…).“[52]

Im Innenohr leitet Flüssigkeit die eingehenden Bewegungsreize an die Schnecke weiter. Die Schnecke nimmt diese Impulse mit Hilfe von Haarsinneszellen auf und leitet sie an den Hörnerv. Die mechanischen Impulse werden nun in elektrische Impulse umgewandelt. Vom Innenohr leitet der aufsteigende Hörnerv die nunmehr elektrischen Impulse weiter zum Stammhirn und dann in andere Teile des Gehirns, hierbei werden sie verworfen oder Hörmustern zugeschlagen und der Informationsverarbeitung zugeleitet.

> „Die aufsteigenden Nervenfasern geben die akustische Information, die in den Haarsinneszellen des Innenohrs aufgenommen wurde, an das Gehirn weiter. Die Informationen gelangen (…) schließlich in das Hörzentrum des Großhirns. Bestimmte Bereiche des Gehirns sind auf die Verarbeitung emotionaler Bedeutungen (…) spezialisiert, andere Bereiche sind für die Verarbeitung von Sprache zuständig.“[53]

52 Gerlinde Renzelberg. Unter: http://www.gehoerlosenbund.de/index.php?option=com_content&view=article&id=1542%3Awasisteinehoerstoerungtestverfahrenundihreergebnisse&catid=83%3Ameinkind&Itemid=129&lang=de [21.03.2017]; http://www.hoerkomm.de/wie-funktioniert-hoeren.html#H%C3%B6rnerv [21.03.2017]

53 Ebd.

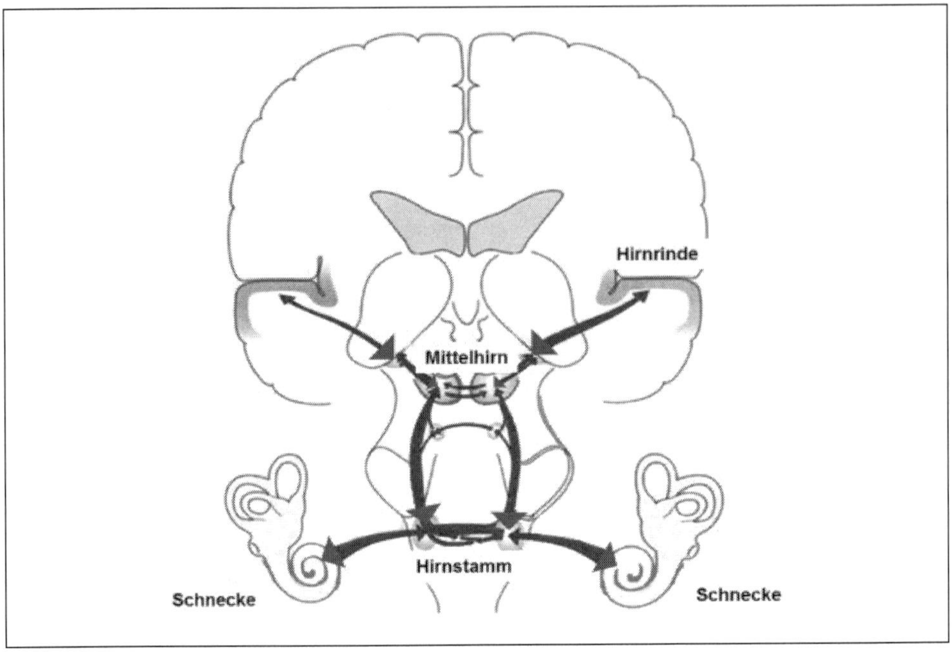

Abb. 2: Das Hörsystem

Der absteigende Hörnerv leitet Impulse aus dem Gehirn an das Innenohr zurück, wodurch die dortigen Sinneszellen beeinflusst werden, so erklärt sich auch das Entstehen von Hörmustern.[54]

> „Hier müssen etliche Stationen durchlaufen werden, ehe die Nervenimpulse bis in die Hirnrinde vordringen. Auf dem Weg dorthin wird alles, was wir hören, verstärkt oder vermindert, es wird bewertet, als negativ, positiv oder neutral und manches kann sogar völlig weggefiltert werden. Nur die Signale, die tatsächlich bis zur Hirnrinde gelangen, werden von uns wahrgenommen."[55]

Ist das Innenohr geschädigt, spricht man von einer Schallempfindungsstörung.

> „Schallempfindungsstörungen
> Häufig handelt es sich bei Hörstörungen um Probleme im Innenohr, sogenannte Schallempfindungsstörungen. Hier sind in den meisten Fällen die Sinneszellen in der Hörschnecke teilweise oder umfänglich zerstört. Der Schall kann somit nur unvollständig über die Nervenbahnen an das Gehirn weitergeleitet werden. Die Ursachen von Schallempfindungsstörungen sind vielfältig. Sie können sowohl erblich bedingt sein als auch vor, während oder nach der Geburt erworben werden (…)."[56]

54 Ebd.

55 http://www.hoerzentrum-hannover.de/index.php?id=24 [21.03.2017]

56 Gerlinde Renzelberg, a. a. O.

In Hinblick auf die Wahrnehmung von Schallwellen werden Höreinschränkungen von der Weltgesundheitsorganisation (WHO) wie folgt eingeteilt:

Tabelle 1: Grade von Höreinschränkungen[57]

Bei einem Mittelwert 25 dB (…)	WHO 0 (…).
Bei einem Mittelwert von 26–40 dB:	WHO 1 leichte Schwerhörigkeit
Bei 41–60 dB (immer besseres Ohr):	WHO 2 mittelgradige Schwerhörigkeit
Bei 61–80 dB (immer besseres Ohr):	WHO 3 hochgradige Schwerhörigkeit
Bei 81 dB oder mehr:	WHO 4 an Taubheit grenzende Schwerhörigkeit oder Taubheit

(Hierzu Näheres in Kapitel 4.2.2)

3.2 Folgen der Höreinschränkung für die betroffene Person

Kinder mit Höreinschränkungen weisen keine kognitiven Auffälligkeiten auf, sofern die Hörstörung nicht in Zusammenhang mit einem Syndrom steht, das Auswirkungen auf die geistige Entwicklung hat, wie etwa das Down-Syndrom. Hörgeschädigte Kinder können im Vergleich mit normal hörenden ein anders gelagertes Weltwissen aufweisen, sind sie nicht adäquat gefördert, kann sich auch eine Einschränkung der Wissensbestände ergeben. Die Begrenzung des Hörens kann auch zu einer geschärften visuellen Wahrnehmung führen. Hierzu finden sich Beispiele in den später besprochenen Texten. Der Schweregrad der Hörstörung und die Ausprägung der Sprachentwicklungsverzögerung entsprechen sich nur bedingt, da auch andere Faktoren wie der Zeitpunkt des Auftretens der Störung und das Einsetzen der Therapie wirksame Faktoren sind. Als allgemeine Symptome werden Probleme beim Sprechen, akustische Unorientiertheit, eine angespannte Aufmerksamkeitshaltung und eine leichte Ablenkbarkeit durch andere Reize genannt.

In Bezug auf den Hörvorgang lässt sich eine dem Grad der Beeinträchtigung entsprechende verringerte Hörweite (unter sechs Meter) und Blickwechsel bei der Suche nach Schallquellen als Folge von Schwierigkeiten beim Richtungshören beobachten. Probleme, die Schallquelle einzuordnen, führen zu unsicheren oder fehlenden Reaktionen Höreingeschränkter, wenn sie von hinten angesprochen werden. Neben der Unempfindlichkeit gegenüber Schallreizen kann auch eine übermäßige Empfindlichkeit gegenüber lauten und schrillen Schallreizen gegeben sein.

Die akustische Unorientiertheit geht auf die eingeschränkte Möglichkeit zurück, Raumschall wahrzunehmen. Während der Hörende ständig, aber unbewusst, reflektierte Schallwellen nutzt, um seine Position in einem Raum zu überprüfen, ist der Nichthörende auf die visuelle Orientierung angewiesen und damit auf sein Gesichtsfeld.

57 http://www.leichthoerig.de/2013/03/25/einteilung-der-schwerhorigkeit-nach-who-kriterien/ [21.03.2017]

Im kommunikativen Verhalten können sich verzögerte und unangepasste Reaktionen vor allem in lauten oder hallenden Räumen und bei mehreren Gesprächspartnern zeigen. Das eingeschränkte Sprachverstehen führt zu häufigem Nachfragen. Wird die Lautsprache des Hörbeeinträchtigten wiederholt nicht verstanden, kann es zu emotionalen, z. B. zornigen Reaktionen kommen. Auch Sprechunlust, Verstummen und eine schnelle Ermüdung sind zu beobachten. Beim Sprechen zeigen sich ein abgedämpfter Sprechklang, (besonders bei S-Lauten) die Verwechslung von Lauten bis zum Stammeln (Lautbilder sind internalisiert, die Laute können aber nicht ausgesprochen werden) und eine insgesamt verwaschene Aussprache. Eine allgemeine Sprachverzögerung kann auftreten und die Kinder können auch gravierendere Sprachstörungen wie ein Stammeln aufgrund des Fehlens von internalisierten Lautbildern, Dysgrammatismus und Semantikstörungen entwickeln. Beim Schreiben können sich Unsicherheiten bei der Lautdiskrimination abbilden. Lesen und Schreiben sind für den Aufbau des Sprachsystems von großer Bedeutung und bilden eine Brücke zur Lautsprache. Hier ist auch die Möglichkeit einer intensiven Auseinandersetzung z. B. mit Fachinhalten gegeben, die die oftmals eingeschränkte auditive Merkfähigkeit kompensiert.

Wie stark die Auswirkungen von Hörstörungen sind, hängt davon ab, wann sie aufgetreten sind – präverbal oder nach dem Spracherwerb, postverbal – und wie stark die Höreinschränkung ist. Allerdings sind die Auswirkungen der Höreinschränkung auf Sprache individuell unterschiedlich.[58]

Spracherwerbsverzögerungen sind eine häufige Folge der Hörbeeinträchtigung, das bedeutet, dass die sprachlichen Systeme (Aussprache, Wortschatz und Grammatik) langsamer aufgebaut werden als bei uneingeschränkt hörenden Kindern. Dies führt zu mehr oder weniger großen Problemen bei der mündlichen interpersonalen Kommunikation und in manchen Fällen auch zu psychischen Problemen wie dem Gefühl der Isolation oder des Ausgeschlossenseins aus der Gesellschaft. Hierbei wird ein Unterschied zwischen Auswirkungen prä- und postlingualer Schädigungen beobachtet.

> „Je später die Hörschädigung auftritt, desto mehr lautsprachliches Wissen konnte vorher erworben werden und umso stärker sind die Betroffenen in die hörende Welt integriert. Jedoch können im Fall einer später auftretenden Hörschädigung die emotionale und psychische Belastung höher sein. Von vielen Spätschwerhörigen wird die Hörschädigung, insbesondere wenn sie plötzlich hereinbricht, als traumatische Erfahrung erlebt. Die Erfahrung des Verlustes erlebter Fähigkeiten und der Vergleich mit früheren Möglichkeiten stehen hier im Vordergrund, was zu sozialem Rückzug, Isolation und Einsamkeit der Betroffenen führen kann. Nach Richtberg (1980) sind Späthörgeschädigte auch häufiger von psychischen und vegetativen Störungen betroffen als Frühhörgeschädigte. Als Grund wird die unterschiedliche Vertrautheit mit der Behindertenrolle gesehen. Frühhörgeschädigte, die im Laufe ihrer Entwicklung die Zugehörigkeit zur Gehörlosengemeinschaft erfahren, sind in die Kommunikationsgemeinschaft der Gebärdensprachnutzer integriert.

58 Vgl. Annemarie Peltzer-Karpf (1994): Spracherwerb bei hörenden, sehenden, hörgeschädigten, gehörlosen und blinden Kindern. Tübingen: Narr. S. 27.

Im Gegensatz dazu erfahren Spätgehörgeschädigte durch die Hörschädigung einen „Knick in der Lebenslinie“ und machen die leidvolle Erfahrung, plötzlich aus der Welt und der Kommunikationsgemeinschaft der Hörenden ausgeschlossen zu sein (…).“[59]

Vor dem Spracherwerb, prälingual ertaubte Kinder können die Lautsprache oftmals nicht erlernen, da der Input für sprachliches Lernen und die Sprechkontrolle durch eigenes Hören fehlen. Werden diese Kinder früh in der Gebärdensprache unterrichtet und erlernen sie das Lesen, lässt sich der fehlende sprachliche Input ausgleichen und ein intaktes Sprachsystem etabliert sich.

Da eine Hörschädigung vor allem die Kommunikationsmöglichkeiten beeinträchtigt, kann sie für Betroffene den Schulalltag stark beeinflussen. Die Qualität der Interaktion zwischen Lehrinnen und Lehrern und Schülerinnen und Schülern ist einer der „wesentliche[n] Motoren des Lernens im Unterricht“.[60] Viele Kommunikationssituationen in der Schule sind für Kinder und Jugendliche mit Höreinschränkungen mit großer Anstrengung verbunden, vor allem, wenn z. B. die Raumakustik schlecht ist und/oder sich gleichzeitig viele Schülerinnen und Schüler in einem Raum befinden, in dem mehrere Gespräche zeitgleich geführt werden. Dies führt häufig dazu, dass Kinder und Jugendliche mit Hörbeeinträchtigungen sich aus Unterhaltungen „ausklinken“, was in manchen Fällen zur sozialen Isolation in der Schule führen kann. Auch die Geschwindigkeit von Kommunikation in der Klasse kann für Schülerinnen und Schüler mit Höreinschränkungen zu Problemen führen. Durch rasche Sprecherwechsel kann es zu „fragmentierten Lernsituationen“[61] kommen, die den schulischen Erfolg und die schulische Teilhabe beeinträchtigen.

Vor allem in der Pubertät entwickeln viele Jugendliche mit Hörbeeinträchtigungen Strategien, um die Hörschädigung zu verstecken bzw. zu verdrängen.[62] Studien zum psychischen Belastungsgrad bei Eltern und betroffenen Kindern zeigen, dass die Belastung vor allem bei den Kindern in der Primarschulzeit bis hin zur Mittelstufe der weiterführenden Schule zunehmend sinkt. Erst zu Beginn der Oberstufe und gegen Ende der Schulzeit, die mit der Berufsfindungsphase einhergeht, steigt der Grad der subjektiven Belastung bei den Betroffenen und bei den Eltern wie-

59 Claudia Hauke-Schrag et al. (2014): Forschungsbericht – „Ehe- und Familienberatung für gehörlose und schwer hörgeschädigte Menschen in Bayern“. Unter https://www.institutkom.de/forschung/pdf/forschung-efbg-bericht.pdf [21.03.2017]; W. Richtberg (1980): Hörbehinderung als psycho-soziales Leiden. Forschungsbericht. Gesundheitsforschung, Band 32. Bonn: Bundesministerium für Arbeit und Sozialordnung.

60 Sanchia Ros Elanjimatton/Manfred Hintermair (2009): Kommunikative und psychosoziale Partizipation hörgeschädigter Kinder in der Regelschule. In: Annette Leonhardt (Hrsg.): Sonderpädagogische Förderung 1. S. 54.

61 Ebd.

62 Vgl. Petra Blochius (2013): Kommunikative und emotionale Bedürfnisse Kinder und Jugendlicher mit Hörschädigung an Regelschulen. In: Deutscher Fachverband für Gehörlosen- und Schwerhörigenpädagogik e. V. (DFGS). DFGS-Forum-Zeitschrift. S. 59.

der.[63] Teilweise ziehen sich die Jugendlichen immer mehr zurück, da sie – wenn ihre Mitschülerinnen und Mitschüler sowie die Lehrerschaft nicht hinreichend für deren Höreinschränkungen sensibilisiert sind – auf Unverständnis stoßen, was die Kommunikationsprobleme betrifft. Aus diesem Grund wird häufig angeraten, dass Schülerinnen und Schüler mit Hörbeeinträchtigungen auch Kontakt zu Gleichbetroffenen haben:

> „Nur in einer Gruppe Gleichbetroffener können sich Kinder und Jugendliche mit Hörschädigung wirklich mit anderen messen, ohne dabei akustisch Nachteile zu erfahren. Der Austausch über die Probleme und Sorgen hilft, das Selbstbewusstsein der Kinder und Jugendlichen zu stärken und ihre Identitätsentwicklung zu fördern."[64]

3.3 Konsequenzen der Höreinschränkung für das soziale Umfeld

Eltern

Die Lebensumstände und Entwicklungsmöglichkeiten von Menschen mit Höreinschränkungen sind entsprechend ihrem sozialen Umfeld unterschiedlich. Faktoren sind der Grad der Höreinschränkung der Kinder und der Eltern sowie der Einsatz und Effekt von Hörhilfen. So können hier folgende Gruppen unterschieden werden:

Hörende Kinder Zweisprachigkeit möglich	Hörende Eltern Höreingeschränkte Eltern Eltern mit Cochlea-Implantat Gehörlose Eltern
Höreingeschränkte Kinder Zweisprachigkeit möglich	Hörende Eltern Höreingeschränkte Eltern Eltern mit Cochlea-Implantat Gehörlose Eltern
Kinder mit Cochlea-Implantat Zweisprachigkeit möglich	Hörende Eltern Höreingeschränkte Eltern Eltern mit Cochlea-Implantat Gehörlose Eltern
Gehörlose Kinder Vorwiegend Gebärdensprache	Hörende Eltern Höreingeschränkte Eltern Eltern mit Cochlea-Implantat Gehörlose Eltern

Bestehen bei Kindern und Eltern Kommunikationswege (Laut- oder Gebärdensprache), ist eine reibungslose Sprachentwicklung möglich.

---

63 Vgl. René Jacob Müller (1996): … ich höre – nicht alles! Hörgeschädigte Mädchen und Jungen in Regelschulen. 2. unveränd. Aufl. Heidelberg: Winter. S. 143.

64 Ebd. S. 61.

Hörende Kinder gehörloser Eltern wachsen häufig mit Laut- und Gebärdensprache auf und haben möglicherweise den Entwicklungsvorsprung, der bei balancierter Zweisprachigkeit beobachtet wird.

Dass eine Höreinschränkung vorliegt, wird von hörenden Eltern oft spät bemerkt. Dies geht darauf zurück, dass es vor dem Sprechbeginn kaum äußerliche Hinweise gibt. Die Kinder schreien, gurren und lallen zunächst auch, bei gehörlosen Kindern bleibt allerdings die zweite Lallphase (s. o.) aus. Da außerdem der Sprechbeginn individuell recht unterschiedlich ist, ist es schwierig, eine (noch) normale, verzögerte oder ausbleibende Entwicklung zu erkennen. Wird eine stark ausgeprägte Höreinschränkung diagnostiziert, kann es trotzdem zu Selbstvorwürfen der Eltern und Störungen in der Beziehung zum Kind kommen.

Heute stehen viele Eltern – hörende, schwerhörige und gehörlose – vor der Entscheidung, ob sie ihrem Kind ein Cochlea-Implantat einsetzen lassen. Da besonders die Ergebnisse früher Eingriffe gut sind, empfinden viele, vor allem gehörlose Eltern, hier eine erhebliche Verunsicherung bei einem hohen Entscheidungsdruck.[65]

Da Höreinschränkungen in unserer Gesellschaft immer noch eine Einschränkung der Entwicklungsmöglichkeiten eines Kindes bedeuten, lässt sich beobachten, dass Eltern die Situation ihres Kindes verdrängen oder vor sich, dem Kind und anderen „herunterspielen" und die notwendige Unterstützung nicht leisten. Möglicherweise erzeugen Eltern auf diese Weise einen Anpassungsdruck, der Anstrengungen in Richtung „Normalität" verstärkt. Ein anderer Zweck kann sein, verdeckende Verhaltensweisen anzuregen, damit das Kind lernt, nicht aufzufallen. Auch Überbehütung wird beobachtet und kann vor allem in der Pubertätsphase zu häuslichen Spannungen führen.[66]

Auch ein im Nachhinein als falsch erkannter Umgang mit der Problematik kann bei Eltern zu Schuld- und Abwehrgefühlen führen. Beispiele aus dem in Kap. 5.2.2 besprochenen Film *Jenseits der Stille* sind die Großmutter Laras, die bedauert, mit ihrer gehörlosen Schwiegertochter nicht in der „Zaubersprache" kommunizieren zu können, weil die Gebärdensprache auf Anraten hin in der Familie nicht verwendet wurde, und Laras Großvater, der auf die Gehörlosigkeit seines noch kleinen Sohnes Martin mit Unverständnis und Strenge reagierte. Auch der Vater von Lea in dem Roman *Freak City* (vgl. Kap. 4.2.1) begegnet seiner gehörlosen Tochter wenig hilfreich. Dabei ist die elterliche Zuwendung besonders wichtig für die Entwicklung der kommunikativen Fähigkeiten – unabhängig davon, ob die Laut- oder die Gebärdensprache erlernt wird.

Ein Beispiel für die Unterstützung von Eltern gibt das Universitätsklinikum Saarland, das einen Elternservice anbietet, der sie bei der Förderung ihrer höreingeschränkten Kinder unterstützen soll. Hierbei werden folgende Punkte als wichtig erachtet:

---

65 Vgl. Rauthgundis Kurrer (2013): Gehörlose im Wandel der Zeit. S. 104 f. Unter: https://edoc.ub.uni-muenchen.de/16611/1/Kurrer_Rauthgundis.pdf [18.04.2017]

66 Vgl. ebd.

„In dieser frühen Lebensphase liegt der Schwerpunkt der Haussprachfrühförderung auf der intensiven Zusammenarbeit mit den Eltern und nächsten Bezugspersonen des Kindes.

- Die Eltern erhalten gezielte fachliche Informationen über die Hörbeeinträchtigung ihres Kindes, über diagnostische Verfahren und den Umgang mit der Technik zur Anwendung kommender Hörhilfen. (…)
- Zu den Aufgaben der Frühförderung gehören die kontinuierliche Beobachtung der Hör- und Sprachentwicklung sowie die kritische Beurteilung der Effizienz von Hörhilfen. Die Einschätzung der Eltern ist dabei eine wertvolle Hilfe. Die Eltern erhalten Einblick in den frühen Spracherwerb und werden unterstützt in der Beurteilung der kindlichen Reaktionen. Somit können therapeutische Maßnahmen zeitnah erfolgen.“[67]

Angebote an Eltern wie die obenstehenden sind allerdings weder flächendeckend noch obligatorisch. Neben der ärztlichen Beratung kann auch der Mobile Dienst (s. o.) Informationen an Eltern geben und sie beraten.

Geschwister

Für Geschwister[68] bedeutet das Zusammenleben in einer Familie mit einem höreingeschränkten Kind eine höhere Verantwortung gegenüber dem höreingeschränkten Kind, aber auch gegenüber den dadurch belasteten Eltern. Das Kind mit Einschränkungen benötigt mehr Zeit, schon wegen Arztbesuchen und Hörgeräteanpassungen. Da auch eine verstärkte Aufmerksamkeit und sprachliche Zuwendung der Eltern angebracht ist, fühlen sich Geschwister oft nicht ohne Grund vernachlässigt.

Die unter Geschwistern ohnehin häufig auftretenden negativen Gefühle wie Ablehnung, Konkurrenz, Neid und Eifersucht können so verstärkt werden. Die Möglichkeit, diese Gefühle auszuleben, ist dagegen durch Rücksichtnahmen eingeschränkt. Auch kann es vorkommen, dass die Geschwister oder andere Familienmitglieder sich schämen, einen Menschen mit Beeinträchtigung in der Familie zu haben. Das Verhalten der Schwester von Lea im Roman *Freak City* ist dafür ein Beispiel. Eine Szene des Films *Jenseits der Stille* zeigt, dass Lara sich für ihre Mutter schämt, die für die ganze Schulklasse sichtbar gebärdet. Ein Beispiel aus *Freak City* zeigt die Eifersucht von Leas hörender Schwester „Mein Vater hat (Lea …) schon jetzt einen Ausbildungsplatz organisiert. Eine echt gute Sache. (…) Ich musste mich um meine Anstellung ganz alleine kümmern“ (S. 141).

Ein Beispiel für die Protektion der hörenden Eltern durch ihre hörende Tochter Lara findet sich in *Jenseits der Stille* (44:50–46:44). Laras kleine Schwester täuscht

---

67 http://www.uniklinikum-saarland.de/fr/einrichtungen/cliniques_et_instituts/hno/haus sprachfruehfoerderstelle/ [21.03.2017]

68 Vgl. Thore Spilger/Stephanie Wilken-Dapper: Stark im Leben stehen – Angebote für Geschwisterkinder. Unter: http://bvkm.de/wp content/uploads/Das_Band_1_16_Internet-verlinkt.pdf [21.03.2017]

einen Unfall vor und ruft um Hilfe, weil sie herausfinden will, ob ihre Eltern tatsächlich taub sind oder sich nur so stellen, um die Kinder auszuspionieren. Lara ist über dieses Verhalten empört, ihre Mutter amüsiert.

Für Geschwister von Kindern mit Einschränkungen bestehen spezielle Angebote wie Freizeitveranstaltungen oder Seminare, bei denen sie sich mit anderen Betroffenen austauschen können. Die pädagogischen Konzepte solcher Maßnahmen sind auf die Stärkung von Selbstbewusstsein, Selbstständigkeit und Handlungsfähigkeit gerichtet.

Freundschaften und Liebe

Der Kontakt zwischen höreingeschränkten und hörenden Jugendlichen gestaltet sich oft schwierig.[69] Er wird in erster Linie durch die erschwerte mündliche Kommunikation beeinträchtigt. Hinweise hierzu finden sich im Roman *Talk talk,* wenn die mündliche Kommunikation zwischen den Protagonisten Dana und Bridger beschrieben wird. Im selben Werk findet sich auch eine Passage, in der die Mutter der gehörlosen Dana deren Freund die Aussichten des Paar auf eine stabile Beziehung vor Augen führt: „Als erstes machte sie ihn mit den ermutigenden Statistiken vertraut: Er wusste doch sicher, daß neunzig Prozent der Gehörlosen einen Partner unter ihresgleichen fanden und daß von den anderen zehn Prozent der Ehen neunzig Prozent mit einer Scheidung endeten?“ (S. 275). Rauthgundis Kurrer geht in ihrer Dissertation aufgrund eigener Beobachtungen davon aus, dass Trägerinnen und Träger von Cochlea-Implantaten und Schwerhörige häufig Freundschaften und Beziehungen innerhalb ihrer Gruppen eingehen und bspw. bei der Partnersuche zunehmend das Internet genutzt wird.[70]

3.4 Auswirkungen auf den Unterricht

Beschulung

In Zahlen stellt sich die Beschulungssituation der vergangenen Jahre folgendermaßen dar. Im Jahr 2002 wurden in Deutschland 13518 Schülerinnen und Schüler mit dem Förderschwerpunkt Hören erfasst, davon 11099 an Förderschulen und 3419 an allgemeinen Schulen. Im Jahr 2010 besuchten 10987 Schülerinnen und Schüler Förderschulen mit dem Schwerpunkt Hören, allgemeinbildende Schulen 5210, damit befanden sich 32,2 Prozent in inklusiven Beschulungssituationen. Nur die Integration von Schülerinnen und Schülern mit dem Förderschwerpunkt emotionale und

69 Vgl. Claudia Hauke-Schrag et al. (2014): Forschungsbericht – „Ehe- und Familienberatung für gehörlose und schwer hörgeschädigte Menschen in Bayern“. Unter https://www.institutkom.de/forschung/pdf/forschung-efbg-bericht.pdf [21.03.2017]

70 Rauthgundis Kurrer (2013): Gehörlose im Wandel der Zeit, a. a. O.

soziale Entwicklung ist mit 41 Prozent weiter fortgeschritten.[71] Allerdings entfällt der größte Anteil aller an allgemeinen Schulen unterrichteten Schülerinnen und Schüler mit sonderpädagogischer Förderung auf Hauptschulen, gefolgt von Schularten mit mehreren Bildungsgängen sowie integrierten Gesamtschulen. Nur vier Prozent der integrativ unterrichteten Schülerinnen und Schüler besuchen eine Realschule, sechs Prozent ein Gymnasium.[72]

Der Unterricht für Schülerinnen und Schüler muss deren besondere Lernbedingungen berücksichtigen. Dies bedeutet, dass durch Raumausstattung, technische Hilfsmittel und Lernarrangements eine dem Verstehen zuträgliche Umgebung geschaffen werden muss (vgl. auch Kap. 5.1.3 Assistive Technologien). Auch sind Klassen mit wenig Schülerinnen und Schülern wünschenswert, da so der Lärmpegel gesenkt und überschaubare Kommunikationsverhältnisse gewährleistet werden können.

Als weitere Aspekte sind das Verhalten der Lehrerinnen und Lehrer, die Beschaffenheit der Unterrichtstexte und Schüleraktivitäten zu nennen. Die Lehrerinnen und Lehrer sollten ihre Stimmführung anpassen und auf geringe Sprechgeschwindigkeit, angemessene Lautstärke, deutliche Artikulation und Hinwendung zu den Schülerinnen und Schülern achten.

Die besonderen Lernbedingungen höreingeschränkter Schülerinnen und Schüler bestehen in einem geringeren Verständnis von Lautsprache und einer kurzen Konzentrationsspanne beim Hören. Dies kann durch eine angemessene Gestaltung der angebotenen mündlichen Äußerungen abgemildert werden. Sie sollten Redundanzen aufweisen, wie Wiederholungen mit den gleichen und ähnlichen Worten sowie Pausen, in denen die Lehrenden sich durch Blicke oder Fragen vergewissern, ob der bisherige Text verstanden wurde. Auch kann ein Lehrervortrag durch visuelle Vermittlung wie Tafelanschriften oder die Präsentation geeigneter Abbildungen ergänzt werden. Auf diese Weise wird die notwendige Verarbeitungszeit sichergestellt und ein ergänzendes Verstehen auf anderen Wegen gewährleistet, was auch für viele hörende Schülerinnen und Schüler von Vorteil sein kann. Der Grad der Redundanz darf allerdings nicht zu hoch sein, damit der Informationsgehalt anregend bleibt. Beim Textinhalt sind die jeweiligen sprachlichen Fähigkeiten der Schülerinnen und Schüler zu berücksichtigen und gegebenenfalls Vorarbeiten zu leisten, die z. B. den verwendeten Wortschatz sichern. Dies betrifft vor allem Wörter, die selten verwendet werden und gebräuchlichere Synonyme haben, wie *Boot/Nachen*, *Frau/Gattin*, *Schraubenzieher/Schraubendreher*, *Topf/Kasserolle*, umgangssprachliche Wörter wie *(p)friemeln, klabastern, wur(sch)teln*, Ad-hoc-Bildungen wie *Diktaturwahlkampf*, übertragene Wörter wie *Blüte* als Bezeichnung für Falschgeld, übertragene Ausdrücke wie *klare Kante zeigen*, aber auch für konventionalisierte Metaphern wie

71 Vgl. http://www.kmk.org/fileadmin/Dateien/pdf/Statistik/Dokumentationen/Dokumentation_SoPaeFoe_2010.pdf. S. 5 [13.02.2017]

72 Vgl. Teilhabebericht der Deutschen Bundesregierung https://www.bmas.de/SharedDocs/Downloads/DE/PDF-Publikationen/a125-13-teilhabebericht.pdf?__blob=publicationFile. S. 96 [13.02.2017]

Jemandem einen Bären aufbinden. Die Erläuterung solcher Elemente kann auch als Unterbrechung in einen Lehrervortrag eingeschoben werden.

Im Bereich der Satzmuster kann es nötig sein, Schachtelsätze zu vermeiden und sich an Vorschlägen zur „Einfachen Sprache" bzw. „Leichten Sprache" zu orientieren. Es wird z. B. empfohlen, kurze Sätze zu bilden, pro Satz nur eine Hauptaussage zu treffen, Passiv und Konjunktiv zu vermeiden, mit Negationen sparsam umzugehen *Das ist nicht unmöglich. => Das ist möglich.* Außerdem gilt es, lange Aufzählungen zu vermeiden und leicht fassliche Beispiele einzuflechten.[73]

Kinder und Jugendliche mit Höreinschränkungen sollten dazu angehalten werden, nachzufragen, auch wenn es ihnen unangenehm ist. Dabei kann auch das Un- und Missverständnis, die Nachfrage und die Reaktion auf Nachfragen thematisiert werden, dies ist auch anhand der in Kapitel 4 besprochenen literarischen Texte möglich, die eine Reihe von Beispielen zeigen, unter anderem:

Unverständnis in *Talk talk* (S. 16):

> „Er (der Polizist) sagte etwas, sein Kiefer bewegte sich, als kaute er auf einem Stück Knorpel. Aber was sagte er? Es war nicht *Führerschein oder Fahrzeugpapiere*, aber was war es dann?"

Unverständnis in *Freak City* (S. 201):

> „Vorne kam Lea an die Reihe. ‚Roggenbrot', sagte sie laut und deutete mit dem Finger darauf. Es hörte sich ziemlich verunglückt an, nicht einmal das Wort ‚Brot' konnte man richtig verstehen. Aber sie zeigte direkt auf den Laib, den sie wollte (...). Eine fette Frau fuhr wie angeschossen herum und starrte Lena feindselig an. ‚Betrunken, und das am Vormittag, das ist doch wirklich die Höhe!' ‚Ich glaube, sie ist geistig behindert', murmelte der Mann hinter Lea beschwichtigend."

Missverständnis in *Freak City* (S. 145 f.):

> „‚Sollen wir in den Garten gehen?' Ich warf Lea einen flehenden Blick zu. Ich wollte für einen Moment mit ihr allein sein, im Freien, und die Situation klären. (...) Ich stand hier mit einem Mädchen, das sich nicht mit mir unterhalten konnte. Das mich anfeindete, weil ich vorgeschlagen hatte, gemeinsam in den Garten zu fliehen. Jetzt fiel es mir ein, ich hatte statt der Gebärde für Garten die Gebärde für Spiel benutzt."

Reaktion auf Nachfragen in *Freak City* (S. 220):

> „‚Hast du Zigaretten?' Ein Mädchen von der Nachbardecke hatte sich zu Lea gebeugt. Lea sah hoch. ‚Bin gehörlos', sagte sie laut. ‚Kannst Du das langsam wiederholen?' Das Mädchen machte eine abwehrende Handbewegung. ‚Schon o.k. Ich frag mal da drüben!' Sie sprang auf und ließ Lea zurück."

---

73 Vgl. http://www.rehatechnologie.fk13.tu-dortmund.de/rehapp/de/Toolkit/App-QKK/Barrierefreiheit/Leichte-Sprache/index.html [22.03.2017]

Generell ist es angebracht, Kinder und Jugendliche mit Höreinschränkungen zum Sprechen zu ermuntern, indem ihnen Fragen gestellt und Antworten unterstützt werden, die nötige Zeit hierfür eingeräumt und die sprachliche Leistung gewürdigt wird. Korrekturen – z. B. der Aussprache – sollten im Unterrichtsgespräch allenfalls durch korrektives Feedback erfolgen, indem eine fehlerhafte Aussage korrekt wiederholt wird. *Das Auto ist abgebiegen => Ja, das Auto ist abgebogen.*

Die Vermittlung von sprachlichen Verhaltensweisen und Sprachmustern in Standardsituationen kann ebenfalls eine förderliche Wirkung haben, so wird Inferieren erleichtert und aktives Sprechen angeregt. Auch können Höflichkeitsfloskeln, Redeeinleitungen, Fragen, Formen sprachlicher Zurückweisungen und Ermutigungen für verschiedene Sprachverwendungszusammenhänge sowie sprachliche Routinesituationen in Rollenspielen geübt werden. Die Unterrichtsbeispiele geben hierzu einige Anregungen (vgl. z. B. Kap. 4.2.1 Grafik: Struktur des Gesprächs/4.2.2 Grafik: Streitgespräch/5.2.2 Patronisierende Sprache).

Nachteilsausgleich

Nach Artikel 3 Absatz 3 Satz 2 des Grundgesetzes darf niemand wegen seiner Behinderung benachteiligt werden, daher ist ein Nachteilsausgleich zu gewähren.[74] Der Anspruch hörbehinderter Schülerinnen und Schüler auf Nachteilsausgleich ergibt sich auch aus der allgemeinen Fürsorgepflicht der Schule bzw. den entsprechenden Regelungen im Schwerbehindertenrecht (Nachteilsausgleich nach SGB IX, Teil 2, vom 01.07.2001, §126). Der Nachteilsausgleich dient der Kompensation der durch die Behinderung entstehenden Nachteile und stellt keine Bevorzugung der hörgeschädigten Schülerinnen und Schüler gegenüber ihren Mitschülerinnen und Mitschülern dar.

> „Für Schülerinnen und Schüler mit Hörschädigungen erfordert dies eine besondere Unterstützung durch die schulische Gemeinschaft im täglichen Zusammenleben. Deshalb muss die Schule bei hörgeschädigten Schülerinnen und Schülern, die gemeinsam mit Nichtbehinderten zielgleich unterrichtet werden, bei mündlichen, schriftlichen, praktischen und sonstigen Leistungsanforderungen die Hörbehinderung angemessen berücksichtigen, ohne den fachlichen Anspruch geringer zu bemessen."[75]

Der Nachteilsausgleich für gehörlose Schülerinnen und Schüler, die nicht in der Lautsprache kommunizieren können, schließt ein, dass in die Gebärdensprache übersetzt wird. Weitere Vorschläge sind, die anstrengenden Unterrichtsstunden

74 Vgl. http://www.hoerbehindertenschule-lebach.de/NachteilsausgleichVersionInternet100209.pdf [22.03.2017]

75 Vgl. http://www.carl-orff-schule-lingen.de/fileadmin/documents/mobiler_dienst/Nachteilsausgleich_fuer_hoergeschaedigte_Schueler.pdf [22.03.2017]

früh zu halten und den geplanten Unterrichtsverlauf vor der Stunde schriftlich zu präsentieren.[76]

Bei allen Leistungsanforderungen ist ein Nachteilsausgleich zu schaffen, der in einer differenzierten Leistungsanforderung oder einer Zeitzugabe bestehen kann. Es ist möglich, schriftliche statt mündliche Arbeitsformen in die Leistungserhebung einzubeziehen und eine Note durch schriftliche, gestalterische oder projekthafte Zusatzaufgaben auszugleichen. Die Nichtberücksichtigung durch die Behinderung bedingter Aussprache-, Wort- und Grammatikfehler ist ebenfalls möglich. Es kommt vor, dass betroffene Schülerinnen und Schüler den Nachteilsanspruch nicht nutzen möchten, „um Konflikte mit den Mitschülern zu vermeiden. Gegen den Eindruck von ungerechtfertigten Vorteilen kann (dann) eine Erläuterung des Ausgleiches im Klassenverband sinnvoll sein".[77]

76 Vgl. Sabine Voss/Susanne Pöllinger (2014): Konkreter Nachteilsausgleich für gehörlose Schülerinnen und Schüler in Regelschulen bundesweit. Unter: https://www.kestner.de/n/elternhilfe/verschiedenes/Regelschule_Nachteilsausgleich_GL.pdf [22.03.2017]

77 Tilly Truckenbrodt/Annette Leonhardt (2016): Schüler mit Hörschädigung im Unterricht, a. a. O. S. 34. Weitere Bestimmungen zum Nachteilsausgleich unter: http://www.best-news.de/schul_regelungen [29.04.2017]

4. Anregungen für den Unterricht

4.1 Lernformen und Unterrichtsmethoden

Wenn Schüler und Schülerinnen mit heterogenen Lernvoraussetzungen gemeinsam in Klassen unterrichtet werden, müssen unterschiedliche didaktische Prinzipien berücksichtigt werden. Ein besonderes Augenmerk sollte dabei auf die Sozialformen im Unterricht gerichtet werden. Neben dem vor allem in den Sekundarstufen nach wie vor vielfach praktizierten Frontalunterricht und der Einzelarbeit, sind es kooperative Lernformen, z.B. Partner- oder Gruppenarbeit, „die einen hohen Anteil an Beziehungen auf Schüler-Schüler-Seite ermöglichen"[78] und so die soziale Integration insbesondere von Kindern und Jugendlichen mit Einschränkungen fördern können. Seit den 1980er Jahren ist im Kontext einer integrativen Didaktik vielfach darüber diskutiert worden, durch welche (alternativen) Unterrichtskonzepte man gemeinsames Lernen mit Kindern und Jugendlichen gestalten kann, z. B. mit *Projektarbeit* anhand gemeinsamer Lerngegenstände, lebensweltlicher Bezüge und Aufgabenstellungen mit unterschiedlichem Anforderungsniveau, der *Werkstattarbeit* als Form des offenen Unterrichts (mit Freiarbeit und Wochenarbeiten) oder dem *Aktiv forschenden Lernen/Laborlernen*. Viele dieser Konzepte setzen zwar ein hohes Maß an Eigeninitiative, Selbststeuerungs- und Selbstorganisationskompetenz voraus.[79] Nichtsdestoweniger belegen verschiedene Befunde, „dass mit kooperativen Lernmethoden nicht nur Lernerfolge gesteigert, sondern auch soziale Verhaltensweisen wie z. B. Altruismus, Kooperation und Hilfsbereitschaft gefördert werden können".[80] Auch zeigt sich in empirischen Untersuchungen, dass „kooperatives Lernen das Leistungsniveau der Einzelnen hebt und sich Lernende darüber hinaus als fördernde Lerngemeinschaft wahrnehmen".[81] Dies könnte unter anderem daran liegen, dass die Schülerinnen und Schüler sich in kooperativen Arbeitsgruppen aktiv mit den Perspektiven anderer auseinandersetzen und nicht in der großen Gruppe des Klassenverbands „abtauchen". Auch werden Vorschläge oder Lösungen der Lehrkraft nicht unreflektiert übernommen, wie es in einem lehrerzentrierten Unterricht häufig der Fall ist, sondern Ergebnisse werden in einem Prozess mit anderen erarbeitet. Dabei kommt es vor allem darauf an, dass sich erstens alle Schülerinnen und Schüler aktiv mit dem Lerngegenstand auseinandersetzen können und dass zweitens auch die individuellen Möglichkeiten und Beeinträchtigungen aller Beteiligten berücksichtigt werden. Nur so können eigene und gemeinsame Lernerfolge erzielt

78 Annette Leonhardt (1996): Didaktik des Unterrichts für Gehörlose und Schwerhörige. Neuwied u. a.: Luchterhand. S. 68.

79 Markus Stecher (2011): Guter Unterricht bei Schülern mit einer Hörschädigung. Heidelberg: Median-Verlag. S. 65.

80 Meltem Avci-Werning/Judith Lanphen (2013): Inklusion und kooperatives Lernen. In: Rolf Werning/Ann-Kathrin Arndt (Hrsg.): Inklusion: Kooperation und Unterricht entwickeln. Bad Heilbrunn: Julius Klinkhardt. S. 152.

81 Ebd. S. 169.

werden. Dies ist durch verschiedene methodische Zugänge und Arbeitsformen, vor allem aber durch kooperative Lernbedingungen zu erreichen, die letztlich für eine „Optimierung der gemeinsamen Beschulung“[82] sorgen können, da alle beteiligten Schülerinnen und Schüler am verbesserten „Dialog- und Beziehungsaufbau“[83] in der Klassengemeinschaft konstruktiv mitwirken.

Wenn Schülerinnen und Schüler mit Höreinschränkungen, die lernen müssen, sich auf die Kommunikationsformen und Anforderungen des alltäglichen Lebensumfelds einzustellen, gemeinsam mit denjenigen ohne Höreinschränkung unterrichtet werden, ist generell darauf zu achten, eine gemeinsame Kommunikationsbasis in der Klasse zu etablieren. Vor allem, wenn „wir wollen, dass hörgeschädigte Kinder sich im sozialen Bereich als Teil der hörenden Welt fühlen (und) ihre Hörschädigung zwar als Unterschied, aber akzeptierbaren Unterschied annehmen“,[84] erscheint dies besonders sinnvoll. Dass sich hier nicht nur implizit die besondere Chance bietet, im Unterricht Kommunikation(-sformen) auch bewusst zu reflektieren, wird anhand der später vorgestellten Unterrichtsvorschläge deutlich (vgl. Kap. 4 und 5).

Von fundamentaler Bedeutung ist es, dass die Lehrkraft sich über die möglichen Auswirkungen der Höreinschränkung der Schülerin bzw. des Schülers informieren kann, um die speziellen Anforderungen des Kindes einschätzen und berücksichtigen zu können.[85] Simone Born weist in ihrer Studie zur unterrichtlichen Integrationssituation hörgeschädigter Schülerinnen und Schüler in allgemeinen Schulen (Sekundarstufe I) darauf hin, dass sich ohnehin viele Lehrerinnen und Lehrer „mehr Informierung und Aufklärung über Hörschädigungen und deren Auswirkungen“ wünschen.[86]

4.1.1 Kooperatives Lernen

Da Kommunikation und Kooperation als bedeutsame Ziele im gemeinsamen Unterricht angesehen werden, ergibt sich die Frage nach der Umsetzung. In kooperativen Lernformen werden Inhalte in verschiedenen Arbeitsformen (Gruppen- oder Partnerarbeit) erarbeitet und nicht mehr allein durch die Lehrkraft vermittelt, wodurch die Gruppenprozesse in den Fokus rücken. Den Schülerinnen und Schülern sollte

---

82 René Jacob Müller (1996): … ich höre – nicht alles! A. a. O. S. 168.

83 Ebd.

84 Wendy Lynas (2001): Unterstützung hörgeschädigter Kinder in Regelschulen. In: Annette Leonhardt (Hrsg.): Gemeinsames Lernen von hörenden und hörgeschädigten Schülern. Ziele, Wege, Möglichkeiten. Hamburg: Verlag hörgeschädigter Kinder. S. 95.

85 Vgl. hierzu den Beitrag von Sybille Krauskopf, in dem sie nachzeichnet, mit welchen Schwierigkeiten ihr eigener schulischer Integrationsprozess verknüpft war. Dies. (2011): „Wenn sich Integration ‚naturwüchsig‘ vollzieht …“. In: Annette Leonhardt (Hrsg.): Gemeinsames Lernen von hörenden und hörgeschädigten Schülern. Ziele, Wege, Möglichkeiten. Hamburg: Verlag hörgeschädigte Kinder. S. 117–119.

86 Simone Born (2009): Integrativer Unterricht mit hörgeschädigten Schülerinnen und Schülern in allgemeinen Schulen. In: Sonderpädagogische Förderung *heute*, Band 54, H. 4. S. 373.

verdeutlicht werden, dass es in kooperativen Lernformen nicht darauf ankommt, besser, schneller oder effektiver zu sein als die Gruppenmitglieder. Im Mittelpunkt steht das *gemeinsame* Lernen an einem *gemeinsamen* Gegenstand mit einem vereinbarten *gemeinsamen* Ziel, für das sich die Gruppenmitglieder mit ihren Kenntnissen, Erfahrungen sowie Stärken und Schwächen *gemeinsam* anstrengen. Dadurch verändert sich letztlich auch die Beziehung zwischen Lehrkraft und Schülerinnen und Schülern, da letztere mitverantwortlich und zu „Experten mit erheblichem Einfluss auf die unterrichtliche Planung, Gestaltung und Entwicklung“ werden.[87]

Für kooperative Lernformen ist es wichtig, dass die Lehrerin oder der Lehrer zunächst die nötigen Rahmenbedingungen schafft, indem z. B. der Klassenraum nach den Bedürfnissen der Schülerinnen und Schüler eingerichtet oder umgestaltet wird. So wären beispielsweise Gruppentische von Vorteil, die Schülerinnen und Schülern, insbesondere den höreingeschränkten, den für einen konstruktiven Austausch nötigen Blickkontakt und gegebenenfalls das Lippenlesen zu den Gruppenmitgliedern ermöglichen. Auch sollte dafür Sorge getragen werden, dass eine didaktische Differenzierung nach Lerninhalten, -zielen, -methoden, -medien, -materialien etc. realisiert wird. Vor allem sollten die Schülerinnen und Schüler von der Lehrkraft als „Interaktionsmanager“[88] unterstützt werden, der den Lernstoff liefert und über die jeweils geeignete Gruppenzusammensetzung entscheidet, der Schülerschaft aber eine möglichst große Verantwortung für ihre eigene Arbeit an die Hand gibt. Hier muss die Lehrkraft den Schülerinnen und Schülern signalisieren, dass sie ihnen eigenständiges Arbeiten zutraut. Möglichen Fehlversuchen in der Gruppenarbeit mit Toleranz und Verständnis zu begegnen, ist nicht immer leicht. Damit Schülerinnen und Schüler aber positiv aus einer gemeinsamen Arbeit, auch wenn diese vielleicht nicht zum erhofften Erfolg geführt hat, „herausgehen“ und motiviert (und möglichst eigenständig) Problemlösungen für zukünftiges gemeinsames Lernen entwickeln können, ist dies aber wichtig.

Kooperatives Lernen sollte immer auch in dem Sinne kompetenzorientiert sein, dass die Schülerinnen und Schüler Grundfertigkeiten zur Bewältigung verschiedener (Lebens-)Aufgaben entwickeln wie Sachkompetenz, personale Kompetenz, Sozialkompetenz, Methoden- und Handlungskompetenz.[89]

Es können fünf Basiselemente kooperativen Lernens benannt werden:

- die Etablierung einer positiven Interdependenz innerhalb der Arbeitsgruppe
- die Schaffung einer individuellen Verantwortlichkeit

---

87 Oliver Schneider (2008): Unterrichtsentwicklung an der Förderschule mit dem Förderschwerpunkt Hören und Kommunikation am Beispiel des Kooperativen Lernens. In: Hörgeschädigtenpädagogik, Band 5, Jahrgang 62. S. 185.

88 Meltem Avci-Werning/Judith Lanphen (2013): Inklusion und kooperatives Lernen, a. a. O. S. 154.

89 Vgl. Rudi Krawitz (2001): Integrative Bildung. Chancen und Möglichkeiten für eine neue pädagogische Praxis der Schule. In: Annette Leonhardt (Hrsg.): Gemeinsames Lernen von hörenden und hörgeschädigten Schülern, a. a. O. S. 35.

- das Herstellen einer direkten Interaktion
- das Training sozialer Kompetenzen
- die Gruppenreflexion[90]

Bei der Schaffung einer *positiven Interdependenz* sollte für die Gruppenmitglieder deutlich werden, dass sie ein gemeinsames Ziel verfolgen und dies vor allem dann erreichen können, wenn die individuellen Stärken jedes Gruppenmitglieds berücksichtigt und eingebracht werden. *Individuelle Verantwortlichkeit* ergibt sich dann, wenn jedes Mitglied der Gruppe mit Engagement an den (eigenen) Aufgaben arbeitet, die dann für das Gesamtergebnis von Bedeutung sind. Eine *direkte Interaktion* ist nur dann möglich, wenn z. B. eine adäquate räumliche Anordnung gewährleistet ist. Die Gruppenmitglieder müssen gut miteinander kommunizieren können. In Gruppen mit höreingeschränkten und normalhörenden Schülerinnen und Schülern sollte also darauf geachtet werden, dass die erforderlichen technischen Hilfsmittel, z. B. eine Übertragungsanlage, zum Einsatz kommen (vgl. Kap. 2).

Wenn im vierten Basiselement von der *Ausbildung sozialer Kompetenz* gesprochen wird, bedeutet das nicht, dass Gruppenarbeiten automatisch dazu führen. Um Misserfolge und Frustration in der Gruppenarbeit zu vermeiden, müssen soziale Kompetenzen, sogenannte „social skills“ wie Eigenverantwortung, Selbstbeobachtung, aber auch Motivation und Konfliktfähigkeit dauerhaft und gezielt im Unterricht und Klassengeschehen unterstützt und trainiert werden, z. B. durch klare und verlässliche Gesprächs- und Verhaltensregeln. Die *Gruppenreflexion* soll schließlich zur eigenständigen Interaktion in der Gruppe anregen, um durch das gemeinsame Aufarbeiten der Gruppenarbeit Verbesserungsmöglichkeiten für zukünftige Arbeiten zu entwickeln.

4.1.2 Handlungs- und produktionsorientierter Unterricht

Die methodischen Möglichkeiten, kooperativen Unterricht zu initiieren, sind vielfältig. Es bietet sich an, Tandems oder möglichst kleine Gruppen mit vier bis sechs Schülerinnen und Schülern zu bilden. So wäre z. B. das sogenannte *Peer Tutoring* denkbar, in dem die Schülerinnen und Schüler im Wechsel sowohl die Lehrer-, als auch Schülerrolle übernehmen: „Das lernende Kind profitiert (hierbei) in erster Linie von der Erfahrung und vom Wissen des lehrenden Kindes, das lehrende Kind von der erneuten gedanklichen Durchdringung des Lerngegenstandes und von der Notwendigkeit, sich auf das andere Kind einzustellen. Sinnvollerweise sollten die

90 Vgl. Meltem Avci-Werning/Judith Lanphen (2013): Inklusion und kooperatives Lernen, a. a. O. S. 151 f. u. David W. Johnson/Roger T. Johnson (2008): Wie kooperatives Lernen funktioniert. Über die Elemente einer pädagogischen Erfolgsgeschichte. In: Individuell lernen – Erfolgreich arbeiten, Friedrich Jahresheft. S. 16 f.

Rollen öfter gewechselt werden".[91] Hier können auch hörgeschädigte Schülerinnen und Schüler beide Rollen einnehmen.

Besonders für höhere Jahrgangsstufen bietet sich das sogenannte *Collaborative Learning* an, bei dem ebenfalls die jeweiligen Ressourcen der Gruppenmitglieder genutzt werden, sich die Schülerinnen und Schüler darüber hinaus jedoch reflexiv über den Arbeitsprozess austauschen und „ihre Ideen und Theorien miteinander (...) verhandeln, um ko-konstruktiv zu einer gemeinsamen Arbeit zu gelangen. Dabei wird erwartet, dass sich (die Schülerinnen und Schüler) gegenseitig anregen, verunsichern, ergänzen und bereichern".[92]

Eine weitere Möglichkeit bietet die *Think-Pair-Share*-Methode, in der sich die Schülerinnen und Schüler zunächst in Einzelarbeit individuell mit einer Aufgabe beschäftigen (*Think*), um in einem zweiten Schritt mit einem Partner oder einer Partnerin die jeweiligen Ergebnisse miteinander zu vergleichen (*Pair*) und auf dieser Grundlage zu modifizieren. Hier bieten sich je nach Lernvoraussetzungen Differenzierungsaufgaben bezüglich des Anforderungsniveaus an. Im dritten Schritt werden die Arbeitsergebnisse dem Plenum bzw. den anderen Gruppen präsentiert (*Share*).

Für Klassen, in denen Schülerinnen und Schüler mit und ohne Höreinschränkungen gemeinsam lernen, bieten sich eine Vielzahl von Methoden des handlungs- und produktionsorientierten (Literatur-)Unterrichts an, den Kaspar Spinner als „Weiterentwicklung des rezeptionsästhetischen Ansatzes" versteht.[93] Er wurde als Ergänzung zu den erprobten analytischen Verfahren und aufgrund „einer zunehmenden Unzufriedenheit mit dem traditionellen Literaturunterricht"[94] entwickelt, der oftmals nur am Rande die unterschiedlichen Lern- bzw. Begabungstypen der Schülerinnen und Schülern berücksichtigt. Beim handlungs- und produktionsorientierten Unterricht werden keinesfalls nur jüngere Schülerinnen und Schüler adressiert. Der Lehrplan für das Land NRW gibt beispielsweise vor, dass Schülerinnen und Schüler der gymnasialen Oberstufe am Ende der Qualifikationsphase „ihr Textverständnis durch Formen produktionsorientierten Schreibens darstellen"[95] sollen. In einem Deutsch-Leistungskurs soll die Produktionsorientierung nicht nur im Kontext des Textverstehens, sondern auch im Bereich der Textdeutung von den Lernenden angewendet werden können.[96] Produktive Aufgabenstellungen können

91 Angelika Speck-Hamdan (2001): Heterogenität als Chance. Soziales Lernen in gemischten Gruppen. In: Annette Leonhardt (Hrsg.): Gemeinsames Lernen von hörenden und hörgeschädigten Schülern, a. a. O. S. 51.

92 Ebd., S. 52.

93 Kaspar H. Spinner (2010): Handlungs- und produktionsorientierter Literaturunterricht. In: Klaus-Michael Bogdal/Hermann Korte (Hrsg.): Grundzüge der Literaturdidaktik. 5. Aufl. München: dtv. S. 250.

94 Christiane Hochstadt/Andres Krafft/Ralph Olsen (2015): Deutschdidaktik. Konzeptionen für die Praxis. 2. Aufl. Tübingen: A. Francke. S. 152.

95 Kernlehrplan für die Sekundarstufe II Gymnasium/Gesamtschule NRW (2014), a. a. O. S. 28.

96 Ebd. S. 35.

auch Teil der Abiturprüfungen sein.[97] Bei Methoden des handlungs- und produktionsorientierten Unterrichts sollen die Schülerinnen und Schüler einen Text nicht nur lesen und analysieren, sondern sich „gestaltend, das heißt weiter umschreibend, Textstellen ergänzend, Textmuster imitierend, malend, vertonend und szenisch spielend mit Literatur“ beschäftigen.[98] Indem nichtanalytische Zugänge zur Literatur gesucht werden, können auch Lernende miteinbezogen werden, die Schwierigkeiten mit herkömmlichen Methoden der Analyse von Texten und dem Einbringen eigener Vorstellungen haben.[99] So können bei Schülerinnen und Schülern mit Hörbeeinträchtigungen Probleme bei der Verbalisierung aufgrund einer auffälligen Aussprache auftreten. Auch kann die Rezeption verschiedener literarästhetischer Formen durch starke Höreinschränkungen erschwert sein. Hier können handlungs- und produktionsorientierte Verfahren greifen, die in der aktuellen literaturdidaktischen Diskussion als „sinnvolle und für manche Schüler(gruppen) ausgesprochen hilfreiche Ergänzung anderer Methoden“[100] bewertet werden. Die produktionsorientierten (Konkretisierung, Transformation, Rekonstruktion/Restauration von Texten) und handlungsorientierten (szenische, visuelle, akustische Gestaltungen) Verfahren eignen sich gut für Klassen, in denen sich durch kooperatives Arbeiten Eigen- und Gruppenaktivität abwechseln sollen. Indem bewusst an das Vorwissen bzw. die (Vor-)Erfahrungen der Lernenden angeknüpft wird, können diese an Texten bzw. ausgewählten Medien mit lebensweltlichen Themen problemorientiert arbeiten. Gemeinsames, kooperatives Handeln unterstützt dabei den Austausch und die Kommunikation untereinander.

Folgende Verfahren[101] eignen sich besonders in heterogen zusammengesetzten Lerngruppen/Klassen:

Textproduktive Verfahren

- zu einer Überschrift/einem Titel oder zu Schlüsselwörtern einen eigenen Text verfassen
- den Schluss eines Textes selbst verfassen
- während der Lektüre innehalten und eine eigene Fortsetzung entwerfen
- eine mögliche Vorgeschichte zu einem Text oder einer Figur entwerfen
- eine im Text nur angedeutete Handlung ausfabulieren

---

97 Kaspar H. Spinner (2013): Handlungs- und produktionsorientierter Literaturunterricht. In: Volker Frederking/Hans-Werner Huneke/Alex Krommer et al. (Hrsg.): Taschenbuch des Deutschunterrichts, Bd. 2: Literatur- und Mediendidaktik. Baltmannsweiler: Schneider Hohengehren. S. 322.

98 Ebd. S. 319.

99 Vgl. Kaspar H. Spinner (2010): Handlungs- und produktionsorientierter Literaturunterricht. In: Klaus-Michael Bogdal/Hermann Korte (Hrsg.): Grundzüge der Literaturdidaktik, a. a. O. S. 253.

100 Martin Leubner/Anja Saupe/Matthias Richter (2016): Literaturdidaktik. 3. Aufl. Berlin, Boston: De Gruyter. S. 183.

101 Vgl. hierzu auch die vorgeschlagenen Verfahren in: Praxis Deutsch (1994), H. 123. S. 24.

- einen inneren Monolog, eine erlebte Rede, einen Brief oder eine Tagebuchnotiz einer Figur verfassen
- Figuren des Textes in Ich-Form vorstellen
- sich selbst in einen Text hineindichten und eine Szene gestalten
- eine Figur aus einer Geschichte herauslösen und in einer anderen Welt auftreten lassen
- einen Text in einen anderen Stil transformieren
- einen Text aus veränderter Perspektive schreiben
- einen Text in eine andere Textsorte umschreiben

Szenische Gestaltungen
- eine Textstelle pantomimisch darstellen
- einen Text(-teil) auf spielerische Weise darstellen (als Schattenspiel, als Videoszene)
- eine Textsituation als „lebendes" Bild darstellen
- ein Rollenspiel erstellen

Visuelle Gestaltungen
- Bilder zu einem Text malen
- Bildcollagen erstellen
- Trailer zu einer filmischen Adaption eines Textes erstellen
- einen Kurzfilm erstellen

Akustische Gestaltungen
- einen Text vertonen
- mit verschiedenen Vortragsweisen experimentieren (ärgerlich, fröhlich, traurig …)
- für szenische Darstellungen Hintergrundmusik auswählen

Durch unterschiedliche Ausdrucksmittel, wie sie z. B. szenische Spielformen ermöglichen, werden Ergebnisse nicht nur anschaulich präsentiert, sondern auf die Bedürfnisse der jeweiligen Lerngruppe abgestimmt, indem z. B. ein besonderer Fokus auf der nonverbalen Kommunikation als Ausdrucks- und Verständigungsmittel liegt. Generell sollte auch darauf geachtet werden, dass die (gemeinsam) erarbeiteten Ergebnisse in unterschiedlichen Darstellungsformen präsentiert werden.[102]

4.2 Unterrichtsideen – Texte

Für die folgenden Unterrichtsanregungen wurden Text- und Filmbeispiele ausgewählt, in denen das Thema Hören und Höreinschränkungen eine zentrale Rolle spielt. So eröffnet sich eine doppelte Perspektive, indem das Thema in den Unterricht

102 Markus Stecher (2011): Zur Bedeutung handlungsorientierten Unterrichts für Schüler mit einer Hörschädigung. In: Hörgeschädigtenpädagogik, Jahrgang 65, Bd.4. S. 154.

eingebunden und zugleich die Vorteile gemeinsamen Lernens besprochen werden. Die verschiedenen Strategien im Umgang mit Hörbeeinträchtigungen, wie sie in den ausgewählten Beispielen präsentiert werden, können im Unterrichtsgespräch analysiert und als Basis für alternative Umgangsformen genutzt werden.

Das übergeordnete Ziel der Unterrichtsvorschläge liegt darin, den Schülerinnen und Schülern neue Sichtweisen auf individuelle Verschiedenheiten zu ermöglichen, um diese für ihre eigene Lebenswelt nutzbar zu machen. Dabei sollte bei allen Arbeitsphasen darauf geachtet werden, die heterogenen Erfahrungen und Vorkenntnisse der Schülerinnen und Schüler zu berücksichtigen, die angebotenen Unterrichtsimpulse an die verschiedenen Niveaustufen und Lerntempi anzupassen und differenzierte Methoden auszuwählen, damit eine individuelle Förderung der Schülerschaft mit und ohne Einschränkungen gewährleistet ist. Das Modell einer Lernspirale, in der ein regelmäßiger Wechsel der Sozialformen erfolgt und die Anforderungsniveaus variiert werden, ist insbesondere für die Arbeit mit inklusiven Klassen geeignet.[103] Dabei sollte vor allem im Sinne des kooperativen Lernens, das „den Lernerfolg der einzelnen Schülerin bzw. des einzelnen Schülers wie auch der Gruppe zum Ziel"[104] hat, gearbeitet werden.

Es wird im Folgenden insbesondere die Verbindung von literarischem und sprachlichem Lernen angeregt. Die Schülerinnen und Schüler können ergänzende Sachinformationen aus bzw. zu beiden Bereichen ermitteln. Um hier Hilfen zu geben, finden sich in Anhang und Literaturverzeichnis Fundorte sowie Texte, die zusätzlich im Unterricht (auch fächerübergreifend) eingesetzt werden können. Die Unterrichtsbeispiele verstehen sich als Impulse, nicht als komplett ausformulierte Unterrichtsverläufe. So soll den Lehrkräften ein Spielraum in der Auswahl der Textstellen, der methodischen Herangehensweise und der jeweiligen Sozialform gelassen werden. Es wird jeweils angemerkt, für welche Klassen bzw. Jahrgangsstufen sich die Ideen besonders gut eignen.

4.2.1 *Freak City*

Inhalt, mögliche Zielgruppen und Unterrichtsthemen

Im Jahr 2010 wurde der Jugendroman *Freak City*[105] von Kathrin Schrocke veröffentlicht, der verschiedene literarische Genres und Themen miteinander verwebt. Ele-

103 Vgl. hierzu: Jonas Lanig (2013): Inklusion in der Praxis. Deutsch inklusiv. Differenzierungsmöglichkeiten und Unterrichtsbeispiele für die Sekundarstufe, Mülheim: Verlag an der Ruhr. S. 145.

104 Meltem Avci Werning/Judith Lanphen (2013): Inklusion und kooperatives Lernen, a. a. O. S. 150.

105 Kathrin Schrocke (2010): Freak City. Frankfurt a. Main, Carlsen. Der Text wird im Folgenden mit der Sigle FC abgekürzt. Teile des folgenden Kapitels finden sich in: Eva Lipkowski/Liane Schüller: Mit den Augen hören, mit den Händen sprechen. Gehörlosigkeit als Thema im Unterricht am Beispiel des Romans ‚Freak City' in der Regelschule und in inklusiven

mente des Adoleszenz- sowie Familien- und Liebesromans ranken sich um das Thema Gehörlosigkeit und Kommunikation. Der Roman ist mit verschiedenen Preisen ausgezeichnet worden[106] und war 2011 für den deutschen Jugendliteraturpreis nominiert.

Aus der Ich-Perspektive des 15-jährigen Mika wird seine Begegnung mit der gleichaltrigen Lea geschildert, die gehörlos ist und die Lautsprache nur ungern verwendet, da sie dann von anderen nur schwer verstanden wird. Um sich mit ihr „richtig" verständigen zu können, beschließt Mika, in einem Intensivkurs die Gebärdensprache zu erlernen. Indem er nach und nach erfährt, welche Möglichkeiten gehörlose Menschen haben, sich über Gebärdensprache und Lippenlesen miteinander auszutauschen, wird ihm die allgemeine Bedeutung von Kommunikation im zwischenmenschlichen Miteinander bewusst. Neben seinen ohnehin vorhandenen pubertären Problemen mit seiner Ex-Freundin (Themen: Eifersucht; Liebe; Beziehungskonflikte), der Familie (Themen: Kommunikation in der Familie; Ablösung vom Elternhaus; Generationenprobleme) und seiner Peergroup (Themen: Kommunikation in der Peergroup; Neid) wird Mika durch sein Interesse an Lea mit der Community der Gehörlosen konfrontiert. Bis Lea und Mika schließlich ein Paar werden, müssen sie verschiedene Missverständnisse und Hindernisse überwinden.

Der Verlag empfiehlt den Roman für Leserinnen und Leser ab 12 Jahren. Besonders geeignet erscheint er für Jugendliche ab 14 Jahren, da die geschilderten Alltagsprobleme zentrale Themen dieser Altersgruppe – Liebe, Freunde, Familie und Musik – in den Mittelpunkt rücken. Der Text bietet eine gute Grundlage, um Schülerinnen und Schüler im Unterricht für den individuellen und gesellschaftlichen Umgang mit dem Anderssein sowie für das Thema Kommunikation und besonders für die Rolle des Hörens zu sensibilisieren. Zugleich können ihnen wichtige Sachinformationen zu den sprachlichen Auswirkungen von Höreinschränkungen und möglichen Bewältigungsstrategien vermittelt werden. Darüber hinaus können Auswirkungen auf die Wahrnehmung der dinglichen Umwelt und deren Konsequenzen z. B. für die persönliche Sicherheit und Orientierung der höreingeschränkten Person thematisiert werden. Auch die Folgen für die Aneignung des Sprachsystems oder für die Kommunikation und das sich aus ihr ergebende Selbstbild können besprochen werden. Zudem bietet der Text Möglichkeiten, über Kommunikationsformen in ausgewählten Gruppen und die Art und Weise der Präsentation verbaler und nonverbaler Kommunikation in literarischen Texten zu reflektieren.

Schülerinnen und Schüler können erproben, mit welchen Kommunikationshindernissen Gehörlose konfrontiert sind: Wie werden Alltagsgespräche beim Einkaufen, in der Bank, in der Bäckerei etc. geführt? Kann man als Gehörloser telefonieren? Wie wird Musik wahrgenommen, wenn das Hörvermögen stark oder ganz eingeschränkt ist? Besonders geeignet erscheint der Roman für inklusive Lernsettings, in

---

Klassen. In: Jan Standke (Hrsg.): Gegenwartsliteratur im inklusiven Deutschunterricht (= Beiträge zur Didaktik der deutschsprachigen Gegenwartsliteratur Bd. 2). Trier: WVT. S. 85–100.

106 Bad Harzburger Jugendliteraturpreis 2010; Nettetaler Jugendbuchpreis 2010; Buchmesse Krakau 2012: Bester Jugendroman international.

denen Schülerinnen und Schüler mit und ohne Hörbeeinträchtigungen gemeinsam lernen. Hier kann auf der Basis eines Textes, der zunächst allgemeine Probleme von Jugendlichen reflektiert, das Verständnis für Kommunikationsprobleme gefördert und neue Sichtweisen auf individuelle Verschiedenheiten ermöglicht werden. Diese Betrachtungen können an Tiefenschärfe gewinnen, wenn sie nicht auf die literarischen Aspekte begrenzt bleiben, sondern Basisinformationen aus der Linguistik, Psycholinguistik, Physik und Biologie einbeziehen. Je nach Intensität der Auseinandersetzung mit diesen Aspekten können aus dem Thema auch fächerübergreifende Projekte entwickelt werden.

Der Text greift verschiedene Varianten von Kommunikation auf. So gibt es Hinweise auf jugendtypische verbale und nonverbale Verhaltensweisen. Im Zentrum steht jedoch die Thematisierung der Gebärdensprache Gehörloser.

Ausgewählte Szenen des Romans

Folgende Szenen des Romans eignen sich besonders gut für die Unterrichtspraxis:

- Eingangssequenz (Kap. 1 und 2, S. 7–13),
- Szene im Kneipenraum des *Freak City* (Kap. 5, S. 41–46),
- Szene im Schwimmbad (Kap. 11, S. 113–124),
- Mika zu Hause bei Lea (Kap. 14, S. 144–149),
- Streitszene zwischen Mika und Lea (Kap. 16, S. 165–168).

Diese Textabschnitte können von den Schülerinnen und Schülern in kooperativen Lernformen, wie sie oben beschrieben wurden, mit variierenden methodischen Zugängen bearbeitet werden, sodass auf eine Förderung von Kompetenzen in allen sprachlichen Bereichen abgezielt und auf der Basis gegenseitiger Wertschätzung vielseitiges Lernen und Suchen gemeinsamer Lösungen sich ergebender Fragen angestrebt wird.

Eingangssequenz

Der Text beginnt mit der Beschreibung des ersten Eindrucks, den sich der Protagonist und Ich-Erzähler Mika von dem Mädchen Lea macht. Interessant ist, dass dieser überwältigende Eindruck mit einer visuellen Einschränkung des Ich-Erzählers verknüpft wird, die er mit „liebeskrank und doof“ (FC, S. 7) begründet: „Für alles andere war ich blind. Vielleicht lag es auch an der Hitze. Mein Hirn war von all der Sonne regelrecht ausgebrannt“ (ebd., S. 8). Dadurch wird ein symmetrisches Verhältnis zwischen ihm und Lea geschaffen, da zu diesem Zeitpunkt beide – ohne dass sie jeweils davon wissen – eingeschränkte Wahrnehmungsmöglichkeiten haben. Auch wird das Thema Hören direkt zu Beginn des Textes antizipiert: „Die grünen Flip-Flops, die sie trug, machten auf dem Asphalt ein quälendes Geräusch. Es hörte sich an, als würden sie bei jedem Schritt um Gnade flehen“ (ebd., S. 7). Gemeinsam mit seinen beiden Freunden läuft Mika dem Mädchen durch eine Fußgängerzone hinterher, sie pfeifen und rufen ihr provozierende Sprüche nach. Sie reagiert nicht, auch, als sie beim Überqueren einer Kreuzung beinahe von einem Lastwagen überfahren wird.

> „Aber das Mädchen scherte sich überhaupt nicht darum. Ging einfach ganz lässig weiter. Hocherhobenen Hauptes. Fuhr sich mit der linken Hand einmal durch ihre dunklen Locken, während unser Adrenalinspiegel im Takt der Hupe in ungeahnte Höhen schoss“ (ebd., S. 11 f.).

Die Jungen sind überrascht und verwirrt. Mikas Freund Calimero bezeichnet sie als ein „verrücktes Huhn“ (ebd., S. 13) und resümiert altklug und resigniert: „Solche Frauen bringen nur Unglück“ (ebd.).

Bemerkenswert ist, wie in der Folge Mikas Familie und Freunde auf die Tatsache reagieren, dass er sich mit einem gehörlosen Mädchen angefreundet hat und sogar bemüht ist, ihre Sprache zu erlernen. Als er seinen Freund Calimero einweiht, fragt dieser: „Du stehst auf ein behindertes Mädchen, Bruder? Echt krass!“ (ebd., S. 127).

Ergänzende Hinweise: Auswirkungen von Höreinschränkung

Diese Eingangsszene eignet sich für den Einstieg in das Thema, da hier wesentliche Auswirkungen von Höreinschränkung angesprochen werden:

- Die Trennung von der dinglichen Umwelt: Gerade der Straßenverkehr ist mit einer hohen Anzahl an Geräuschen verbunden, die Signalcharakter haben, indem sie z. B. vor herannahenden Fahrzeugen warnen.
- Der Ausschluss Hörbeeinträchtigter von der spontanen mündlichen Kommunikation: Das Mädchen erfährt nicht, dass sie Gegenstand der Bewunderung der Jungen ist, auch nicht, in welch ungeschickter Weise diese geäußert wird. Aus dieser Isolation von der Kommunikation der Peergroup ergibt sich eine ausbleibende Gelegenheit zur Reaktion und zur Formung des Selbstbildes.

Auch die unterschiedlichen Reaktionen auf das Nichthören werden verdeutlicht: Calimero reagiert ablehnend, der Ich-Erzähler interessiert.

Szene im Kneipenraum des *Freak City*

Mika denkt noch oft an das ungewöhnliche Mädchen und trifft sie einige Zeit später im *Freak City*, einem integrativen Kulturzentrum, zufällig wieder. Erst bei dieser Begegnung versteht er die vermeintliche Verwegenheit, mit der Lea seinerzeit nicht auf die Äußerungen seiner Freunde reagiert hatte, richtig zu deuten. „Und du bist ein Freund von Lea?“ (ebd., S. 43) wird Mika von einer Frau gefragt und „dann passierte etwas Seltsames. Die Frau hob ihre Hände und formte in rascher Folge ein paar Zeichen damit. (…) Gebärdensprache! Klar, wusste ich, was das war. Ich hatte das mal in einer Talkshow im Fernsehen gesehen. Aber live und direkt neben mir?" (ebd.). Vollkommen überrascht von der Tatsache, dass Lea nicht hören kann, reagiert Mika mit der Frage, ob sie „taubstumm" sei, woraufhin ihm unmissverständlich zu verstehen gegeben wird, dass der Gebrauch dieses Begriffs inakzeptabel ist und dass er durch „gehörlos" ersetzt werden muss:

> „Auf einmal kapierte ich. Das Mädchen war gar nicht so abgebrüht, wie ich auf der Straße gedacht hatte, sondern sie hatte mich und meine Kumpels einfach nicht gehört! Die Sprüche, die wir ihr nachgerufen hatten, waren überhaupt nicht bei ihr angekommen. Auch der Laster war für sie nur ein stummer Schatten gewesen. Schlagartig wurde mir alles klar!" (ebd.)

Mika wird plötzlich mit einer neuen, ihm bislang fremden Kommunikationsform konfrontiert. Hier kann im Unterricht zunächst geklärt werden, warum der Begriff „taubstumm" als unpassend und diskriminierend empfunden wird.

Ergänzende Hinweise: Begriff „taubstumm"

Bis weit ins 19. Jahrhundert hinein führten Taubheit und schwere Hörstörungen dazu, dass die Betroffenen die Lautsprache nicht erlernten, also stumm blieben. Auch die Gebärdensprache war zu dieser Zeit kaum entwickelt, sie entstand allenfalls spontan in der Familie und wurde daher von einem sehr kleinen Personenkreis zur Regelung alltäglicher Erfordernisse verwendet. Dadurch wurde der Aufbau des Sprachsystems der Betroffenen, also des mentalen Lexikons (gespeicherter Wortschatz) und der verfügbaren Grammatik, behindert. Auch das Lesen, das einen Weg zur Sprache hätte darstellen können, konnte den Höreingeschränkten damals zumeist nicht vermittelt werden, weil sie kein entsprechendes Sprachsystem aufgebaut hatten.

Durch die sprachlichen Einschränkungen wurde das kognitive Potential der höreingeschränkten Personen nicht altersadäquat gefördert und so wurde zu dem Begriff „taubstumm" oftmals eine geistige Einschränkung assoziiert.

Oliver Sacks, der Professor für Neurologie und Psychiatrie an der Columbia Universität war, schreibt zu Gehörlosigkeit:

> „Es liegt auf der Hand, dass Denken und Sprache verschiedenen (biologischen) Ursprungs sind. Das Kleinkind erkundet die Welt, erfaßt sie in ihrer Räumlichkeit, reagiert auf sie, lange bevor es sprechen lernt (…). Ein Mensch ohne Sprache ist nicht dumm oder geistig behindert, aber das Spektrum seiner Gedanken ist stark eingeschränkt und praktisch auf eine unmittelbar erfahrbare, kleine Welt begrenzt".[107]

---

107 Oliver Sacks (2015): Stumme Stimmen. Reise in die Welt der Gehörlosen. 10. Aufl. Reinbek bei Hamburg: Rowohlt. S. 69.

Für den Personenkreis mit starken Hörbeeinträchtigungen bedeutete die Entwicklung der kodifizierten Gebärdensprachen daher einen Durchbruch in Hinblick auf die Teilnahme an Wissen und Bildung. Heute können sie sich der Lautsprache erfolgreicher annähern, da technische Hilfsmittel und Verfahren der Logopädie entwickelt wurden, die in vielen, auch gravierenden Fällen von Höreinschränkungen deren Aneignung erlauben. Auch haben sich die Gebärdensprachen zu vollständigen Sprachsystemen entwickelt, wodurch der Weg Gehörloser zu interpersonaler Kommunikation, elaboriertem Wortschatz, grammatischen Formen, Lesen, Schreiben und Bildung nun offensteht. Da sich auch das Verständnis von Intelligenz und Kognition differenziert hat, werden heute visuelle und taktile Fähigkeiten, die in früherer Zeit als Aushilfs- oder Ausgleichsfähigkeiten gedeutet wurden, als relevante Intelligenzbereiche gesehen, die für Problemlösefähigkeiten unabdingbar sind und die sich hörenden Personen nicht immer in gleicher Weise erschließen wie Hörbeeinträchtigten. Hierzu eine weitere Passage aus Oliver Sacks Buch:

> „Als Einstein einmal gefragt wurde, *wie* er denkt, antwortete er: ‚Die Worte oder die Sprache, ob in schriftlicher oder gesprochener Form, scheinen in meinem Denkmechanismus keine Rolle zu spielen. Die psychischen Komplexe, die anscheinend als Element des Denkens dienen, sind gewisse Zeichen und mehr oder weniger deutliche Bilder (…) visueller und motorischer Art. Nach herkömmlichen Worten und anderen Zeichen muß erst in einem zweiten Stadium mühsam gesucht werden (…).“[108]

Hier liegt auch ein Schlüssel zum Verständnis der späteren Streitszene (FC, S. 165–168), in der Lea äußert, sie selber wolle nicht hören und wünsche sich gehörlose Kinder, und sich damit als selbstbewusstes Mitglied einer sozialen Gruppe, der Gemeinschaft der Gehörlosen, darstellt.

Eine Einstellung, die auch in dem Film *Jenseits der Stille* geäußert wird, wenn der Vater der hörenden Protagonistin sich wünscht, sie sei taub, damit sie ganz in seine Welt gehört (Vgl. Kap. 5.2.2, 50:46).

Szene im Schwimmbad

Mika hat sich mit Lea im Freibad verabredet und überlegt, was er tun könne, wenn er sie an dem überfüllten Ort nicht findet: „O.k. Im Notfall würde ich Lea über die Lautsprecher ausrufen lassen“ (FC, S. 111). Ihm wird sein gedanklicher Fauxpas sofort bewusst und er beginnt darüber zu grübeln, worüber die beiden sich überhaupt unterhalten sollen, „*Wie* sollten wir beide uns unterhalten? Wir konnten uns ja schlecht den ganzen Nachmittag über anstarren und gar nichts sagen“ (ebd., S. 112).

Die Problematik der ihm fehlenden und fremden Kommunikationsmöglichkeiten mit einem gehörlosen Mädchen wird Mika zunehmend deutlicher. Hier geht

108 Ebd. S. 70.

es nicht nur um ein unbeschwertes erstes Rendezvous zwischen Jugendlichen, sondern die Situation ist von Beginn an überlagert von der Behinderung des Mädchens. Schließlich kommt Lea in Begleitung von Kevin, des Bruders ihrer besten Freundin, der als Dolmetscher fungiert. Die Szene zeigt nun ein Kind als Mittler zwischen Heranwachsenden und vermittelt einige Besonderheiten des Kommunikationsverhaltens Gehörloser, die im weiteren Text als „Direktheit" bezeichnet wird. Die Analyse dieses Punktes sollte diskursiv bearbeitet und nicht in einer eigenständigen Recherche den Schülerinnen und Schülern überlassen werden. Es kann die Grundstruktur interpersonaler Kommunikation, das Gespräch, an einem Beispiel erarbeitet werden. Zunächst kann der Blick der Grobstruktur eines Gesprächs, der Einteilung in Eröffnung, Hauptteil und Ende gelten. Die Schülerinnen und Schüler können diese Stellen im Text suchen und die Gesprächsführung in der speziellen Situation diskutieren.

Szene zu Hause bei Lea

Mika besucht Lea zu Hause und wird damit konfrontiert, dass die Familie Leas nicht die Gebärdensprache beherrscht, was zu hohem Konfliktpotential innerhalb der Familie führt. Mika, der sich schnell dafür entschieden hatte, einen Intensivkurs in Gebärdensprache zu absolvieren, um „auf Augenhöhe" mit Lea kommunizieren zu können, ist vollkommen überrascht von den Ansichten der Familie: „Ich stand hier mit einem Mädchen, das sich nicht mit seiner eigenen Familie unterhalten konnte" (ebd., S. 145). Leas Mutter erklärt ihm: „Es geht auch ohne Gebärdensprache. Sie kann sehr viel von den Lippen lesen, gerade bei mir. Die Ärzte haben uns das damals dringend empfohlen. Es bringt ja nichts, wenn die Gehörlosen sich abschotten und sich nur in ihrer eigenen Welt bewegen. Langfristig müssen sie in einer hörenden Welt bestehen" (ebd., S. 147). Hier werden die Folgen einer Auffassung zur Erziehung Hörgeschädigter thematisiert, die heute nur noch bedingt vertreten wird. Davon ausgehend, dass die Gebärdensprache die Herausbildung der Lautsprache behindern könnte, wurde früher davon abgeraten, diese zu verwenden, da man befürchtete, dass es durch den ausschließlichen Gebrauch der Gebärden und das Vermeiden der Lautsprache zu einer Reduktion der möglichen Gesprächspartner kommen könnte. Das Beispiel zeigt aber auch die spontane Gebärdenbildung der Mutter zum Begriff *Salz* und den unsachgemäßen Umgang des Vaters mit dem Thema, der einen Bart trägt, der das Ablesen von den Lippen unnötig erschwert.

Die Szene bietet sich daher gut für eine Thematisierung des Ablesens an (vgl. weiter unten: Ergänzende Hinweise: Absehen, Lippenlesen).

Wie wenig das erhoffte Bestehen in der hörenden Umwelt auf diese Weise erreicht wird, zeigt sich in den Äußerungen der älteren Schwester Cindy zu den Berufsaussichten der jüngeren („Ich meine, wer würde sie einstellen?", FC, S. 142).

Streitszene zwischen Mika und Lea

Nach einem Konzertbesuch fahren Lea und Mika gemeinsam mit einigen Freunden – gehörlos und hörend – im Auto. Hier entspinnt sich ein Streit über die Möglichkeiten einer Beziehung zwischen Gehörlosen und Hörenden. Leas Bedenken gegen die sich anbahnende Beziehung begründen sich in dem mangelnden Verständnis Hörender für die alltäglichen Probleme Höreingeschränkter und in der fehlenden Bereitschaft, Andersartigkeit auch als Wert zu verstehen. Mika sieht die Ursachen in der langsamen und bruchstückhaften Kommunikation und in einer aufkommenden Eifersucht gegenüber einer hörenden Freundin, beide Aspekte spielen wohl auch für Lea eine Rolle, werden aber von ihr nicht angeführt. „Aber ihr Hörenden, ihr kapiert unser Leben einfach nicht. Wir finden es richtig gut, gehörlos zu sein. Eigentlich finden wir es sogar besser. Selbst wenn es eine Möglichkeit geben würde, hören zu können. Ich würde freiwillig gehörlos bleiben!" (ebd., S. 168), formuliert Lea und fügt hinzu: „Wenn ich mal ein Kind kriege, hoffe ich, dass es auch gehörlos ist" (ebd.), was Mika überhaupt nicht nachvollziehen kann. Hier kann mit den Schülerinnen und Schülern analysiert werden, wie sich das – zumeist aus Sprachverwendungssituationen entstehende – Gefühl des Ausgeschlossenseins in dieser Szene ergibt, welche persönlichen Erfahrungen die Schülerinnen und Schüler mit diesem Gefühl in anderen Zusammenhängen bereits gemacht haben und wie sie damit umgangen sind. Dies kann auch zu Überlegungen führen, wie solche Situationen vermieden werden können.

Unterrichtsideen zu *Freak City*

Die folgenden Unterrichtsideen sind – je nach Klassenzusammensetzung – für die Klassenstufen 7 bis 9 geeignet und orientieren sich an den allgemeinen Kompetenzvorgaben des Kernlehrplans Deutsch für das Gymnasium bzw. für die Haupt-, Real- und Gesamtschule NRW. Er werden Ideen für den Literatur- und Sprachunterricht verschränkt, die frei miteinander kombiniert oder variiert werden können und sich insbesondere auf die Kompetenzbereiche *Sprechen und Zuhören, Lesen – mit Texten umgehen/Literarische Texte untersuchen und verstehen*[109] sowie *Umgang mit Medien* beziehen.[110]

Da im Text interpersonale Kommunikation ein zentrales Thema ist und sich die Darstellung vieler Face-to-face-Gespräche findet, zugleich aber auch die Rolle von Medien wie Schrift und Telefon gestreift werden, stellen die Unterrichtsideen zwei Aspekte in den Vordergrund: Die Kommunikation von und mit höreingeschränk-

---

109 Vgl. hierzu die Ideen von Kaspar H. Spinner (2015), in: Jürgen Baurmann et al. (Hrsg.): Methoden im Deutschunterricht. Exemplarische Lernwege für die Sekundarstufe I und II. Seelze-Velber: Kallmeyer/Klett. S. 80 ff.

110 Vgl. hierzu Tilman von Brand (2015): Umgang mit Medien, in: Methoden im Deutschunterricht, a. a. O. S. 108–124.

ten Personen sowie die mündliche Kommunikation in Form von interpersonalen Gesprächen. Das im Text dargestellte Aufeinandertreffen der Kommunikation Hörender und Gehörloser erlaubt es, beide Formen zu vergleichen und über die Erkundung ihrer Gemeinsamkeiten und Unterschiede Probleme und Möglichkeiten der Verständigung auszuloten.

Einstieg

Als Einstieg bietet sich der Auszug aus einem Song der Band „Wir sind Helden" an, der dem Roman als Motto vorangestellt ist: „Ich sehe, dass du denkst, Ich denke, dass du fühlst, Ich fühle, dass du willst, aber ich höre dich nicht". Was bedeuten diese Zeilen? Kann man sehen, wie jemand denkt? Kennen die Schülerinnen und Schüler die im Text angesprochenen Gefühle? Wie geht man damit um, wenn der Gesprächspartner nicht hören kann?

Ergänzend kann das Lied „Musik nur, wenn sie laut ist"[111] von Herbert Grönemeyer gehört werden, in dem metaphorisch beschrieben wird, wie Musik auch mehrsinnlich, etwa über Fühlen erfahren werden kann („Wenn der Boden unter den Füßen bebt", „das Kitzeln im Bauch", „wenn sie ihr in den Magen fährt"). Der Text sollte als Kopie ausgeteilt werden, um den Schülerinnen und Schülern die Rezeption durch Mitlesen zu erleichtern. Auf dieser Grundlage können mit den Schülerinnen und Schülern verschiedene Übungen zur Hör- und Wahrnehmungssensibilisierung gemacht werden, um herauszufinden, wie unterschiedlich Musik und Geräusche wahrgenommen werden (können),[112] z. B. Musikhören mit Ohrstöpseln oder mit veränderter Einstellung der tiefen Töne.

Ergänzend bzw. alternativ kann über das Buchcover gesprochen werden, das zwei Menschen unter Wasser zeigt. Inwieweit fungiert hier das Wasser als Metapher für Gehörlosigkeit? Welche anderen (sprachlichen) Bilder fallen den Schülerinnen und Schülern zu dem Thema ein? Sie werden im Anschluss von der Lehrkraft so in Gruppen eingeteilt, dass sie sich gegenseitig mit ihren unterschiedlichen Kompetenzen unterstützen können und fertigen in Kleingruppen ein Bild oder eine Collage zum Thema Gehörlosigkeit an. Die Schülerinnen und Schüler setzen sich so zunächst kommunikativ und gestalterisch mit dem Thema auseinander. Die Bilder werden nach der produktiven Arbeitsphase als gemeinsames Ergebnis vor der Klasse präsentiert, wobei auf wertschätzende Rückmeldungen zu den Ergebnissen der anderen Gruppen Wert gelegt wird.

---

111 Herbert Grönemeyer: „Musik nur, wenn sie laut ist" aus dem Album „Gemischte Gefühle" (1983). Songtext unter: http://www.songtexte.com/songtext/herbert-gronemeyer/musik-nur-wenn-sie-laut-ist-33dcf485.html [06.07.2017]

112 Vgl. hierzu: http://www.laermorama.ch/index.html [01.04.2017]

Daran anknüpfend wird anhand des knappen ersten Kapitels besprochen, um was für eine Erzählperspektive es sich handelt und auf welche Weise die Hauptfigur Mika ins Geschehen eingeführt wird: „Ich hatte null Ahnung von Frauen. Und es war ein Montagnachmittag im Juli, als diese seltsame Geschichte begann" (FC, S. 8).

Im Anschluss wird die Eingangsszene – 2. Kapitel – (vor-)gelesen. Bevor die Schülerinnen und Schüler den weiteren Text kennen, können sie in einer fragend-erarbeitend angelegten Unterrichtsphase ihre Vermutungen über die Ursachen des Verhaltens der drei Jungen und über die Gründe für Leas Verhalten spekulieren. Hier werden alterstypische Verhaltensweisen und gegebenenfalls auch persönliche Erfahrungen zur Sprache kommen, etwa von Mädchen, die sich schon einmal „dämliche Anmachsprüche" (ebd., S. 11) anhören mussten. Auch können Aspekte der Jugendsprache aufgezeigt und analysiert werden. Die Schülerinnen und Schüler können die Szene zunächst wie die sie „reflektierenden" Freunde sehen, denen es nicht um eine Analyse des Fastunfalls (Inhaltsebene), sondern um Schuldabweisung und Bestätigung der Gruppe (gemeinsames Lachen, ebd., S. 13) geht (Beziehungsaspekt).

Als Schreibaufgabe könnte aus der Perspektive einer an der Szene beteiligten Figur ein Tagebuch- oder ein Blogeintrag über das Erlebte verfasst werden. So wird ein Bezug zur eigenen Erfahrungswelt ermöglicht.

Nun werden die dargestellten Gespräche im Text unter Zuhilfenahme der vorhandenen Kenntnisse zu Gesprächsregeln analysiert. Das Wissen um Grundregeln des Gesprächs wird bereits in der Grundschule vermittelt, indem im Unterricht geführte Gespräche bewertet und Regeln abgeleitet werden, um dann als Plakat aufgehängt zu werden. Gern verwendete Regeln sind: „Wir sehen uns beim Sprechen an", „Wir antworten auf Fragen" oder „Wir sind freundlich". Eine andere Darstellungsform sind kleine Bilder, die die Schülerinnen und Schüler auch selbst gestalten können. Die aus der Grundschule bekannten Regeln können im Lehrer-Schüler-Gespräch zusammengetragen werden und im Hinblick auf die Textstelle erweitert werden. Im Einzelnen kann so erarbeitet werden,

- dass eine gemeinsame Sprache eine wesentliche Voraussetzung für Kommunikation ist,
- dass es neben der verbalen Sprache auch andere Sprachformen gibt wie die Gebärdensprache, das Schreiben und Lesen und die Gestik und Mimik,
- dass diese Sprachformen häufig gemischt werden,
- dass Verstehen nicht vorausgesetzt werden kann, sondern ein fragiler und vielschichtiger Prozess ist,
- dass Sprechen eine Inhaltsseite, aber auch immer eine emotionale Seite hat, die sich in Stimmführung, Lautstärke und Artikulationspräzision äußert.

Hierbei können, je nach Alter der Schülerinnen und Schüler, Konzepte wie *Sender, Empfänger, Kommunikationskanal, Zeichenvorrat, Kommunikationsmedien, Inhalts-*

und *Beziehungsseite von Sprache*[113] auf induktivem Weg erschlossen werden. Dies ist im Sinne eines Spiralcurriculums auch möglich, wenn die Konzepte noch nicht mit den Fachbegriffen belegt werden.

Szene im Kneipenraum des „Freak City“

Diese Szene erklärt die Vorgänge der Eingangsszene und zeigt die erste Konfrontation des Ich-Erzählers mit den Kommunikationswegen Gehörloser. Sie kann als Ausgangspunkt genommen werden, diese Kommunikationswege zu erforschen und mit denen Hörender zu vergleichen.

Ergänzende Hinweise: Gebärdensprache[114]

Bei der Gebärdensprache handelt es sich um eine eigene visuelle Sprache, die – wie jede Sprache – durch Wiederholung gelernt wird. Ebenso wie Lautsprachen lassen sich Gebärdensprachen in nationale Sprachen und regionale Dialekte unterscheiden. Die deutsche Gebärdensprache verwendet

> „neben Mimik und Körperhaltung insbesondere Handzeichen, die Gebärden. Diese sind nach Handform, Handstellung, Ausführungsstelle und Bewegung klar strukturiert und werden regelhaft im sogenannten Gebärdenraum ausgeführt. Die deutsche Gebärdensprache verfügt über einen umfassenden Gebärdenschatz (Lexikon) und eine ausdifferenzierte Grammatik. Sie kann prinzipiell dasselbe leisten wie jede Lautsprache“.[115]

Während hörende Kinder ihre Eltern sprechen hören, lange bevor sie selbst das erste Wort produzieren, lernen gehörlose oder hörbeeinträchtigte Kinder die Gebärdensprache und/oder die Lautsprache häufig nicht zu Hause. 90 Prozent der gehörlosen Kinder haben hörende Eltern, die zunächst selber die Gebärdensprache erlernen müssen.[116] Das bedeutet, dass sie eine Sprache und Kultur vermitteln, die sie selbst erst kennenlernen.

> „Viele denken, dass die Gebärdensprache eine eher beschränkte Sprache ist. Dies entspricht nicht der Realität. Die Gebärdensprache hat ihre eigene Grammatik, kann abstrakte Begriffe, Gefühle und auch Poesie darstellen. Kurz, die deutsche Sprache und

113 Vgl. Angelika Linke/Markus Nussbaumer/Paul R. Portmann (2004): Studienbuch Linguistik. Tübingen: Niemeyer. S. 197 ff.

114 Vgl. Hartwig Claußen (2006): Zur Geschichte der Didaktik des Unterrichts mit Schwerhörigen. In: Annette Leonhardt (Hrsg.) : Unterricht mit schwerhörigen Schülern – ein Reader zur Didaktik. Heidelberg. S. 9–25.

115 „Jenseits der Stille/Au-delà du silence“: www.goethe.de/mmo/priv/2513945-STANDARD.pdf [07.05.2017]

116 Vgl. hierzu Informationen des Vereins zur Förderung der Gebärdensprache. Unter: www.gebaerden-sprache.ch [14.02.2016]

die Gebärdensprache unterscheiden sich darin, dass die eine mit phonischen Lauten und die andere mit dem körperlichen Ausdruck operiert".[117]

Oliver Sacks macht darauf aufmerksam, dass man sich von der „Oberfläche" der Gebärdensprache, die – wie Gestik oder Mimik – einfach aussehe, nicht täuschen lassen dürfe: „Was so einfach aussieht, besteht aus unzähligen räumlichen Mustern, die dreidimensional ineinander verschachtelt sind".[118]

Methodische Schritte

In einem Rollenspiel können sich die Schülerinnen und Schüler die Situation im Kneipenraum des „Freak City" aus unterschiedlichen Perspektiven bewusstmachen. Allgemeiner kann besprochen oder szenisch umgesetzt werden, wie Begegnungen und Begrüßungen „normalerweise" ablaufen. An welche Regeln halten sich die Akteure? Was sagt das über den sozialen Status und die Beziehungsebene aus? Welche weiteren Aspekte werden neben der verbalen Kommunikation berücksichtigt? Hier können vertiefend auch kulturell variierende nonverbale Kommunikationsformen thematisiert werden: Welchen Abstand hält man zum Gesprächspartner ein? Darf man sich berühren? Gibt man sich die Hand?

Zur selbständigen Recherche der Schülerinnen und Schüler bieten sich folgenden Fragen an:

- Was ist unter Gebärdensprache zu verstehen?
- Wie funktioniert sie?
- Wie werden Sachinformationen und wie Gefühle ausgedrückt?

Die Schülerinnen und Schüler können nun einige Gebärden erlernen, ausprobieren und ergänzend folgende Textpassagen nutzen: S. 60 ff.: Reaktion auf Mikas Absicht, die Gebärdensprache zu erlernen; S. 75 ff.: Gebärdensprache und Lautsprache im Mix; S. 77: Einsatz von Mimik für Sachinformationen („Heruntergezogene Mundwinkel! Dieser Gebärdenname für die Bundeskanzlerin war ganz schön gemein"); S. 104 f.: Genauere Informationen zu Gebärdensprache („Zeigst Du mir was?").

Aus der eigenen Recherche, dem Austesten von Gebärden und der ergänzenden Lektüre können die Schülerinnen und Schüler eine Mindmap zum Begriff Gebärdensprache entwickeln, die wie folgt aussehen kann.

117 Ebd.

118 Oliver Sacks (2015): Stumme Stimmen, a. a. O. S. 132.

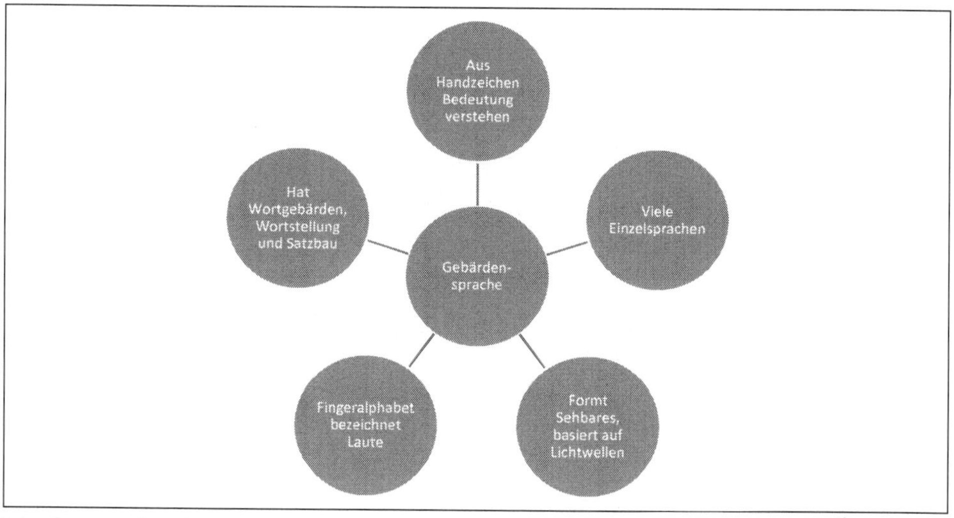

Mindmap Gebärdensprache

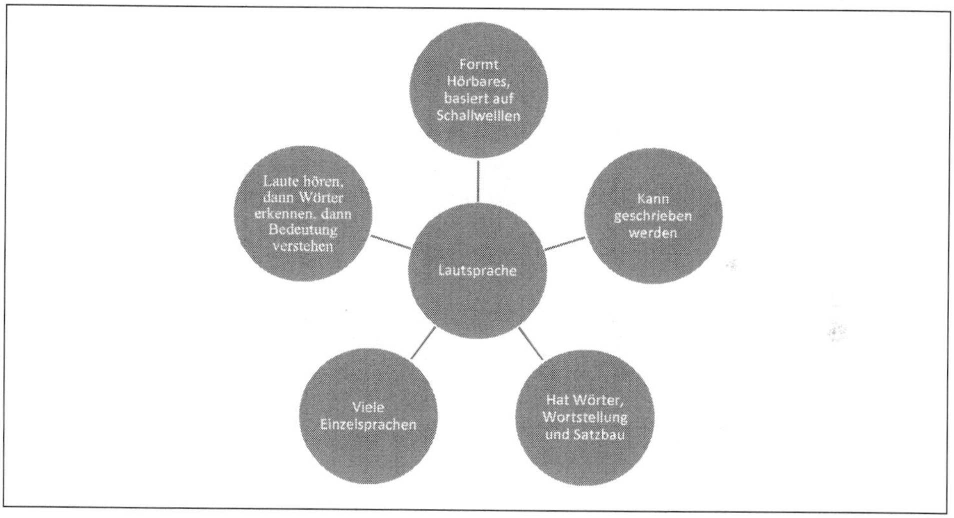

Mindmap Lautsprache

Das Zusammenstellen und Vergleichen der Mindmaps kann zu weiterführenden Fragen führen: Wer versteht diese Sprache? Wie schnell kann man sich verständigen? Wie lernt man diese Sprache? Kann ich alles damit sagen?

Die Schülerinnen und Schüler können ein Interview mit einer Person, die die Gebärdensprache beherrscht, vorbereiten, durchführen und dokumentieren. Das Interview und seine wichtigsten Ergebnisse können auf einem Plakat festgehalten und/oder in einer Schülerzeitung veröffentlicht werden. Interessant an diesem Verfahren ist, dass es die Schülerinnen und Schüler in eine reale Gesprächssituation bringt, die vorher genau zu planen ist. Wie stellt man sich vor, wie erläutert man seine Absichten, werden die Fragen vorher bekannt gegeben, wie wird das Gespräch festgehalten, wer protokolliert oder schreibt das Tonband ab, wie verabschiedet man sich, wie bedankt man sich? Bei dieser Planung müssen die Gesprächsschritte besprochen werden.

Ergänzende Hinweise: Absehen, Lippenlesen

Sprachlaute werden durch die Artikulationsorgane gebildet und entfalten ihren Klang in verschiedenen Artikulationsräumen.

Die Artikulationsräume sind:
- (Lunge) Rachen, Nasenraum, Mundraum

Die Artikulationsorgane sind:
- Bewegliche Artikulationsorgane: Stimmlippen, Zäpfchen, Zunge, Unterkiefer, Lippen
- Unbewegliche Artikulationsorgane: weicher Gaumen, harter Gaumen, Zahnkranz, Zähne

Beobachten lassen sich vor allem die Bewegungen der Lippen und des Unterkiefers. Auch der hörende Sprecher sieht nach Möglichkeit ab, sein Hören wird dadurch entlastet und präzisiert und das Hörergebnis abgesichert. Dies ist einer der Gründe, aus denen Sprecher sich einander zuwenden und die körperliche Abwendung innerhalb eines Gesprächs meist als irritierend empfunden wird.

Das spontane Absehen von Mundbildern lässt sich durch den McGurk-Effekt verdeutlichen. Im Internet finden sich entsprechende Hörbeispiele.

> „Beim klassischen Versuchsaufbau wird einer Versuchsperson ein Videoband vorgespielt, auf dem eine Person zu *sehen* ist, die die Silben **/ga-ga/** ausspricht. Die Tonspur des Videobandes wurde jedoch manipuliert und lässt die Probanden die Silben **/ba-ba/** *hören*. Etwa 98 Prozent der erwachsenen Versuchspersonen geben an, die Silben **/da-da/** *wahrgenommen* zu haben.“[119]

Das Absehen von Sprache kann durch verschiedene Bedingungen erleichtert oder behindert werden, es ist auch davon abhängig, welche Sprache abgesehen werden soll, da die in verschiedenen Sprachen auftretenden Mundbilder unterschiedlich charakteristisch sind.

So wird in den meisten Sprachen mehrsprachiger Schülerinnen und Schüler eine Form des O-Lautes verwendet, bei der keine Rundung zu beobachten ist. Dieses /ɔ/ wird auch im Deutschen verwendet, so in den Wörtern wie *Holunder, hoffen* oder *isoliert*.

Hören ist zunächst nicht auf Einzellaute, sondern auf ganzheitliche Lautgebilde wie Wörter oder Sätze gerichtet. Der geübte Hörer erkennt die Lautbilder von Wörtern und Sätzen bereits aus wenigen Einzelmerkmalen. Aus Silben Einzellaute

119 https://de.wikipedia.org/wiki/McGurk-Effekt [21.02.2017]

herauszuhören, ist nicht immer einfach, denn im Verbund sind Einzellaute durch Lautvarianten, Koartikulation, Betonungsverhältnisse, Sprechgeschwindigkeit und Umgangssprache oft gegenüber ihrer prototypischen Aussprache verändert.

Einzellaute werden akustisch nur dann aus größeren Einheiten isoliert, wenn ein bestimmter Bedarf besteht, z.B. beim Schreiben rechtschreibschwieriger Wörter. Dennoch sind einzelne Laute Marker für Wörter: *Rose, Hose, Lose.*

Die Interpretation der Hörreize ergibt eine Identifikation des Höreindrucks mit Wörtern und Sätzen, die im mentalen Lexikon abgelegt sind, sodass eine Informationsentnahme erfolgen kann.

Sehbarkeit von Lautbildungen

Bei den Lippen werden folgende Stellungen beschrieben: gerundet, gespreizt, entspannt. Zwischen diesen Positionen bestehen viele Abstufungen. Signifikante Lippenstellungen zeigen die Vokale.

Der Kieferwinkel wird mit weit, mittel und eng beschrieben, bei Vokalen besteht immer eine gewisse Öffnung.

Vokale lassen sich demnach weitgehend an der Lippenstellung ablesen, die Bewegung des Unterkiefers ist vor allem bei /a/ charakteristisch.

Anders sieht es bei den Konsonanten aus: Konsonanten sind vom Mundbild her unspezifischer als Vokale.

Gut zu erkennen sind:

- die Laute mit Zahn-Lippenkontakt /f, w/
- die bilabialen Laute /m, p, b/
- die gespreizten /n, l, (r), s/
- und das vorn gerundete /sch/

- Allerdings kann anhand des Mundbildes nicht zwischen /f, w/ unterschieden werden, da die Stimmbeteiligung (Sonorität), die diese Laute unterscheidet, an den Stimmbändern entsteht und daher zwar erfühlt, aber nicht abgesehen werden kann.
- Bei den bilabialen Lauten, besteht dasselbe Problem zwischen /p/ und /b/, von /m/ können diese Laute unterschieden werden, da die Verschlusslösung bei /m/ nicht in einer „Explosion" besteht.
- Für die gespreizten Laute bestehen keine Unterscheidungshilfen außer ihrer Distribution /n, l, (r), s/.
- Der Laut /sch/ kann mit einem Vokal, dem /o:/ verwechselt werden.

Daher ist Sprache nicht vollständig absehbar. Geübte Lippenleser können ungefähr 30 Prozent eines mündlichen Textes ablesen. Unter guten Begleitumständen können sogar 80 Prozent eines Textes rekonstruiert werden, allerdings nur unter

Zuhilfenahme weiterer Faktoren, wie Häufigkeit, Distribution von Lauten und Erwartbarkeit von Wortfolgen.

Fällt die Möglichkeit des Absehens weg, wie beim Telefonieren, wird das verstehende Hören für Hörbeeinträchtigte wesentlich erschwert oder unmöglich, daher wurden Bild- und Schreibtelefone entwickelt. Der Einsatz eines Schreibtelefons wird im Film *Jenseits der Stille* (03:50) gezeigt (vgl. Kap. 5.2.2).

Hinsichtlich der Relevanz des Sehens für die sprachliche, räumliche aber auch allgemeine Wahrnehmung können die Schülerinnen und Schüler die Szene im Dunkelcafé analysieren. Fragen, denen nachgegangen werden kann, sind: Wie wirkt der Wegfall des Sehens auf die Sprachwahrnehmung, auf die Wahrnehmung von Stimmen, und inwieweit lässt sich Sehen durch verbale Anweisungen ersetzen?

Szene im Schwimmbad

Die Schwimmbadszene eignet sich, um die Mittel, die in der Kommunikation zwischen Hörenden und Nichthörenden eingesetzt werden können, zu sichten. Hier gibt es für die Schülerinnen und Schüler Folgendes zu entdecken:

- Einige Aspekte der Gebärdensprache können spontan erschlossen werden, so schaut sich Mika die Begrüßung von Lea ab: „Lea hob nickend die Hand und ich machte es ihr nach" (FC, S. 113).
- Beide Kommunikationswege können kombiniert werden. Kevin spricht gleichzeitig Laut- und Gebärdensprache (ebd., S. 114).
- Gefühle können durch Mimik gekennzeichnet werden: „Ihr Gesicht hatte einen trotzigen Ausdruck angenommen" (ebd., S. 117).
- Gehörlose werden oft aus der Kommunikation der Hörenden (Kevin und Mika) ausgeschlossen, da sie die Lautsprache nicht auswerten können: „(...) Lea war von unserer Unterhaltung ausgeschlossen" (ebd., S. 120).
- Hörende können aus der Kommunikation Gehörloser ausgeschlossen werden, wenn sie gebärdenunkundig sind (Lea und Marcel): „‚Was reden die zwei da?', fragte ich. (...) ‚Ist privat, Mann. Aber ich kann dir sagen, Lea legt sich ganz schön ins Zeug (...)'" (ebd., S. 119).
- Schrift kann ein erfolgreiches Kommunikationsmittel zwischen Hörenden und Gehörlosen sein: „Unsere (schriftliche) Unterhaltung hatte funktioniert (...)" (ebd., S. 124).
- Bei begrenzten Kommunikationsmöglichkeiten können die Einleitungs- und Beendigungsphasen von Gesprächen verkürzt werden, was zu einer für Hörende ungewöhnlichen Direktheit führt, die bezogen auf den Gesprächsanfang als „mit der Tür ins Haus fallen" bezeichnet werden kann.
- Die vergleichsweise monotone Prosodie nicht hörender Sprecher, die erst in späteren Szenen erwähnt wird, vermittelt den Eindruck geringer Verbindlichkeit.

Hieran kann sich eine Sachanalyse zu paraverbaler Kommunikation anschließen, bei der die Schülerinnen und Schüler lernen, verbale, paraverbale und nonverbale Mittel zu unterscheiden.

- Höreingeschränkte fühlen sich von Hörenden oftmals ausgeschlossen und provozieren durch Direktheit. Hier lässt sich die gruppenbildende und ausgrenzende Funktion von Sprache thematisieren, ein Gegenstand, der auch zur näheren Betrachtung von Jugendsprache führen kann. Als sehr direkt und fremd stellt sich die Kommunikationssituation auch in Hinblick auf das Thema dar: Dass Partnerschaft zwischen Jugendlichen von Jugendlichen vor einem Kind thematisiert wird, ist ungewöhnlich, da Themen mit sexuellen Anklängen Kindern gegenüber weitgehend tabu sind, wobei bemerkenswerterweise kindliches Interesse und Desinteresse auch an erwachsenen Formen von Partnerschaft ein Thema ist, das im Roman mehrmals tangiert wird.
- Die Rolle des Dolmetschers ist ebenfalls interessant. Abgesehen davon, dass er am Ende für seine „Dienstleistung" bezahlt wird, wird der kindliche Dolmetscher seiner Rolle nur bedingt gerecht. Er bringt selbständig Informationen ein („Lea ist echt ständig verknallt", FC, S. 114), nimmt Wertungen vor („Der letzte Freund von Lea war ein Vollidiot", ebd.), ergreift Partei, indem er eine nicht an Lea gerichtete Frage („Hatte sie schon sehr viele Freunde?", ebd., S. 115) an sie weiterspielt und sieht sich als Gesprächsteilnehmer, der unterhalten werden möchte („Könnt ihr euch nicht mal über was Interessantes unterhalten?" (ebd., S. 117). Hier lässt sich eine Reflexion über das Dolmetschen einfügen.

Es bietet sich an, die Schülerinnen und Schüler recherchieren zu lassen, ob und wie in TV-Beiträgen oder Videos die Funktion Gebärdensprache zugeschaltet werden kann. Dabei können sie herausfinden, dass eine Vielzahl dieser Sendeformate für Höreingeschränkte noch nicht erschlossen ist und mögliche Gründe erörtern (vgl. den Film *Louisa,* Kap. 5.2.3).

Ergänzende Hinweise: Kommunikation mit Gehörlosen

Wie die obenstehenden Beispiele zeigen, enthält die Szene viele Hinweise zu hemmenden und fördernden Faktoren in der Kommunikation mit Gehörlosen. Diese können wie folgt zusammengefasst werden:

Tabelle I: Kommunikation mit Gehörlosen

	Förderliche Aspekte	**Hemmende Faktoren**
Grundhaltung	• Geduldig sein • Möglichen Missverständnissen nachgehen • Missverständnisse nicht tragisch nehmen	• Ungeduld • Angst vor Blamage • Angst vor Zurückweisung
Lippenlesen	• Gesicht zuwenden • Deutlich sprechen • Sichtbar artikulieren	• Gesicht abwenden • Hände vor den Mund halten • Nuscheln • Im Gegenlicht stehen • Barttragen • Kaugummikauen
Schrift	• Sich Zeit nehmen • Sich kurz fassen • Häppchenweise vorgehen • Aufmerksam lesen	• Krakeln • Alles auf einmal schreiben
Gesten	• Spontane Gesten verwenden • Einfache Gebärden abschauen und ausprobieren	• Hände ruhig halten, falten oder vor den Mund halten
Mimik	• Deutliche, gut sichtbare Mimik einsetzen	• Das Gesicht nicht mitsprechen lassen • Sonnenbrille tragen
Dolmetscher	• Den Dolmetscher als Gesprächsbeteiligten respektieren • Passende Themen wählen	• Den Dolmetscher als Maschine sehen • Unpassende Themen wählen

Methodische Schritte

Die Schülerinnen und Schüler können diese und andere Szenen zum Anlass nehmen, die oben zusammengestellten Faktoren zu erfassen. Dazu können Gruppen gebildet werden, die Beobachtungsaufträge ausführen wie:

- Welche konkreten Verständnisprobleme treten zwischen Lea und Mika auf?
- Wann und warum ist die Verständigung schwierig?

Und/oder

- Welche Kommunikationshilfen setzt Lea ein?
- Welche Kommunikationshilfen setzt Mika ein?
- Werden die Verständigungsprobleme zufriedenstellend gelöst?

Schließlich wird anhand des Textes eine Zusammenstellung erarbeitet, was die Kommunikation mit Gehörlosen fördert oder erschwert, diese Liste kann fortlaufend erweitert werden.

Die Szene kann also verwendet werden, um grundsätzliche Verhaltensweisen in der Kommunikation zwischen Hörenden und Hörbeeinträchtigten zu thematisieren.

Weitere methodische Schritte:

- Die Schülerinnen und Schüler denken sich eine Szene aus, in der eine Kommunikationssituation zwischen Hörenden und Nichthörenden misslingt und erfolgreich repariert wird. Diese Szene kann auch gespielt werden.
- Ein Austausch über persönlich erlebte Missverständnisse und deren Zustandekommen kann angeregt werden. Sollen diese Missverständnisse auch analysiert werden, können sachliche Missverständnisse, (gebärden-)sprachliche und solche, die auf unterschiedliches Weltwissen zurückgehen, unterschieden werden.

Für ältere Schülerinnen und Schüler kann Bezug auf ein Kommunikationsmodell genommen oder ein solches eingeführt und die Begriffe *Sender, Kommunikationskanal, Zeichenvorrat* und *Empfänger* erarbeitet werden.

Ergänzende Hinweise: Kommunikationsmodelle

Kommunikationsmodelle sind ein fester Bestandteil der Lernziele im Lernbereich „Sprache reflektieren" in der Sekundarstufe I und II. Für den schulischen Unterricht wird meist als Basis eine Abwandlung des Modells von Shannon und Weaver verwendet.

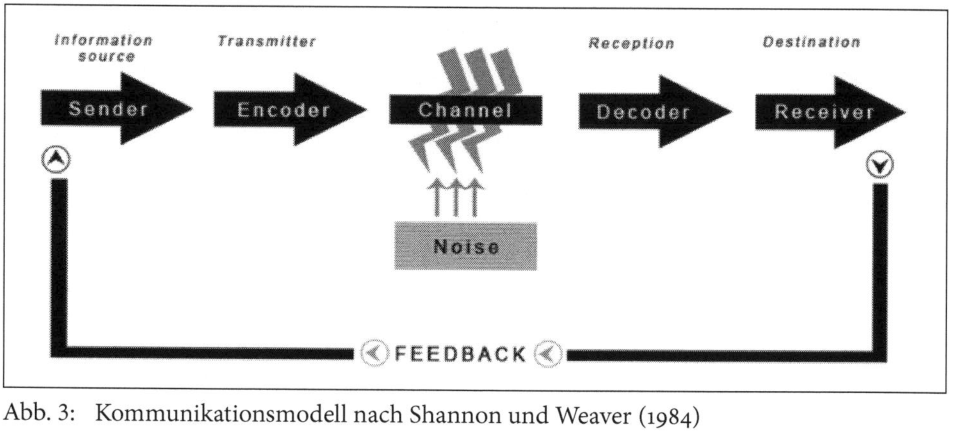

Abb. 3: Kommunikationsmodell nach Shannon und Weaver (1984)

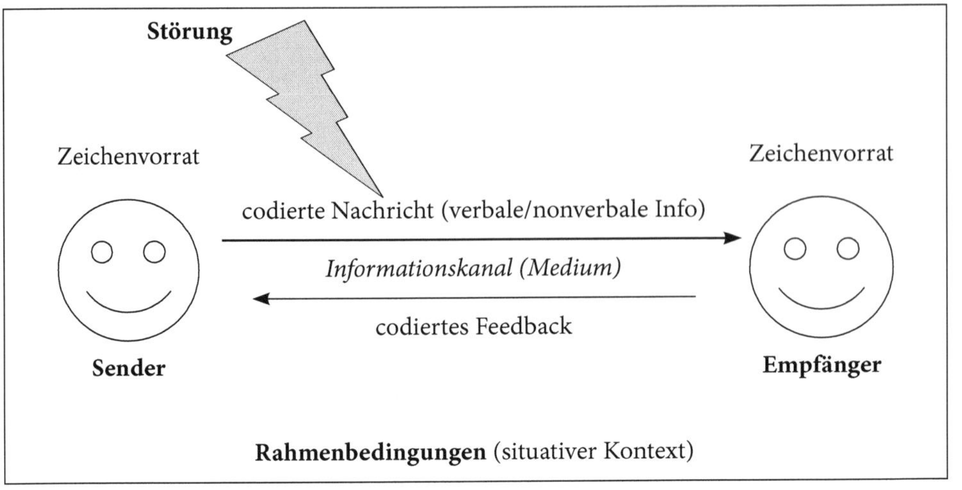

Abb. 4: Abgewandeltes Kommunikationsmodell nach Shannon und Weaver (1948)[120]

Aus einem dieser Modelle können die Schülerinnen und Schüler selbst Modelle für die Kommunikation mit Höreingeschränkten ableiten und miteinander vergleichen. Hierbei können sie Hörende und Gehörlose einmal als Sender und ein anderes Mal als Empfänger einsetzen und überlegen, wie sich der Zeichenvorrat gestaltet, wie die Nachricht und wie das Feedback codiert werden können.

Alternativ kann ein Teilmodell ausgeteilt werden, in dem nur Sender und Empfänger eingetragen sind oder nur der Zeichenvorrat.

Szene im Kneipenraum des Freak City

Textsorte Gespräch

Der Text zeigt viele Zusammentreffen von Hörenden und Gehörlosen, anhand derer die Grundstruktur der Gespräche analysiert werden kann. Wie werden die Gesprächseröffnung, der Hauptteil und die Beendigung abgewickelt? Auch die Rolle paariger Gesprächsteile wie Gruß/Gegengruß, Frage/Antwort, Kompliment/Gegenkompliment, Vorwurf/Entschuldigung, Gesprächspanne/Reparatur etc. kann verdeutlicht werden.[121]

Im Text dieser Szene können die Schülerinnen und Schüler viele Beispiele zu paarigen Gesprächsbeiträgen finden. Auch werden einige Gesprächspannen dargestellt. Des Weiteren ist als eine Besonderheit der dargestellten Kommunikation eine gewisse Direktheit oder Offenheit zu bemerken.

120 https://prezi.com/snauef4nneru/copy-of-die-grundlegenden-funktionen-der-kommunikation/ [19.09.2017]

121 Vgl. Angelika Linke/Markus Nussbaumer/Paul R. Portmann (2004): Studienbuch Linguistik, a. a. O. S. 293–335.

Beispiel zu paarigen Gesprächsbeiträgen und -pannen:

Einleitung: Begrüßung

Gruß: „Noch nie im Leben hatte ich eine wildfremde Person einfach so angesprochen“ (FC, S. 41) „‚Hallo‘ sagte ich, ‚Ich bin Mika‘“ (ebd.).
Gegengruß: „Sie nickte“ (ebd.).

Gesprächsmitte: Gesprächspanne

„‚Ronja‘ murmelte ich. Ich hatte laut gedacht.“
Normale Reaktion: Herabspielen der unkontrollierten Äußerung.
Besonderheit: keine Reaktion mit folgender zunehmender Verunsicherung des Ich-Erzählers.

Beendigung: Abschied

Besonderheit:
Mika: Kommuniziert nonverbal durch Nicken und Umarmung und verbal „Tschüss zusammen!“
Rückruf Mikas durch Lea über Geräusche und nonverbale Standpauke (ebd., S. 50 f.).

Die Gesprächsszene wird durch das Auftreten der Romanfigur Biene aufgelockert. Dieser Einschub kann ebenfalls analysiert werden und ergibt dann einen Gesprächsverlauf ohne Pannen. Eine Vertiefung kann anhand des misslingenden Gesprächs in der Bäckerei erfolgen (ebd., S. 200 ff.).

Ergänzende Hinweise: Normalform des Gesprächs

Gespräche verlaufen in drei großen Sequenzen, der Eröffnung, der Gesprächsmitte und der Beendigung, die sich in einem ausgeglichenen Verhältnis befinden sollten. Was von den Gesprächsteilnehmern als ausgeglichen empfunden wird, ist kulturspezifisch. Viele z. B. arabische Kulturen bevorzugen persönlichere und längere Einleitungen als sie im Deutschen üblich sind. Für die Kommunikation der Gehörlosen wird die schon erwähnte Direktheit beschrieben.

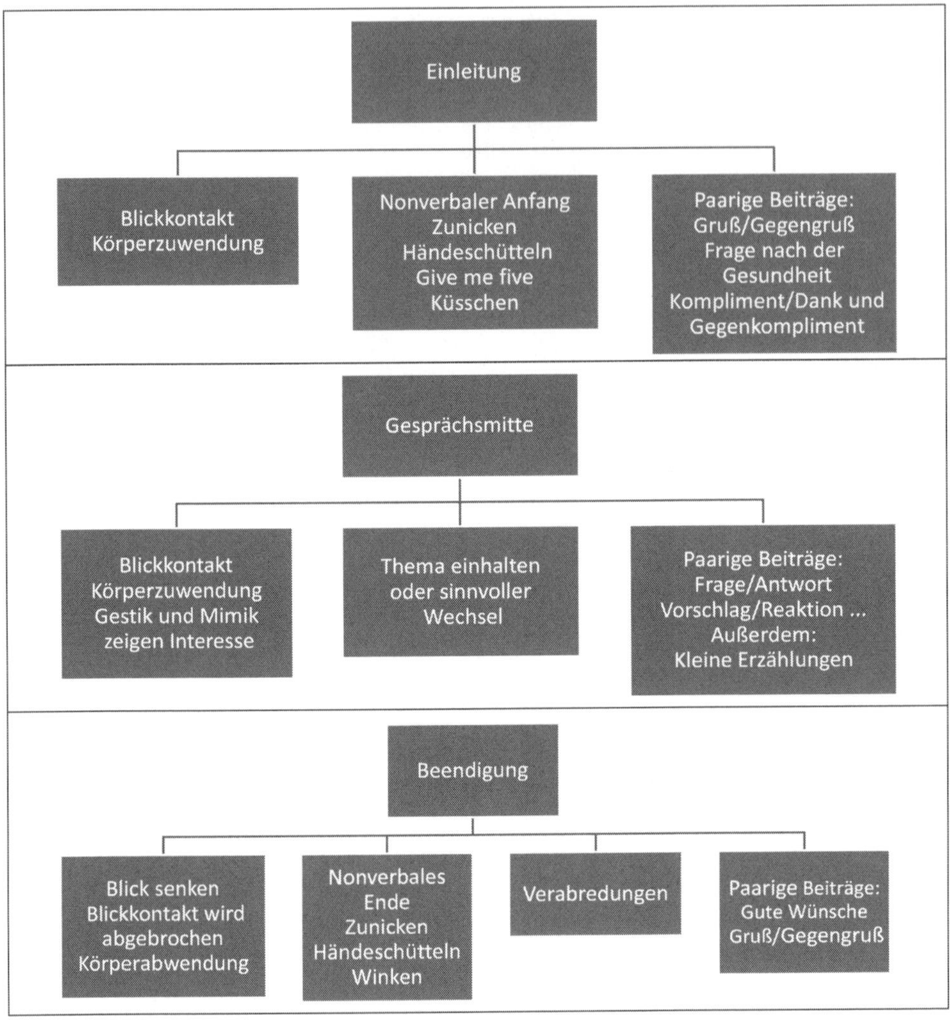

Diagramm zur Normalform des Gesprächs

Methodische Schritte könnten sein:

- Entwicklung eines Diagramms wie oben.
- Vergleich verschiedener Begrüßungen und Verabschiedungen mithilfe von Fragen. Zum Beispiel:
  - Wie begrüßt/verabschiedest Du einen Freund, wie einen Fremden?
  - Hast Du Dich schon über Begrüßungen oder Gesprächsenden geärgert?
  - Wie begrüßt oder verabschiedet man sich in der Gebärdensprache?
  - Kennst Du Formen der Begrüßungen oder Gesprächsbeendigungen bei Sprechern anderer Sprachen?

Die Schülerinnen und Schüler können anhand der Szene und des Diagramms ein Interview mit einer Person, die die Gebärdensprache beherrscht, vorbereiten, durchführen und dokumentieren. Leitidee könnte sein: Was würde Mika wohl gerne über die Gebärdensprache und das Lippenlesen erfahren? Die Ergebnisse können in die Mindmap zur Gebärdensprache eingearbeitet werden.

Szene im Schwimmbad

Hinsichtlich der Textsorte Gespräch lässt sich auch hier einiges entdecken. Ein begonnenes Diagramm kann anhand der Szene erweitert werden, unter anderem indem die Rolle des kindlichen Dolmetschers reflektiert wird.

Im Einzelnen werden wieder paarige Beiträge dargestellt, eine Begrüßung „Lea hob nickend die Hand und ich machte es ihr nach" (FC, S. 113) und ein Verstoß gegen die Paarigkeit, eine Vorstellung ohne Gegenvorstellung, denn Mikas Gegenvorstellung an Kevin bleibt hier aus – ein Zeichen von Mikas Verärgerung (ebd.). Später verlässt Mika das Schema paariger Beiträge noch einmal, indem er nicht gestellte Fragen beantwortet, dies stellt eine Direktheit seinerseits dar, die Leas mögliche Fragen vorwegnimmt. „‚Lea will wissen, ob du Geschwister hast?' sagte Kevin. (…) ‚Ja, eine Schwester. (…) Iris', fuhr ich fort. ‚Sie ist sieben. Mein Vater ist Lehrer. Und meine Mutter hat einen Partyservice'" (ebd., S. 116).

Direktheit zeigt sich auch in den später schriftlich ausgetauschten Informationen, sie sind schnell von intimer Natur: „‚Bist du noch Jungfrau?', schrieb Lea" (ebd. S. 122).

Methodisch kann hier überlegt werden, welche Aufgaben ein Dolmetscher im Berufsleben hat, welche Unterschiede sich zu dem Verhalten von Kevin aufzeigen lassen und welche Folgen sich hieraus ergeben.

Streitszene

Diese Szene bietet sich besonders für das Schreiben eines inneren Monologs an, entweder aus der Perspektive Leas oder aus derjenigen Mikas. Beide befinden sich in einer verzwickten Situation, bei der sich verschiedene Ebenen (Beziehungs- und Gefühlsebene) miteinander mischen. Durch den Schreibprozess können sich die Schülerinnen und Schüler die schwierige Situation der beiden bewusstmachen und überlegen, welche Faktoren hier zum Missglücken der Kommunikation beitragen (u. a. Impulsivität, Emotionalität, der unreflektierte Gebrauch von Gebärden- und Lautsprache). Die Texte können im Anschluss vorgelesen und/oder szenisch gestaltet werden.[122]

Aus der Szene wird klar, dass Lea nicht bemitleidet werden will: „(…) ihr Hörenden, ihr kapiert unser Leben einfach nicht. Wir finden es richtig gut gehörlos zu sein. Eigentlich finden wir es sogar besser. Selbst wenn es die Möglichkeit geben würde, hören zu können. Ich würde freiwillig gehörlos bleiben" (FC, S. 167 f.).

---

122 Vgl. Kaspar H. Spinner (2015): Lesen – mit Texten umgehen. In: Jürgen Baurmann/Tilman von Brand/Wolfgang Menzel/Kaspar H. Spinner (Hrsg.): Methoden im Deutschunterricht. Exemplarische Lernwege für die Sekundarstufe I und II. Seelze: Klett/Kallmeyer. S. 100.

Ergänzende Hinweise: Sprache und Gruppe I

Leas Äußerungen beziehen sich zwar nur implizit auf Sprache, lassen aber deren gruppenbildende Funktion deutlich werden (Vgl. Kap. 5.2.3, ergänzende Hinweise: Kultur der Gehörlosen).

Anhand dieser und anderer ähnlicher Äußerungen Leas in der Szene können sich die Schülerinnen und Schüler Gedanken darüber machen, was Lea zu diesen Aussagen veranlasst und warum sie schließlich sagt: „Wenn ich einmal ein Kind kriege, hoffe ich, dass es auch gehörlos ist." (FC, S. 168). Diese Überlegungen können durch Fragen gesteuert werden wie:

- Welche Folgen hat die Zugehörigkeit zur Gruppe der Gehörlosen für Familie, Lernen, Freizeit, Freundschaft und Kommunikation?
- Wie gestaltet sich das Zusammenleben von Gehörlosen und hörenden Familienmitgliedern?

Ausblick – Fächerübergreifender Unterricht

Aus den obigen Unterrichtsideen können sich weiterführende Fragestellungen für den fächerübergreifenden Unterricht ergeben, die auch mit ausgewählten filmischen Darstellungen von Hörbeeinträchtigungen[123] ergänzt werden können. Im Physikunterricht können Optik und Akustik (Genaueres in Kapitel 4.2.2 ergänzende Hinweise: Schallübertragung) aus dem Blickwinkel ihrer Funktion für die menschliche Kommunikation thematisiert und die Kommunikationswege genauer in den Blick genommen werden. Der Technikunterricht kann sich mit Möglichkeiten von Hörhilfen, Formen des Telefonierens und visueller Kommunikation befassen und der Biologieunterricht bietet Anknüpfungspunkte hinsichtlich der Kommunikation von Tieren im Vergleich zu menschlichen Kommunikationsformen.

4.2.2 *Talk talk*

Inhalt, Zielgruppe und mögliche Themen

Der Titel des Romans des amerikanischen Autors T. C. Boyle aus dem Jahr 2006 lässt zunächst vermuten, es könne sich um eine Story aus der Unterhaltungs- und Kommunikationsbranche handeln. Und tatsächlich geht es auch um Kommunikation.

---

123 Z. B.: *Children of a lesser god* (dtsch.: *Gottes vergessene Kinder*). Regie: Randa Haines. USA, 1986; *Jenseits der Stille*. Regie: Caroline Link. Deutschland, 1996; *La Famille Béliers* (dtsch.: *Verstehen Sie die Béliers*?). Regie: Éric Lartigau. Frankreich, 2014. *Marie Heurtin* (dtsch.: *Die Sprache des Herzens*). Regie: Jean-Pierre Améris. Frankreich, 2014.

Allerdings meint „Talk talk" einen bestimmten Ausdruck aus der amerikanischen Gebärdensprache (ASL) und bedeutet „ein entspanntes Gespräch unter Gehörlosen mittels Gebärden".[124] Der Roman erzählt, wie eine junge Frau, Dana Halter, in einer kalifornischen Kleinstadt eines Tages unvermittelt von der Polizei angehalten und festgenommen wird, nachdem sie eigentlich nur ein Stopschild überfahren hat. Ihr werden zahlreiche schwerwiegende Verbrechen wie Autodiebstahl, Drogenmissbrauch und unerlaubter Waffenbesitz zur Last gelegt, von denen sie nichts weiß. Dana Halter ist gehörlos und unterrichtet an einer Gehörlosenschule Literatur. Nach und nach stellt sich heraus, dass sie Opfer eines Betrügers geworden ist, der ihre Identität gestohlen und angenommen hat. Da Polizeiapparat und Justiz ihren Irrtum nicht adäquat aufarbeiten und den Verbrecher suchen, versuchen Dana und ihr (hörender) Freund Bridger Martin, ein Computerspezialist, auf eigene Faust den Mann ausfindig zu machen, der auf Danas Kosten und unter ihrem Namen ein ausschweifendes Leben führt. Diese Odyssee führt die beiden quer durch die USA.

Der Roman, der als Thriller angelegt ist und verschiedene Handlungsstränge aus unterschiedlichen Perspektiven miteinander verschränkt, rückt unsere digitalisierte Welt des 21. Jahrhunderts in den Mittelpunkt, in der Datenmissbrauch und Konsum eine zunehmend bedeutende Rolle spielen. Das Thema Gehörlosigkeit wird ebenfalls in verschiedenen Sequenzen reflektiert, in denen vor allem die Benachteiligung Danas deutlich wird, für die es aufgrund ihrer Höreinschränkung besonders schwierig ist, der Polizei den Irrtum nachzuweisen. Die Szenen, in denen Dana sich verzweifelt um Aufklärung bemüht, und die Kapitel, in denen die erste Begegnung zwischen Dana und Bridger thematisiert wird, eignen sich besonders für den Unterricht in der Sekundarstufe I und II. Folgende Aspekte können dabei beleuchtet werden: Wie funktioniert/misslingt Kommunikation, wenn die Beteiligten unterschiedliche Voraussetzungen mitbringen? Welche Strategien können zur Bewältigung misslungener Kommunikation entwickelt werden? Wie hätten sich die Beteiligten anders begegnen können?

Im Idealfall sollte vorab der ganze Roman gelesen werden, um einen Eindruck von den Zusammenhängen und verschiedenen Erzählsträngen und -perspektiven zu erhalten. Alternativ können auch nur die Textauszüge gelesen werden, für die im Folgenden unterrichtliche Möglichkeiten angeboten werden. Die Unterrichtsideen beziehen sich auf die Jahrgangsstufen 9 bis 11. Für die Klasse 9 werden insbesondere die Kompetenzbereiche *Schreiben, Sprechen über Literatur, Umgang mit Texten und Medien* sowie *Reflexion über Literatur* berücksichtigt. Ab der Jahrgangsstufe 10 stehen die Inhaltsfelder *Texte, Kommunikation* und *Medien* im Vordergrund.

---

124 Vorbemerkung des Übersetzers. In: T. C. Boyle (2006): Talk talk. München, Wien: Carl Hanser Verlag. S. 9. Im Folgenden wird auf den Roman mit der Sigle „TT" plus Seitenzahl verwiesen.

Ausgewählte Szenen des Romans

Folgende Szenen des Romans eignen sich besonders gut für die Unterrichtspraxis in der Sekundarstufe I (ab der Jahrgangsstufe 9) und der Sekundarstufe II:

- Auszug aus Kapitel 1: Dana wird verhaftet (S. 15–24)
- Auszug aus Kapitel 4: Erste Begegnung zwischen Dana und Bridger (S. 52–57)
- Auszug aus Kapitel 5: Dana in der Gehörlosenschule (S. 73–78)
- Auszug aus Kapitel 4: Dana vor Gericht (S. 61–64)
- Auszug aus Kapitel 5: Konflikt zwischen Dana und ihrem Schulleiter Dr. Koch (S. 75–78)

Eingangskapitel: Dana wird verhaftet

Das erste Kapitel (S. 15–24) beginnt unvermittelt, medias in res. Man lernt die Hauptfigur – Dana Halter – kennen, die unruhig in den Morgen startet, da sie pünktlich zu einem Termin kommen muss und ihren Schlüssel nicht finden kann. Schon nach einigen Sätzen ist man im Geschehen, mitten im Alltag der Frau, deren Morgen aus Zeitmangel ohne Frühstück und mit dem Suchen nach wichtigen Dingen beginnt: „Losstürzen, sich hetzen, sich aufreiben – Wörter mit germanischen Wurzeln und dieser traurigen Konnotation. Sie dachte nicht klar. Sie war gestreßt, sie war übermäßig gestreßt, sie war spät dran" (S. 16). Bedingt durch den morgendlichen Stress überfährt sie – bewusst – ein Stoppschild, „denn es war niemand in Sicht, für den sie hätte halten müssen" (ebd.). Zu ihrem Unglück wird sie aber von einem Polizisten beobachtet, der ihr folgt und sie stoppt. Sie bietet ihm ihre Fahrzeugpapiere an, wie bei einer Polizeikontrolle üblich, versteht allerdings nicht, was er sagt. Nachdem sie zu ihm spricht, wirkt der Polizist irritiert: „Sie sah, wie sein Ausdruck sich veränderte, als sie sprach, aber daran war sie gewöhnt" (ebd., S. 17). Im Anschluss reflektiert sie über ihre Mimik: „(…) sie wußte, daß ihr Gesicht sie verraten würde. Wenn sie jemanden etwas fragte, zog sie immer die Augenbrauen zusammen und sah dann vorwurfsvoll oder gar wütend aus – sie hatte versucht das abzustellen, allerdings ohne großen Erfolg" (ebd.). Während der Polizist zu seinem Wagen zurückgeht, um ihre Papiere zu überprüfen, denkt sie über Verschiedenes nach: Dass sie nun ihren Termin beim Zahnarzt versäumt, über Probleme beim Telefonieren und über das Verhalten des Polizisten, das sie auffällig findet. Als der Polizist schließlich zu ihrem Wagen zurückkommt, überschlagen sich die Ereignisse. Er zwingt sie aus dem Wagen, hat einen Revolver in der Hand und bringt sie äußerst brutal zum Streifenwagen. Erst allmählich wird deutlich, dass Dana Halter gehörlos ist und sie und der Polizist aus diesem Grund eine gestörte Kommunikation haben. Zugleich wird die Scham und Hilflosigkeit geschildert, die Dana empfindet, da sie in der Öffentlichkeit festgenommen wird. Auf dem Polizeirevier angekommen erhält Dana einen Haftbefehl wegen verschiedener schwerer Delikte. Als später ein Gebärdendolmetscher, Charles Iverson, ins Polizeirevier geholt wird, klärt sich auf, dass gegen Dana mehrere Haftbefehle aus verschiedenen Bundesstaaten vorliegen. Dana ist vollkommen hilflos und streitet alles ab. Auch Iverson scheint ihr nicht zu glauben:

> „Er glaubte, sie habe ein Doppelleben geführt, jede Regel des Anstands verletzt und die Gemeinschaft der Gehörlosen in Verruf gebracht. Wieder einmal war ein Vorurteil der Hörenden bestätigt worden. Ja, sagte sein Blick, die Gehörlosen leben nach ihren eigenen Regeln, und die sind minderwertig und verwässert, sie leben von uns und auf unsere Kosten. Dieser Blick hatte sie ihr Leben lang begleitet" (ebd., S. 23).

Dana darf nur ein einziges Telefonat von der Polizeiwache aus führen. Charles Iverson ruft daraufhin Bridger Martin an, mit dem sie seit einiger Zeit liiert ist.

Auszug aus Kapitel 4: Erste Begegnung zwischen Dana und Bridger (S. 52–57)

Auf den ersten fünf Seiten des 4. Kapitels wird rückblickend die erste Begegnung in einer Bar zwischen Danas Freund Bridger und ihr beschrieben. Bridger starrt das unbekannte Mädchen an „wie hypnotisiert" (TT, S. 52). Auf der Tanzfläche ruft er ihr etwas zu, worauf sie etwas erwidert. Er bemerkt nicht, dass Dana gehörlos ist, da es durch die Musik ohrenbetäubend laut ist:

> „(...) und die wunderbare, die erstaunliche und unübertreffliche Sache war die: Er hatte keine Ahnung, daß sie taub war. Denn er war ja auch taub – alle waren taub, jedenfalls bis die Lichter angingen und der DJ das Donnern verstummen ließ" (ebd., S. 53).

Nach dem Austausch von Telefonnummern versucht Bridger, das Mädchen am kommenden Tag zu kontaktieren. Ihr Anrufbeantworter bittet ihn „mit Danas hohler, monotoner Stimme, keine Nachrichten zu hinterlassen, sondern eine E-Mail zu schicken" (ebd.). Interessant ist, dass Bridger erleichtert ist, „daß ihm die Unsicherheit, die potentielle Peinlichkeit des direkten Kontakts erspart" (ebd.) bleibt. Die beiden verabreden sich also per E-Mail. Er fragt in der Wohnanlage nach ihr, beschreibt ihr Äußeres und erhält zur Antwort:

> „‚Ach, na klar – (...) Sie meinen die gehörlose Frau, nicht?' Es traf ihn mit der Wucht einer Offenbarung. Plötzlich ergab alles einen Sinn: ihre tonlose Stimme, die Mißverständnisse, die Beweglichkeit ihres Gesichts, wenn sie sprach – als wäre jeder Muskel unter der Haut ein eigenes Kommunikationsmittel" (ebd., S. 54).

Die beiden verlieben sich ineinander. Bereits beim ersten Treffen kommt während des gemeinsamen Essens in einem Restaurant das Thema Gehörlosigkeit auf. Bridger erfährt, dass Dana durch eine Erkrankung mit viereinhalb Jahren ertaubt ist, was bedeutet, dass sie zuvor Zugang zu Geräuschen und Klängen gehabt hat, also „postlingual" (ebd., S. 57) ertaubt ist, woraus sich ihre gute Sprechfähigkeit erklären lässt. Da sie außerdem von den Lippen absieht, gelingt die Kommunikation reibungslos. Ihr mimischer und verbaler Ausdruck wird im Text wie folgt beschrieben: „(...) ihr Gesicht öffnete sich ihm, das ausdrucksstärkste, sinnlichste, hübscheste Gesicht, das er je gesehen hatte, und ja, er bemerkte den Akzent, hielt ihn aber für skandinavisch oder vielleicht osteuropäisch.“ (ebd., S. 53).

Ergänzende Hinweise: Prälinguale und postlinguale Taubheit

Wie stark die Auswirkungen von Hörstörungen auf die Lautsprache ausfallen, hängt davon ab, wann sie aufgetreten sind, vor dem Spracherwerb, also prälingual oder nach dem Spracherwerb, postlingual. Die Ausprägung der Höreinschränkungen hat dagegen individuell unterschiedliche Folgen für die Lautsprache.[125]

Sprachhören ist eine wesentliche Quelle des Lautspracherwerbs. Spracherwerb bedeutet, dass das Sprachsystem aufgebaut wird, das aus Lautsystem, Wortschatz, Morphologie, Syntax und Textgrammatik besteht. Der Erwerb dieser Systeme erfolgt im frühkindlichen Alter in erster Linie über das Hören. Hierbei wird nicht nur die an das Kind gerichtete Sprache wahrgenommen, sondern das Kind hört sich selbst beim Sprechen zu. Dieses Eigenhören ist das Instrument, mit dem die Artikulation gesteuert wird. Es überwacht die korrekte Aussprache von Lauten, die Bildung von Wörtern, die Satzmelodie, die Sprechgeschwindigkeit und die Lautstärke. Ohne eine Kontrolle des eigenen Sprechens kann es nicht gelernt werden. Auch bei postlingual Ertaubten führt der Verlust der Hörkontrolle für das eigene Sprechen nach einiger Zeit zu Veränderungen, das Sprechen kann zunehmend monoton, von der Lautstärke her unpassend und bei Anwendung der Gebärdensprache mit einer Mimik verbunden sein, die als Sprachbegleiter der Lautsprache ungewöhnlich ist.

Vor dem Spracherwerb – also prälingual – ertaubte Kinder, können die Lautsprache oftmals nicht erlernen, da der Input für sprachliches Lernen und die Sprechkontrolle durch eigenes Hören ganz fehlt. Werden diese Kinder früh in der Gebärdensprache unterrichtet und erlernen sie das Lesen, lässt sich der fehlende sprachliche Input soweit ausgleichen, dass sich ein intaktes Sprachsystem etabliert.

In der Szene sind Zeichen von großer Bedeutung, sie werden zu Signalen, die den anderen das erwachte Interesse bzw. die Verliebtheit erkennen lassen. Der (mimische) Ausdruck und die Gebärden müssen dechiffriert werden: „Er wußte die Zeichen zu deuten – ihre Blicke, die Bewegungen ihrer Hände, den Ausdruck auf ihrem Gesicht (…)“ (ebd. S. 56).

Die Schülerinnen und Schüler können diese Zeichen der nonverbalen Kommunikation im Text ermitteln und mit ihren eigenen Erfahrungen in Verbindung bringen. Hierbei werden sie eigenes und abweichendes Verhalten wie den ständigen

125 Annemarie Peltzer-Karpf (1994): Spracherwerb bei hörenden, sehenden, hörgeschädigten, gehörlosen und blinden Kindern. Tübingen: Narr. S. 27.

Blickkontakt finden, den Dana zu Bridger hält oder die Mimik, die sie bei Fragen verwendet.

Auszug aus Kapitel 5: Dana in der Gehörlosenschule (S. 73–78)

Auf den letzten Seiten des fünften Kapitels wird beschrieben, wie Dana erstmals nach ihrer Inhaftierung wieder in die Gehörlosenschule kommt. Das Gespräch zwischen ihr und dem Schulleiter Dr. Koch gestaltet sich äußerst schwierig. In einer E-Mail hatte sie ihren Vorgesetzten über die Ereignisse rund um die Inhaftierung informiert, „denn sie wußte, daß sie sich schriftlich besser mitteilen konnte, als im persönlichen Gespräch und daß sie alle Argumente vortragen mußte" (TT, S. 73). Dana ist sich darüber bewusst, dass feine Nuancen im mündlichen bzw. gebärdensprachlichen Austausch verloren gehen können. Ihr ist es wichtig, dass Dr. Koch von ihrer Unschuld überzeugt ist. Immerhin besteht ein (asymmetrisches) Abhängigkeitsverhältnis zwischen den beiden, da sie die Angestellte, er der Vorgesetze ist. Der Autor skizziert den Mann wie folgt: „Koch war ein harter, grüblerischer, säuerlicher kleiner Mann, der sich für großartig hielt und keine Ausflüchte duldete, und er stellte an die gehörlosen Lehrerinnen und Lehrer ebenso hohe Anforderungen wie an die hörenden. Vielleicht sogar noch höhere" (ebd.). Hier wird die Problematik deutlich, dass Menschen mit Einschränkungen häufig der Ansicht sind, ihre Defizite durch besonders gute Leistungen ausgleichen zu müssen. Dies erzeugt, nicht nur in Kommunikationssituationen, einen erhöhten Druck.

Unglücklicherweise kommt Dana an diesem Morgen zu spät, „Dr. Koch hatte ihre Klasse übernommen, und nie hatte sie ihn so verärgert gesehen" (ebd., S. 74). Er „bedachte sie mit einem Blick, der keine Übersetzung brauchte" (ebd.). Das ist im Kontext von körpersprachlichen Aspekten ein zentraler Hinweis. Offenbar benötigt man in vielen Situationen keine verbalen Kommunikationsformen, um die Atmosphäre bzw. die Stimmung einzufangen. Dana gibt gebärdensprachlich zu verstehen, dass sie verschlafen habe und entschuldigt sich. Dr. Koch „gebärdete (…) abrupt, er erwarte Dana in der Mittagspause in seinem Büro, riß die Tür auf und stolzierte hinaus" (ebd.). Er signalisiert ihr somit, dass er erst zu einem späteren Zeitpunkt bereit ist, sich mit ihr über die Situation auseinanderzusetzen und lässt sie mit dem unguten, schuldbewussten Gefühl zurück. Als Dana schließlich zum verabredeten Termin zu ihrem Vorgesetzten vorgelassen wird,

> „war er unpersönlich und kurz angebunden, als wäre sie eine Studentin, die sich etwas hatte zuschulden kommen lassen. Sie hatte nicht mit Mitgefühl gerechnet – nicht bei ihm –, doch sie erwartete Höflichkeit, und zwar von jedem, besonders von Hörenden. Sie hatte zu viel Zeit damit verbracht, mit Leuten zu kommunizieren, die abweisend wurden, sobald sie den Mund aufmachte, um sich mit weniger zufrieden zu geben. *Sehen Sie mich an*, verlangte sie. *Sehen Sie mich an und hören Sie mir zu.* Das war ihr Gesellschaftsvertrag, und wem das nicht gefiel, dem kehrte sie den Rücken. Keine Ausnahmen. Jetzt nicht mehr" (ebd., S. 75).

In dieser Passage schwingt vieles mit. Erstens die erneute Betonung des Abhängigkeitsverhältnisses zwischen ihr und Dr. Koch sowie sein Umgang damit, der sie in ihrem Status zur untergebenen Angestellten degradiert. Und zweitens Danas innere Haltung dazu (ihr „Gesellschaftsvertrag"), die einen langwierigen Emanzipationsprozess vermuten lässt, an dessen Ende sie nun als Mindestvoraussetzung für jegliche Kommunikation Höflichkeit erwartet.

Der Dialog endet damit, dass Dr. Koch Dana daran erinnert, dass sie lediglich einen befristeten Vertrag habe. Das impliziert, dass er sie nicht weiterbeschäftigen muss und ihr jederzeit kündigen kann, was den Druck auf „seine" Angestellte enorm erhöht.

Nebenbei gibt der Kapitelauszug einen Einblick in die Klasse, die Dana normalerweise unterrichtet:

> „Es war eine Abschlußklasse, und dies war ein Kurs zur Vorbereitung auf das College, zwölf ihrer besten Schülerinnen und Schüler. Jeder hatte seine eigene, im Werden begriffene Begabung, die er hinaus in die Welt der Hörenden tragen würde, und Dana wußte um ihre Geheimnisse, ihre Stärken und Schwächen" (ebd., S. 74).

Hier wird en passant das Erziehungskonzept dieses Internats – „San Roque" – gestreift, das offenbar die individuellen Talente der Jugendlichen zu fördern sucht. Dennoch vergleicht Dana die Schule mit einer „Besserungsanstalt" (ebd., S. 74), was deutlich negativ konnotiert ist. Auch wird erwähnt, dass Dana neben dem Unterrichten an einem eigenen Buchprojekt mit dem Titel „Wildes Kind" arbeitet, das ihr sehr viel bedeutet. Um Danas Beziehung zu ihrem Buchprojekt zu verdeutlichen, nutzt der Autor den griechischen Begriff „Agape": „(…) wie die unentwegt fließende, unerschöpfliche Liebe für die gesamte Schöpfung" (ebd., S. 75). Der Titel ihres Buchs kann als dezenter Hinweis auf das Fördern der Individualität von Kindern gelesen werden, ist aber zugleich ein intertextueller Verweis auf T. C. Boyles Erzählung *Wild Child* aus dem Jahr 2010,[126] in der die Geschichte des berühmten „Wolfskinds" Victor von Aveyron verarbeitet wird. In einem Pariser Internat für Gehörlose wurde Victor am Ende des 18. Jahrhunderts zu einem Objekt der Wissenschaft.

Ergänzende Hinweise: Leben und Beschulung Gehörloser in früherer Zeit

Die „Deaf History", ein Zweig der Geschichtswissenschaft, der in Amerika begründet wurde, beschäftigt sich mit dem Leben Gehörloser in der Vergangenheit und legt besonderen Wert darauf, nicht nur die Probleme, sondern auch die Entwicklungsmöglichkeiten und Leistungen Gehörloser zu betrachten.[127]

Hierbei wird deutlich, dass die schon in Kapitel 4.2.1 in den „Ergänzenden Hinweisen: Auswirkungen von Höreinschränkung" erwähnten gravierenden Auswirkungen auf das Sprachvermögen, die mit Einschränkungen des Hörens

126 T. C. Boyle (2010): Das wilde Kind. München: Carl Hanser Verlag.
127 https://de.wikipedia.org/wiki/Geschichte_der_Geh%C3%B6rlosen [10.03.2017]

einhergehen, die soziale Verortung Höreingeschränkter lange Zeit und zum Teil noch heute beeinträchtigen.

Selbst die Einordnung als denkender Mensch wurde in der Antike und auch lange danach von der christlichen Religionsgemeinschaft infrage gestellt.

> „(…) Aristoteles („Wer nicht hören und nicht sprechen kann, kann auch nicht denken.") und (…) Augustinus („Wer nicht hören kann, kann daher auch nicht glauben."). Diese beiden Zitate wurden tatsächlich benutzt um „Gehörlose bis in die Neuzeit hinein als bildungs- und rechtsunfähig anzusehen".[128]

Aber:

> „Platon 427–347 v. Chr. (…) erkennt die Gebärdensprache der Gehörlosen als eine Sprache an, die sich aus der besonderen Situation der Gehörlosen ergibt."[129]

Auch im Mittelalter herrschten hier unterschiedliche Auffassungen, die sich aber in erster Linie auf die Frage bezogen, ob Gehörlose fähig seien zu glauben, an der christlichen Gemeinschaft teilzunehmen und die Sakramente zu empfangen. Der Apostel Paulus äußerte sich in seinem Brief an die Römer skeptisch.

> „Der Kirchenvater Augustinus (354–429) sprach in Anlehnung an Paulus (Röm 10,14 EU): ‚Wer nicht hören kann, kann daher auch nicht glauben'. Jedoch hat er später diese Meinung widerrufen, indem er sagte, die taube Person könne durch Gebärden den Glauben erlangen, als er einen Mailänder Tauben in der Gebärdenunterhaltung beobachtete und von jemanden über einen Landstrich in Italien mit einer großen Anzahl von gebärdensprechenden tauben und hörenden Menschen hörte. Allerdings wurde diese Ansicht nicht von den Pädagogen der Bildung tauber Menschen aufgegriffen."[130]

In der Praxis wurde diese Frage offenbar unterschiedlich behandelt, auch gab es erste Ansätze zur Unterrichtung, so wurden von Mönchen (z. B. Trappisten in Spanien), die Schweigegelübde abgelegt hatten, Fingeralphabete und Gebärdensprachen praktiziert, die auch an Gehörlose weitergegeben wurden.

Die Frage der Religionsmündigkeit Gehörloser wurde in der Renaissance aufgegriffen, so auch von Luther:

---

128 Lisbeth Howald/Katharina Lescow/Karin Lienhard/Sylvie Ponnaz/Judith Sacher/Carina Speck: Gehörlosigkeit – Gebärdensprache (linguistische Aspekte) Universität Zürich, Institut für Sonderpädagogik ISP, lic. phil. Emanuela Wertli, WS 04/05 Unter: http://www.lvglth.de/download/gs_linguistic_aspects.pdf [10.03.2017]

129 Hartwig Claußen (2006): Zur Geschichte der Didaktik des Unterrichts mit Schwerhörigen. In: Annette Leonhardt (Hrsg.): Unterricht mit schwerhörigen Schülern – ein Reader zur Didaktik. Heidelberg: Median.

130 https://de.wikipedia.org/wiki/Geschichte_der_Geh%C3%B6rlosen [14.03.2017]

„Es haben etliche gefragt / ob man den Stummen auch soll das Sakrament reichen. Etliche meinen sie freundlich zu betrügen / und achten / man soll ihnen ungesegnete Hostien geben (…) Der Schimpf ist nicht gut / wird Gott auch nicht gefallen / der sie sowohl zu Christen gemacht hat / als uns (…).[131]

Es ist interessant, dass Luther von Stummen spricht, Taubheit als häufigsten Grund der Stummheit aber nicht ausdrücklich erwähnt, möglicherweise wollte er sich nicht in Gegensatz zu der ersten Auffassung des Augustinus bringen.[132]

Zur Zeit der Aufklärung begann eine intensivere Beschäftigung mit den Bildungsmöglichkeiten der Gehörlosen.

„(…) im 16. Jh. bringt der Mönch Pedro Ponce de Leon in einem spanischen Kloster mit Erfolg hörbehinderten Kindern mit einem Fingeralphabet, das dem heutigen sehr ähnlich war, Lesen und Schreiben bei. 1591 gibt der Arzt S. Alberti ein erstes Buch zum Thema Gehörlosigkeit heraus."[133]

Der Erwerb der Lautsprache wurde in diesen Epochen als das wichtigste Bildungsziel und -mittel betrachtet. Die Impulse gingen von Hauslehrern aus, die sich der Erziehung der gehörlosen Kinder privilegierter Familien widmeten. So Manuel Ramírez de Carrión, der eine Methode der Vermittlung von Lautsprache an Gehörlose entwickelte, diese aber geheim hielt, um

„den Preis für seine Leistungen hoch zu halten. Diese wurden jedoch 1620 von dem im Haushalt von de Velasco y Tovar als Sekretär lebenden Juan Pablo Bonet in ‚Reducción de las letras y arte para enseñar a ablar los mudos' als dessen eigenes Werk plagiiert."[134]

Die in privilegierten Verhältnissen lebenden Gehörlosen hatten somit vergleichsweise gute Entwicklungsmöglichkeiten, dies zeigen auch die Werdegänge vieler gehörloser oder ertaubter Künstler (vgl. Ergänzender Anhang Selbstportrait von Joshua Reynolds).

Infolge der Ergebnisse der didaktischen und methodischen Versuche wurden erste Schulen für Gehörlose eröffnet:

---

131 Hartwig Claußen (2006): Zur Geschichte der Didaktik des Unterrichts mit Schwerhörigen, a. a. O. S. 11. Luther nach: Paul Schumann (1940) (Hrsg.): Geschichte des Taubstummenwesens, vom deutschen Standpunkt dargestellt. Reichsfachschaft V Sonderschulen im NS-Lehrerbund. Frankfurt a. Main: Diesterweg.

132 Walther v. Loewenich: Zur Gnadenlehre bei Augustin und bei Luther. Archiv für Reformationsgeschichte – Archive for Reformation History, Internationale Zeitschrift zur Erforschung der Reformation und ihrer Weltwirkungen H. 44/1953. Unter: https://www.degruyter.com/view/j/arg.1953.44.issue-jg/arg-1953-jg05/arg-1953-jg05.xml. [10.03.2017]

133 Lisbeth Howald/Katharina Lescow/Karin Lienhard/Sylvie Ponnaz/Judith Sacher/Carina Speck: Gehörlosigkeit – Gebärdensprache (linguistische Aspekte) Universität Zürich, Institut für Sonderpädagogik ISP, lic. phil. Emanuela Wertli, WS 04/05 Unter: http://www.lvglth.de/download/gs_linguistic_aspects.pdf [10.03.2017]

134 https://de.wikipedia.org/wiki/Manuel_Ram%C3%ADrez_de_Carri%C3%B3n [10.03.2017]

- 1760 in Edinburgh
- 1755 in Paris Abbé de l'Epée (Schwerpunkt Gebärdensprache)[135]
- 1778 in Leipzig[136]
- 1807 in Berlin[137]

In der Zeit der Reformpädagogik wurde Menschen mit Behinderungen seitens der Wissenschaften, der Medizin, aber auch der Pädagogik mehr Aufmerksamkeit geschenkt. Maria Montessori z. B. arbeitete nach ihrem Medizinstudium mit geistig behinderten Kindern.

In dieser Zeit rückten neben gehörlosen auch schwerhörige Kinder und damit die wesentlich größere Gruppe Höreingeschränkter in den Fokus. Daher stellte sich nun auch die Frage, ob Gehörlose und Schwerhörige gemeinsam beschult werden sollten und welche Methoden geeignet seien.

Für Schwerhörige wurde 1908 von Dionis Reinfelder eine Methode entwickelt, die erlauben sollte, Hörreste durch Absehen zu einem vollständigen Sprachverständnis zu ergänzen. Für Gehörlose, die nicht über verwertbare Hörreste verfügen, ist diese Methode aber problematisch, da reines Absehen oft nicht zum Verständnis des Gesprochenen führt. Dennoch wurden auch sie in dieser Weise unterrichtet. Der Unterricht in Gebärdensprache wurde als Konkurrenzmethode gesehen und von einigen Pädagogen verächtlich gemacht – in einigen Ländern sogar ausdrücklich verboten. In Frankreich wurde das Gebärdenverbot für die Schule erst 1991 aufgehoben.[138] Dennoch wurde die Gebärdensprache in dieser Zeit weiterentwickelt und stärker verbreitet, vor allem in englischsprachigen Ländern.

Auch der russische Sprachpsychologe Lew Semjonowitsch Wygotski gründete in Moskau ein wissenschaftliches Institut für „Defektologie", das die Integration von Menschen mit Behinderungen verfolgte, sich auch mit Höreinschränkungen befasste und die Verwendung der Gebärdensprache befürwortete.[139]

Im Nationalsozialismus kam es zu einem Ausbau der nun als „Sonderpädagogik" bezeichneten Richtung der Pädagogik und der zugehörigen Einrichtungen. Die Beschulung und die Lehrerausbildung wurden zunächst so weitergeführt, wie sie sich in der Weimarer Republik ausgeformt hatten. Charakteristisch für diese Zeit war allerdings die Unterscheidung in nützliche, arbeitsfähige und nicht arbeitsfähige, als „lebensunwert" bezeichnete Menschen mit Behinderungen. Letztere wurden „ausgeschult". Besonderes Interesse galt nun auch der Verursachung

135 https://de.wikipedia.org/wiki/Geschichte_der_Geb%C3%A4rdensprachen [13.03.2017]

136 Hartwig Claußen (2006): Zur Geschichte der Didaktik des Unterrichts mit Schwerhörigen, a. a. O. S. 13; Paul Schumann (1926): Die Bildungseinrichtungen. In: Bund Deutscher Taubstummenlehrer (Hrsg.) Handbuch des Taubstummenwesens.

137 https://www.stayfriends.de/Schule/.../Reinfelder-Schule-fuer-Schwerhoerige-S-7NV-S [13.03.2017]

138 https://de.wikipedia.org/wiki/Geschichte_der_Geb%C3%A4rdensprachen [13.03.2017]

139 https://de.wikipedia.org/wiki/Kulturhistorische_Schule [13.03.2017]

der Beeinträchtigungen. Menschen mit einer genetisch bedingten Beeinträchtigung wurden als Gefahr für die Volksgesundheit eingestuft, zwangssterilisiert oder im Rahmen sogenannter Euthanasieprogramme ermordet, dasselbe Schicksal traf auch viele Personen, die als nicht arbeitsfähig eingestuft wurden. Während große Teile der Lehrerschaft keine Einwände erhoben oder dieses System sogar befürworteten, gab es auch Versuche, die Schülerinnen und Schüler zu retten, z. B. indem Lehrerinnen und Lehrer Testaufgaben mit ihnen auswendig lernten.[140]

Nach dem Krieg wurden die Verbrechen an den Menschen mit Höreinschränkungen nur zögerlich aufgearbeitet, ihre Beschulung fand wieder in die alten Bahnen und ab den 1980er Jahren wurde eine sich verstärkende Diskussion über eine Integration ins Regelschulwesen geführt.

Auch die Gebärdensprache wurde im Jahr 2002 anerkannt und kam in Schulen wieder zur Anwendung: Behindertengleichstellungsgesetz (BGG) in Paragraph 6 Absatz 1: „Die Deutsche Gebärdensprache ist als eigenständige Sprache anerkannt." Paragraph 6 (Gebärdensprache und andere Kommunikationshilfen).[141]

Unterrichtseinstieg

Für den Einstieg in den Unterricht bieten sich verschiedene Möglichkeiten an. So kann er beispielsweise über die Thematisierung des Romantitels erfolgen. Was mag gemeint sein mit „Talk talk"? Nach ersten Überlegungen im Klassenverband wird die Vorbemerkung des Übersetzers der deutschsprachigen Ausgabe des Romans, Dirk van Gusteren, in den Blick genommen, in der erläutert wird, das mit „Talk talk" ein Ausdruck aus der amerikanischen Gebärdensprache (ASL) gemeint ist.[142]

Die Schüler und Schülerinnen können daraufhin recherchieren, welche unterschiedlichen Gebärdensprachen es gibt und worin sie sich unterscheiden (vgl. Kapitel 4.2.1 Ergänzende Hinweise: Gebärdensprache).

Korrespondieren bei den verschiedenen Gebärdensprachen nationale mit kulturellen Unterschieden? Hierzu können Beispiele aus dem Internet herausgesucht werden. Ergänzend sollte besprochen werden, was mit dem Begriff „Lautsprache" gemeint ist.

Im Anschluss wird die Vorbemerkung des Autors in Kopien ausgeteilt und besprochen:

140 Rauthgundis Kurrer (2013): Gehörlose im Wandel der Zeit. Inaugural-Dissertation zur Erlangung des Doktorgrades der Philosophie an der Ludwig-Maximilians-Universität. München. S. 62–78. [13.03.2017]

141 http://gehoerlosen-bund.de/index.php?option=com_content&view=article&id=1544%3Adiegebaerdenspracheindeutschengesetzen&catid=83%3Ameinkind&Itemid=129&lang=de [14.03.2017]

142 ASL = American Sign Language.

> „Mit Ausnahme der Passagen, wo ausdrücklich darauf hingewiesen wird, habe ich nicht versucht, die Gebärdensprache wörtlich in die Lautsprache zu übersetzen, wie es andere Autoren auf bewundernswerte Weise getan haben, sondern Gehalt und Bedeutung der Gebärdensprache in einen gesprochenen Dialog übertragen" (TT, S. 8).

Folgendes bietet sich zur Diskussion an: Kann Gebärdensprache überhaupt in Lautsprache übersetzt werden? Und was bedeutet die Anmerkung des Autors, er habe versucht, den Gehalt/die Bedeutung der Gebärdensprache zu „übertragen"? Hier kann auf der Basis der Kenntnisse zu Gebärden- und Lautsprache über zweierlei Aspekte von „Übersetzung" gesprochen werden:

1. generell: von einer Sprache in eine andere
2. speziell: von Gebärden in Lautsprache

Ein recht plastisches Zitat aus dem amerikanischen Spielfilm *Paterson* von Jim Jarmusch aus dem Jahr 2016 kann in die Diskussion einbezogen werden. Hier formuliert ein asiatischer Dichter Folgendes:

> „Übersetzen von einer Sprache in eine andere ist wie im Regenmantel duschen".[143]

Nachdem die Schülerinnen und Schüler das Zitat besprochen haben, können sie weitere eigene Vergleiche zum Thema „Übersetzen" finden, die an der Tafel gesammelt werden.

Ergänzend oder alternativ zum oben skizzierten Einstieg über die Vorbemerkungen vom Autor und/oder vom deutschen Übersetzer von *Talk talk* bieten sich zwei weitere Texte zur Diskussion an, vor allem für den Unterricht in der Sek. II (möglicherweise fächerübergreifend mit dem Fach Philosophie und/oder Englisch). Der Autor T. C. Boyle hat dem Roman nämlich einen Textauszug von Lew S. Wygotski sowie einen Gedichtauszug von Dylan Thomas vorangestellt. Hier kann zunächst kurz im Klassenverband besprochen werden, was „Motto" bedeutet und welche Herkunft der Begriff hat. Er stammt aus dem Lateinischen und kann mit „Murmeln" oder „Grunzen" übersetzt werden. Diese Lautmalerei ist im Kontext des Themas „Hören" interessant.

Die Schülerinnen und Schüler könnten überlegen und zusammentragen, welchen Mottos sie bereits begegnet sind. Welche unterschiedlichen Funktionen kann ein Motto für einen (literarischen) Text einnehmen (als Leitgedanke, Parole, Schlagwort oder Sinnspruch, die einer längeren Schrift vorangestellt werden)? In bestimmten Epochen (z. B. der Romantik) wurden Mottos häufiger genutzt als in anderen (z. B. im Realismus). Hier könnte gemeinsam über mögliche Gründe gesprochen werden.

Sowohl der als Motto zu verstehende Text von Wygotski als auch derjenige von Dylan Thomas bieten Möglichkeiten, vor der Lektüre des Romans bzw. ausgewählter Sequenzen über *Sprache und Identität*, *Sprachbilder* und deren *Interpretation* zu reflektieren, was im Kontext von Höreinschränkungen interessant ist, da höreinge-

143 *Paterson*, Regie: Jim Jarmusch, USA 2016, 123 Min.

schränkte Personen häufig auf alternative Möglichkeiten für sprachlichen Ausdruck zurückgreifen (müssen). Die Textauszüge können auch erst im weiteren Unterrichtsverlauf genutzt werden. Von T. C. Boyle als Motto genutztes Zitat von Wygotski:

> „Wir sind unsere Sprache, aber unsere wirkliche Sprache, unsere eigentliche Identität liegt in der inneren Sprache, in jenem unablässigen Strom, jenem ständigen Hervorbringen sinnhafter Zusammenhänge, das den individuellen Geist bestimmt".

Es kann zunächst im Klassenverband diskutiert werden, was Wygotski unter Sprache versteht. Hierzu kann in der Oberstufe folgender Textauszug aus seinem Werk „Denken und Sprechen" von 1933 genutzt werden:

> „Wir möchten mit der Gegenüberstellung der inneren Sprache auf der einen Seite und der mündlichen und der geschriebenen Sprache auf der anderen beginnen. Die gleichen Umstände, die in der mündlichen Sprache manchmal die Möglichkeit rein prädikativer Aussagen schaffen, und die in der geschriebenen Sprache völlig fehlen, sind die ständigen Wegbegleiter der inneren Sprache. Daher entsteht die Tendenz zum Prädikativen in der inneren Sprache (…) auch unweigerlich als ständige Erscheinung, und zwar in ihrer reinsten Form. Wenn die geschriebene Sprache den polaren Gegensatz zur mündlichen im Sinne einer maximalen Entfaltung beim völligen Fehlen der Umstände darstellt, die die Auslassung des Subjekts in der mündlichen Sprache hervorrufen, so ist die innere Sprache auch der mündlichen diametral entgegengesetzt, aber nur in umgekehrter Beziehung, da in ihr der prädikative Charakter ständig herrscht. Die mündliche Sprache nimmt aber eine Mittelstellung zwischen der geschriebenen Sprache und der inneren Sprache ein".[144]

Ergänzende Hinweise: Sprachbegriff bei Wygotski

Mit „prädikative Aussagen" sind unvollständige Aussagen, Ellipsen, gemeint, bei denen oft das Prädikat erhalten bleibt.

- *Hast Du versucht, mich aus dem Gefängnis zu holen?* => Elliptischer Antwortsatz: *Hab ich.*
- *Gibst Du mir einen Stift?* => Elliptischer Antwortsatz: *Kommt!*

Die unten stehende Tabelle ist entsprechend dem Erwerb aufgebaut, die Sprachformen, die früh erworben werden, stehen unten. Die ersten Kommunikationsformen sind die nonverbalen, Blickkontakte und spontane Zeigegesten, wenn die inneren Repräsentationen beginnen sich zu bilden. Dann können bei Gehörlosen erste konventionelle Gebärden eingeführt werden, bei Hörenden treten bald erste Wörter der Lautsprache auf. Die inneren Repräsentationen werden durch inneres Sprechen ergänzt und beide Gruppen erlernen spätestens bei Schuleintritt die Schriftsprache.

144 Lew. S. Wygotski (1964): Denken und Sprechen. Frankfurt a. Main: Fischer Taschenbuch Verlag, S. 339. [Ersterschienen 1934, Moskau]

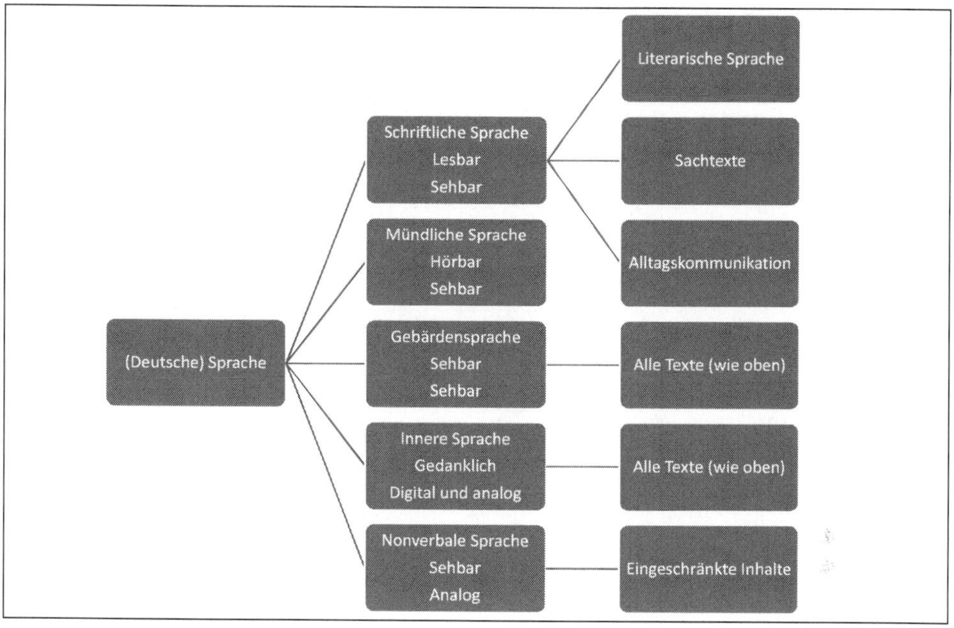

Formen der Kommunikation

Um das Verständnis des Wygotski-Textes abzusichern, können die Schülerinnen und Schüler Fragen beantworten wie:

- Welche Formen der Sprache unterscheidet Wygotski?
- Was könnte der Begriff *prädikative Aussagen* bedeuten? Wann verwenden wir solche Aussagen?
- Wie häufig sind die Aussagen mit Auslassungen (Ellipsen) in den benannten Sprachformen?
- An wen richten sich die Sprachformen (Adressaten: Leser, ein Hörer, das Selbst/ Ich)?

Daran anknüpfend können sie dazu aufgefordert werden, eine Tabelle oder Skizze zu dem Text anzufertigen, die folgende Inhalte haben kann:

Form der Sprache	Rezipient	Umstände/Situation	Leerstellen
Schriftliche Sprache	Leser	Basiert auf allgemeinen und gemeinsamen Erfahrungen	Ellipsen selten möglich, wenn, dann bei gemeinsamem Erfahrungshintergrund
Mündliche Sprache	Hörer	s. o.	Ellipsen im Dialog über Präsentes und bei gemeinsamem Erfahrungshintergrund möglich
Innere Sprache	das Selbst	Basiert auf der inneren Präsenz von Umständen	Ellipsen sind umfassend möglich

Weiterführende Fragen können sein:

- Kann die Gebärdensprache in dieses System eingeordnet werden?
- Wie könnte man den Empfänger der Gebärdensprache bezeichnen?

Form der Sprache	Rezipient	Umstände/Situation	Leerstellen
Gebärdensprache	Sehender Rezipient	Allgemeiner und gemeinsamer Erfahrungshintergrund	Ellipsen im Dialog über Präsentes und bei gemeinsamem Erfahrungshintergrund

Die von Wygotski genutzten Schlüsselbegriffe *Identität, innere Sprache, individueller Geist* können an der Tafel festgehalten und um verknüpfende Ideen der Schülerinnen und Schüler ergänzt werden, indem z. B. die Frage diskutiert wird, warum *Identität* vor allem mit der inneren Sprache in Verbindung gebracht wird.

Im Anschluss können die Schüler und Schülerinnen Informationen zur Person Wygotski und der Bedeutung seines Werks recherchieren und zusammentragen. Sie werden entdecken, dass Lew Semjonowitsch Wygotski ein sowjetischer Psychologe war, der sich unter anderem mit der Verbindung von Denken und Sprechen auseinandergesetzt, zur Entwicklungspsychologie des Kindes allgemein und zur „Defektologie" geforscht – wie die wissenschaftliche Beschäftigung mit Menschen mit Behinderungen in Russland bezeichnet wurde – und das Bildungssystem der Sowjetunion nachhaltig beeinflusst hat. Auch kann der Frage nachgegangen werden, welchen Zusammenhang Wygotski zwischen Sprechen und Denken als soziale Formen sieht. Hier wäre es möglich, eine Expertengruppe weitere Informationen aus dem Internet/aus verschiedenen Lexika zusammentragen zu lassen.

Ergänzender Hinweis: Denken Gehörloser ohne Sprachbesitz

Soll für die Oberstufe der Zusammenhang zwischen Sprache und Denken vertieft werden, können hier Texte aus der Psychologie und der Philosophie herangezogen werden. Hier ist auch ein fächerübergreifender Unterricht denkbar. Gut fassliche Texte finden sich bei Sacks. Ein Beispiel:

Das Denken von D'Erstrella, einem Gehörlosen, der erst mit 9 Jahren die Gebärden- und Schriftsprache erlernte und sich vorher mit Spontangesten verständigte, beschreibt Sacks auf Grundlage eines Buchs von William James wie folgt:

> „D'Erstrella betont, selbstverständlich habe er auch vor dem Erlernen der formalen Sprache gedacht, seine Gedanken seien weitläufig, wenn auch in Bilder gekleidet gewesen und Sprache diene ihm dazu, seine Gedanken ‚auszuarbeiten', ohne jedoch für das Denken wirklich erforderlich zu sein. (…) Doch auch wenn das Denken die Sprache und überhaupt jede Darstellungsform transzendiert, erschafft es diese dennoch und ist in seiner Entfaltung auf sie angewiesen."[145]

145 Oliver Sacks (2015): Stumme Stimmen, a. a. O. S. 70 f.

Der Aufsatz von William James[146] ist im Internet zugänglich und könnte auch im fächerübergreifenden Unterricht verwendet werden.

In einem Werk aus dem Bereich der Psychologie, das einsetzbar wäre, schreiben Hannes Radoczy und Daniel Haun:

> „Einen etwas subtileren Vergleich bieten gehörlose Kinder gehörloser Eltern (Gebärdensprache ist die Muttersprache) und gehörlose Kinder hörender Eltern (die sprachlich stark eingeschränkt sind, da sie zunächst weder die Gebärdensprache noch eine gesprochene Sprache als Muttersprache kompetent erwerben). Auch hier ist der Erwerb von Überzeugungskonzepten bei gehörlosen Kindern hörender Eltern in etwa so stark verzögert, wie ihre Sprachentwicklung, während gehörlose Kinder gehörloser Eltern in ihrer Theory-of-Mind-Entwicklung unbeeinträchtigt sind."[147]

Erläuterung: Mit Überzeugungskonzepten sind Überredungsstrategien gemeint, die die ersten Kausaläußerungen von Kindern enthalten (… weil ich das nicht will, weil das blöd/gemein/ungerecht ist, denn/weil Marie darf das auch etc.)

Mit *Theory of Mind* wird das Wissen um die Kognition und Befindlichkeit anderer Personen bezeichnet, also z. B. das Wissen um die Meinungen der Eltern und darüber wie sie beeinflusst werden können.

Von T. C. Boyle als Motto genutzter Gedichtauszug von Dylan Thomas:

> „Der Menschen Sprache lernte ich und zwängte die Gedanken
> Ins steinige Idiom des schalen Hirns …
> Des Wollens Worte lernte ich und hatte mein Geheimnis;
> Auf meiner Zunge lag der Code der Nacht;
> Was eins gewesen war, sprach nun mit vielen Stimmen".[148]

Über eine Gedichtanalyse, wie sie in der Sek. I in verschiedenen Jahrgangsstufen im Fach Deutsch bzw. im fremdsprachlichen Unterricht erprobt wird, kann die auffällig bildhafte Sprache des Gedichts thematisiert werden. Hier kann die Analyse einzelner Strophen hinsichtlich des Reimschemas und der zentralen Aussage bzw. möglichen Intention des Gedichts erfolgen. Folgende Fragen können Schülerinnen und Schüler erarbeiten:

---

146 William James (1893): Thought before language: A Deaf-Mute's Recollections. In: American Annals of the Deaf 38, Nr. 3 S. 135–145. Unter: https://archive.org/stream/americanannalsdo4deafgoog/americanannalsdo4deafgoog_djvu.txt [10.03.2017]

147 Hannes Radoczy/Daniel Haun (2012): Vorsprachliche Kognition und Sprache. In: Wolfgang Schneider/Ulman Lindenberger: Entwicklungspsychologie. München: Belz. S. 361.

148 Dylan Thomas (1953): From love's first fever to her plague. In: James Laughlin (Hrsg.): The collected poems of Dylan Thomas. New York: New Directions Books. S. 24. Das komplette Gedicht ist im Anhang im Original abgedruckt.

- Wie ist der erste Eindruck?
- Was lösen die Zeilen für Empfindungen und Gedanken aus?
- Was bleibt unklar?
- Gibt es ein lyrisches Ich?
- Wie ist die äußere Form des Gedichts?
- Gibt es einen bestimmten Rhythmus und ein bestimmtesVersmaß?
- Werden klangliche Auffälligkeiten genutzt?
- Welche sprachlichen Bilder und Gestaltungsmittel fallen auf?
- Gibt es einen Zusammenhang zwischen Form und Inhalt?

Wenn die Schülerinnen und Schüler versuchen, das Gedicht zu deuten, könnten sie herausfinden, dass es thematisch um Liebe, Adoleszenz, aber auch Bewusstwerdung kreist. Aber was hat das mit dem Thema des Romans zu tun? Und warum hat T. C. Boyle dieses Motto für seinen Roman *Talk talk* ausgewählt?

Wenn im Unterricht das komplette Gedicht besprochen werden soll, könnten einzelne Passagen von Schülergruppen szenisch gelesen werden. Dabei soll darauf geachtet werden, dass das Gedicht mit jeweils unterschiedlichem Gefühl/Ausdruck vorgetragen wird. Was ändert sich dadurch an der Stimmung des Gedichts? Inwieweit wird ein anderer (Interpretations-)Schwerpunkt gesetzt? Auch könnten weitere Gruppen versuchen, die szenische Lesung mit einer Hintergrundmusik/mit Hintergrundgeräuschen zu versehen, die wiederum Aspekte der Interpretation betonen oder konterkarieren.

Zu Dylan Thomas können Expertengruppen herausfinden, dass er ein bekannter amerikanischer Dichter war, der für seine bildhafte Sprache und Experimente mit Polyphonie, also Mehrstimmigkeit, bekannt war. Ein Autor notiert unter dem Titel „Dylan Thomas. Hund unter der Haut" im Jahr 1956 über eine Inszenierung des Autors folgendes:

> „Das wesentliche Ereignis des Stücks aber ist seine Sprache, die Luft ‚eine große Ohrenlust' nannte: eine ‚krause, weltverliebte, von barocken Wortballungen schäumende Dichtung'. Anders als Thornton Wilders Schauspiel ‚Unsere kleine Stadt' wird das Kleinstadt-Stück des Walisers Dylan Thomas von keiner auch noch so dünnen Handlung vorangetragen, sondern allein von einer in Lautmalerei verliebten, mit Klangzeichen und Assoziationen magisch arbeitenden Wortmusik. Von ihr hat der (...) ehemalige Berliner Reporter Paul Marcus gesagt: ‚Thomas' Sprache läßt sich auch mit den Ohren sehen.' Pem blieb nicht als einziger kritisch vor dem Edinburgher Versuch, ein reines ‚Spiel für Stimmen', eine Funkdichtung also, auf die Bühnenbretter und damit ins Sichtbare zu heben."[149]

Es ist spannend, diesen kurzen Textauszug zu nutzen, um über die verwendeten Begriffe „Lautmalerei", „Wortmusik" und „Klangzeichen" und ihren Bezug zum Hören zu sprechen. Inwieweit lässt sich Sprache „mit den Ohren sehen"?

149 Unter: http://www.spiegel.de/spiegel/print/d-43064857.html (ohne Autorenangabe) [08.01.2017]

Kapitel 1: Danas Verhaftung

Im Anschluss wird über das erste Kapitel des Romans gesprochen, das alle Schülerinnen und Schüler komplett gelesen haben sollten. Als Leser erfährt man erst relativ spät, warum es zu Verständigungsschwierigkeiten zwischen Dana und den Polizisten kommt. Die beschriebene Situation erscheint zunächst beinahe absurd und könnte auch eine Traumsequenz sein. Aussagen wie: „Sie schloß die Augen – eine alte Angewohnheit – und zog sich aus der Welt zurück" (TT, S. 21) weisen ja nicht zwangsläufig auf Gehörlosigkeit hin. Erst im Nachhinein, wenn deutlich wird, dass die Protagonistin gehörlos ist (ebd., S. 21), erschließt sich dieser Satz. Welche Hinweise gibt es im Text auf Gehörlosigkeit? Die Schülerinnen und Schüler können entsprechende Textstellen heraussuchen:

- „Er sagte etwas, sein Kiefer bewegte sich, als kaute er auf einem Stück Knorpel, aber was sagte er?" (ebd., S. 16).
- „Sie sah, wie sein Ausdruck sich veränderte, als sie sprach, aber daran war sie gewöhnt" (ebd., S. 17).
- „Er sagte noch etwas, und diesmal erriet sie es gleich (…)" (ebd.).
- „Er trat einen Schritt zurück und sagte noch etwas – vermutlich, daß er zu seinem Wagen gehen (…) würde" (ebd.).
- „Sie überlegte, wie sie das Problem des Telefonierens lösen könnte" (ebd., S. 18).
- „Sie ließ das Wort über ihre Zunge rollen, Silbe für Silbe (…) und betrachtete im Rückspiegel die Bewegungen ihres Mundes" (ebd.).
- „Vielleicht hatte er ihr Fragen gestellt oder Anweisungen gegeben, vielleicht hatte er seinen Ton gemäßigt, doch sie hatte ihn weder hören noch sein Gesicht sehen können" (ebd., S. 19).
- „Und es war ihr egal, ob ihre Stimme zu laut war, tonlos oder so häßlich, daß die Leute das Gesicht verzogen. Hier und jetzt war es ihr egal, wie ihre Stimme klang." (ebd., S. 20).
- „(Sie) bemühte sich, die Worte möglichst sorgfältig zu artikulieren, obwohl sie nach Atem ringen mußte" (ebd.).

In den Textauszügen werden zahlreiche Aspekte der erschwerten Kommunikation zwischen Hörenden und Gehörlosen angedeutet: Körpersprache, Lippen(ab)lesen, Artikulation, Probleme beim Kommunizieren übers Telefon und die Reaktionen auf die Stimme einer Gehörlosen. Diese Themen können anhand verschiedener methodischer Zugänge im Unterricht besprochen werden.

Produktionsorientierte Verfahren

Standbild/Rollenspiel

Die missglückte Kommunikation von Dana und dem Polizisten könnte in Partnerarbeit in einem Rollenspiel oder Standbild erarbeitet werden. Hier ließe sich auch das hierarchische, asymmetrische Verhältnis visualisieren (Ordnungshüter – Verdächtige).

Storyboard

Eine weitere produktive Möglichkeit besteht darin, die Textstelle von den Schülerinnen und Schülern visualisieren zu lassen, indem sie ein Storyboard zeichnen. Ein Storyboard dient üblicherweise als Vorarbeit für das Drehen eines Films oder Videoclips. Es wird die Kernhandlung einer Szene für die geplante Visualisierungsform gezeichnet. Die Schülerinnen und Schüler müssen sich dazu jeweils für eine bestimmte Perspektive/einen Blickwinkel entscheiden. Dadurch entwickeln sie ein Bewusstsein für die Erzählperspektive der Szene, denn je nach Blickwinkel ändert sich einiges. Für das Storyboard der Szene zwischen Dana und dem Polizisten müssen beispielsweise folgende Fragen geklärt werden:

- Wer dominiert die Szene?
- Wie stehen die Handelnden zueinander?
- Was erschwert die Kommunikation?
- Wie ist das hierarchische Gefälle?
- Welchen Einfluss hat dieses auf den (weiteren) Handlungsverlauf?

In ihren Gruppen verständigen sich die Schülerinnen und Schüler über den Ablauf der Szene und notieren diesen kurz. Für das Storyboard kann Folgendes berücksichtigt werden:

- Stimmung und Inhalt der Szene (Konflikt)
- Ort (Hintergrund)
- Schauplatz (Wetter, Tageszeit, Licht)
- Personen (Merkmale, Kleidung, Requisiten, Mimik, Gestik)

Die Schülerinnen und Schüler zeichnen mindestens eine Variante der Szene als grobe Skizze. Bewegungen können durch Pfeile dargestellt werden. Im Anschluss werden die Storyboards vor der Klasse präsentiert und besprochen.

Durch die Visualisierung kann ebenfalls nachvollzogen werden, welche Entscheidungen der Autor T. C. Boyle beim Schreiben getroffen hat. Denn durch kleine Veränderungen hätte die Szene einen anderen Verlauf nehmen können. Dies kann im Unterricht diskutiert werden.

Abb. 5: Beispiel-Storyboard

Alternativ zum Zeichnen eigener Storyboards kann das oben gezeigte Beispiel im Unterricht genutzt werden, um sich den Verlauf der Szene und die Kommunikationssituation bewusst zu machen.

Schreibaufgabe

Aus der Perspektive Danas kann ein Brief geschrieben werden, der die Ereignisse an diesem Morgen darstellt. Als Kontrast könnte ein Brief/ein Bericht aus dem Blickwinkel des Polizisten verfasst werden. Hier könnten sich folgende Fragen klären: Warum benimmt er sich so auffällig? Wie hängen Danas vermutete kriminelle Vergangenheit und ihre für den Polizisten ungewohnte Art der Kommunikation miteinander zusammen?

Interessant ist in Kapitel 1 auch der häufige Hinweis auf sprachliche Phänomene und Fachterminologie, z. B. „Wörter mit germanischen Wurzeln“ (TT, S. 16), „Exophtalmus“ (TT, S. 17 = ein Hervorteten des Augapfels oder umgangssprachlich „Glupschauge“). Welche zusätzliche Bedeutung erhalten hier Sprache und Worte? Eröffnet der Autor hier eine (philosophische) Metaebene über Sprache? Und inwiefern korrespondieren die Fachbegriffe mit Danas Charakter und der kuriosen Situation, in der sie sich befindet? In Gedanken spielt sie durch, dass der in etwa gleichaltrige Polizist durchaus jemand hätte sein können, mit dem sie in einem Club tanzt. Als sie ihn näher taxiert, bemerkt sie allerdings Folgendes:

> „Seine Augen waren zu groß und standen vor wie bei einem Boston Terrier – wie war noch mal der Fachausdruck dafür? *Exophtalmus*. Trotz der vertrackten Situation verspürte sie kurz eine warme Befriedigung. Aber der Polizist … Zusammen mit den wäßrigen, weinerlichen Augen verlieh das weiche Kinn seinem Gesicht etwas Unfertiges, als wäre er gar kein Gleichaltriger, sondern ein Bürschchen, ein Jüngelchen mit einem zu großen Kopf, das sich, herausgeputzt mit einer geschniegelten Uniform, zum Vertreter der Staatsgewalt aufwarf“ (TT, S. 17).

Dana ist stolz auf ihr umfangreiches Wissen, das auch seltenes Fachvokabular mit einschließt. Zudem bewertet sie hier das Auftreten des Polizisten, der vor allem durch seine Kleidung/Uniform Autorität erhält. Später, während der Polizist sie im Auto warten lässt, um ihre Papiere zu prüfen, bezeichnet sie ihn in Gedanken auch als „Dussel“, „Trottel“, „Schwachkopf“ und „Neandertaler“ (ebd. S. 18).

Ergänzende Hinweise: Wortschatz bei Höreinschränkungen

Menschen mit Höreinschränkungen haben oftmals eine verzögerte Sprachentwicklung, die aber ausgeglichen werden kann. In Hinblick auf den Wortschatz erschließen sich Begriffe, die visualisiert werden können, besonders gut. Für den Zugang zu definierten Wörtern wie Fachwörtern ist die Schriftsprache besonders wichtig, Probleme können dagegen bei Ad-Hoc-Bildungen, umgangssprachlichen Wörtern („Pißwarmer – war das ein angemessenes Wort?“, TT, S. 15), seltenen Redewendungen und bei metaphorischem Sprachgebrauch entstehen, da diese Formen eher selten verschriftet werden und innerhalb der Förderung oft für unbedeutend gehalten werden. Das Bemühen Danas um spezielle Wörter begründet sich daher in ihrer Freude an Präzision und ihrem Wunsch, sie an ihre Schülerinnen und Schüler weiterzugeben.

Als der Polizist Dana Handschellen anlegt, spürt sie „die Verachtung und Wut, und bei den Frikativ- und Plosivlauten hatte sie seinen heißen Atem am Ohr gespürt“(ebd., S. 19). Der Hinweis zu dem sprachlichen Phänomen der „Frikativ- und Plosivlaute“ bedarf für die Schülerinnen und Schüler voraussichtlich einer Erläuterung.

Ergänzende Hinweise: Phonologie, Spür- und Hörbarkeit von Lauten

Wieso werden Frikativ- und Plosivlaute von Dana wahrgenommen?

Spürbarkeit: Bei Frikativen wird der Luftstrom der Artikulation durch eine Enge im Mundraum getrieben, bei Plosiven wird dort ein Verschluss herbeigeführt und dann plötzlich gelöst, wodurch der Sprachlaut entsteht. Beide Lautgruppen erzeugen daher einen spürbaren Luftzug. Die Schülerinnen und Schüler können das nachvollziehen, indem sie sich bei der Artikulation solcher Laute die Hand vor den Mund halten.

Hörbarkeit: Hören verbindet Person und Umwelt. Gegenstand des Hörens sind Schallwellen, sie werden als Wellen, nach Frequenz (Tonhöhe) und Amplitude (Lautstärke) beschrieben.

Die Schallereignisse werden in Geräusche, Töne und Sprache unterteilt. Geräusche sind nicht periodisch, Töne sind weitgehend periodisch und Sprache setzt sich aus Tönen (Vokalen) und geräuschhaltigen Lauten (Nasal, Lateral, Frikativ, Affrikat) und Geräuschen (Plosiven) zusammen. Sprachlaute bilden im Gegensatz zu Tönen, die natürlich auch zur Kommunikation eingesetzt werden, einzelsprachliche Systeme ab.

Die untenstehende Grafik zeigt die Hörbarkeit von Sprachlauten. Sie berücksichtigt die Lautstärke (Ordinate mit dB) und die Frequenz der Schwingungen (Abzisse mit Hz).

Sprachlaute bewegen sich im Tonhöhenbereich von (125 bis) 250 Hz bis 6 000 (bis 8 000) Hz und im Lautstärkebereich von (1 bis) 20 bis 60 (bis 80) dB. In den Klammern finden sich die Werte für Geräusche.

Der untere menschliche Hörbereich ist nicht nur von der Lautstärke, sondern auch von der Schwingungszahl abhängig.

Die Lautstärke, die das menschliche Ohr benötigt, um Geräusche zu erkennen, reicht von ca. 80 dB bei sehr niederfrequenten Geräuschen bis zu ca. 1 dB bei hochfrequenten Lauten. Das bedeutet, dass hochfrequente Sprachlaute wie /f/ oder /s/ auch noch gehört werden, wenn Sie sehr leise sind.

Niederfrequente Sprachlaute wie die Vokale und Nasale /m, n, ng/ werden dagegen nur bei einer höheren Lautstärke gehört.

Die Obergrenze (Schmerzgrenze) liegt bei niederfrequenten Lauten bei ca. 120 dB, bei hochfrequenten Lauten bei 140 dB.

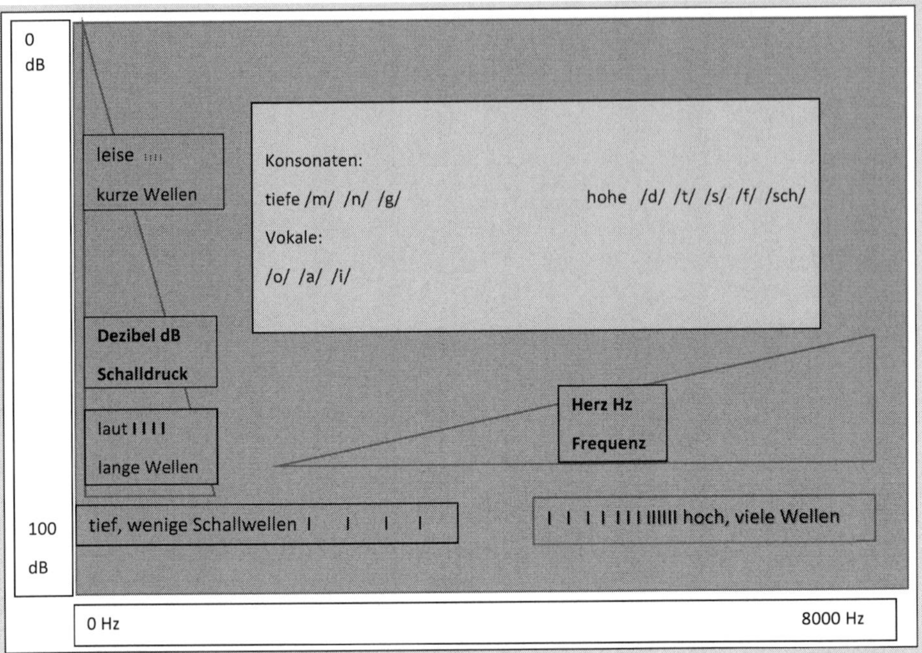

Abb. 6: Das Hörfeld des Menschen mit Vokalen und Konsonanten[150]

Als hochfrequent werden folgende Konsonanten bezeichnet:

- Frikative Laute: /f/, /w/, /s/, /z/, /sch/, /dsch/, /c/, /j/, /x/ (/h/)[151]
- Plosivlaute: /p/, /b/, /t/, /d/, /k/, /g/, /ʔ/[152]

Als niederfrequent werden die nasalen und liquiden Konsonanten, alle Vokale und die Diphthonge bezeichnet:

- Nasale: /m/, /n/, /ng/
- Laterale: /l /, /r /
- Vokale:
  - Grundvokale: /a (:)[153]/, /o (:)/, /u (:)/, /e (:)/, /i (:)/
  - Umlaute: /ä (:)/, /ö (:)/, /ü (:)/
  - Diphthonge: /ai/, /au/, /oi/

Allerdings ist zu berücksichtigen, dass es viele Formen des Hörverlustes gibt und der Hörverlust Laute nicht in einer absehbaren Reihenfolge betrifft, sodass jeder Mensch mit Höreinschränkung anders hört.

150 In Anlehnung an Renzelberg (2011).
151 Frikative, Reibelaute, Engelaute
152 Plosiv, Explosiv, Verschlusslaut
153 (:) steht für die mögliche Länge des Vokals.

Analyse der Kommunikation

Die Schülerinnen und Schüler können hier die Kommunikation zwischen Dana und dem Polizisten analysieren. Dabei sollte ein Schwerpunkt auf die nonverbale Kommunikation gelegt werden. Ergänzend ist Folgendes möglich:

- Durch Hörbeispiele aus dem Internet kann veranschaulicht werden, was bei Höreinschränkungen noch verstanden wird (Fundstellen für Hörbeispiele finden sich in der Literaturliste).
- Auch kann untersucht werden, was sich ändert, sobald der Gebärdendolmetscher hinzukommt. Dana fühlt sich dadurch beispielsweise entlastet und hofft auf eine schnelle Klärung der Situation. (Ein Text zum Übersetzen findet sich im Anhang)

Da hier die physikalische Seite des Hörens angesprochen wird, sollte geklärt werden, ob das Thema Akustik im Physikunterricht bereits behandelt wurde. Zwar mag es zunächst weitreichend scheinen, aber eine Koordination des Themas *Hören* im Deutschunterricht mit dem Thema *Akustik* im Physikunterricht eröffnet für beide Fächer vielversprechende Aspekte. Der Physikunterricht kann einen oft als „trocken" erlebten Lernbereich (Akustik) aufwerten, indem mit der Thematisierung von Sprachlauten lebensweltliche Bezüge hergestellt werden. Hier können folgende Phänomene angesprochen werden:

- Wie wird ein Geräusch, ein Ton und ein Sprachlaut physikalisch definiert?
- Wieso kann man Klänge fühlen?
- Wie wird Sprache sichtbar gemacht?
- Was ist ein Sonagramm? Was ist ein Audiogramm?
- Wie kommen Sprachlaute zustande, was sind Formanten (vgl. Anhang)?
- Warum werden manche Laute als stimmhaft, andere als stimmlos bezeichnet?
- Wie verändert sich die Stimme von Jungen und Mädchen im Stimmbruch, wie lässt sich das physikalisch (und biologisch) erklären?

Auch Aspekte der Berufsorientierung können angesprochen werden:

- Was sind die Aufgaben eines Tontechnikers?
- Was sind die Aufgaben eines Hörgeräteakustikers?

Hierzu finden sich im Anhang zahlreiche Internetquellen, die Auskunft zu Berufen geben, die mit Höreinschränkungen befasst sind.

Der Deutschunterricht kann die auditive (und artikulatorische) Seite von Sprache thematisieren und ein tieferes Verständnis von Stimme und den Varianten von Stimmgebung erreichen. Hier kann folgenden Fragen nachgegangen werden:

- Wie werden die physikalischen Eigenschaften von Sprachlauten in der Alltagssprache wiedergegeben? Hier können Begriffe einander zugeordnet werden wie *Dezibel, Frequenz, hochfrequent, niederfrequent; laut, leise, hoch, tief, zischen, tönen* etc.
- Welche ästhetischen Implikationen verbinden sich mit stimmhaften oder stimmlosen Lauten und wie werden sie in Worte gefasst?

Der Gebärdendolmetscher Charles Iverson verweist auf eine besondere Verantwortung Danas für die Gemeinschaft der Gehörlosen. Hier lassen sich für die Schülerinnen und Schüler gruppenbildende Eigenschaften von Sprache verdeutlichen. Wurden soziolinguistische Themen wie Gruppen- und Jugendsprache bereits behandelt, lässt sich eine Brücke schlagen, ist dies nicht der Fall, kann erkundet werden, was die Gemeinschaft der Gehörlosen ausmacht. Die Schülerinnen und Schüler können selbständig recherchieren und, falls gehörlose Schülerinnen und Schüler in der Klasse vertreten sind, deren Erfahrungen nutzen, wobei sie schnell darauf stoßen werden, dass eine erfolgreiche und als angenehm erfahrene Kommunikation für die Gruppenbildung entscheidend ist.

Ergänzender Hinweis: Sprache und Gruppe II

Pragmalinguistik, Varietätenlinguistik, Soziolinguistik und Ökolinguistik beschäftigen sich mit der Rolle von Sprache bei der Gruppenbildung. (Vgl. Kapitel 4.2.1 Sprache und Gruppe I)

Während die Pragmalinguistik das meist interpersonale Aushandeln von Aktionen in den Vordergrund stellt, wird von der Varietätenlinguistik die Ausformung der Sprache selbst und von der Soziolinguistik der Beitrag von Sprache zum gesellschaftlichen Zusammenleben und dessen Einfluss auf Sprache betrachtet. Die Ökolinguistik fasst den Rahmen noch weiter und beschreibt das Zusammenspiel von Sprachen und die Auswirkungen von Sprache auf gesellschaftliche Problemlagen, aber auch auf sprachliche Aspekte des Zusammenlebens des Menschen mit der Natur.

Gruppensprachen werden nach funktionalen und linguistischen Kriterien beschrieben. Sie dienen der Kommunikation einer sozialen Gruppe und weisen gegenüber der Standardsprache signifikante Unterschiede auf. Das Geflecht der Gruppensprachen, die zusammen mit der Standardsprache das System einer Sprache darstellen, wird durch Varietätenmodelle beschrieben. Diese sind unterschiedlich strukturiert und komplex. Varietätenmodelle sind kein explizit vorgegebener Schulstoff, einzelne Varietäten werden aber in den Curricula explizit erwähnt, so Mündlichkeit und Schriftlichkeit, literarische Sprache, Fachsprache und Jugendsprache.

Varietätenmodelle finden sich im Internet, auch das Modell von Löffler, auf das weiter unten eingegangen wird.

Um zu verdeutlichen, dass es sich bei der Gebärdensprache um eine eigene Sprache handelt, können die Schülerinnen und Schüler – ausgehend von einem allgemeinen Varietätenmodell – ein Modell der Gebärdensprache entwickeln. Hierzu müssen sie überprüfen, ob Varietäten wie die Jugendsprache auch in der Gebärdensprache realisiert werden können. Hier können ihnen die literarischen Texte und Filme Hinweise geben, manches muss aber erfragt werden. Auf diese Weise werden auch die Varietäten als solche deutlicher. Wer wendet sie an, wo werden sie gesprochen, welche sprachlichen Merkmal haben sie?

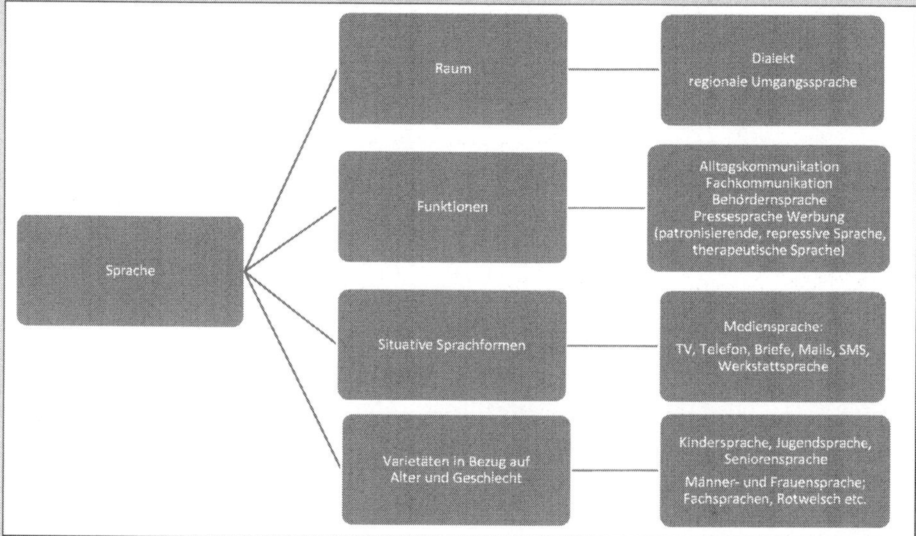

Varietäten der deutschen Sprache und Gebärdensprache in Anlehnung an Heinrich Löffler[154]

Varietäten können nach Aussprache, Lexik, Grammatik, Text und nach dem Sprachstil beschrieben werden. Dabei zeigen sie nicht immer auf allen Ebenen Besonderheiten; die Fachsprache zeigt gegenüber der Alltagssprache keine besondere Aussprache und nur selten besondere Schreibungen wie *Graph vs. Graf.* Dialekte werden selten geschrieben, bestimmte Fachsprachen selten gesprochen. Varietäten können auch nicht immer klar gegeneinander abgegrenzt werden: Ist Kiezdeutsch eine Unterform der Jugendsprache oder eine eigenständige Varietät? Gehört die Behördensprache zu den Fachsprachen oder den Funktiolekten? Auch sind die Varietäten unterschiedlich intensiv untersucht. Unter den Fachsprachen wurden z. B. die Sprache der Medizin und die Arzt-Patientenkommunikation sowie bei den Funktiolekten die auf Herrschaft und Unterdrückung gerichteten Formen vor allem an historischen Beispielen eingehend untersucht.

154 Heinrich Löffler (1994): Germanistische Soziolinguistik. Berlin: Erich Schmidt. S. 87.

Die Funktionen von Gruppensprachen sind:

- die Konstituierung von Gruppen
- die Ausgrenzung von Nichtgruppenmitgliedern
- die effektive und angenehme Kommunikation innerhalb einer Gruppe

Die Ausgrenzung Danas wird in der misslingenden Kommunikation mit dem Polizisten deutlich. Wie sie vor sich geht, wird im Detail beschrieben. Dana versucht, aus ihrem Weltwissen über die Standardsituation *Verkehrskontrolle* auf den Inhalt der Aufforderungen des Polizisten zu schließen, was nur in Ansätzen gelingt. Dargestellt werden Nichtverstehen auf beiden Seiten, missglückte Sprechversuche der Protagonistin und misslingende Kompensationsversuche. Der Versuch, ihre Kenntnis der bei einer Verkehrskontrolle zu erwartenden Fragen eines Polizisten als Verstehenshilfe zu nutzen, zeigt eine misslingende Form des Inferierens. Der Zusammenbruch der Kommunikation zwischen beiden führt dann zu unnötiger Brutalität des verärgerten Polizisten bei der Durchsuchung Danas. Der Ekel, den Dana dabei gegenüber dem Polizisten empfindet, macht sich bezeichnenderweise an seiner Sprache fest, und zwar an der Wahrnehmung der Frikativ- und Plosivlaute, die er bei der Durchsuchung verwendet.

Gruppenbildung und effektive Kommunikation lassen sich im Gespräch zwischen Charles Iverson und Dana erkennen, seine Gebärdensprachkenntnisse lösen bei ihr zunächst Erleichterung aus. Als dann jedoch seine Körpersprache Ablehnung zeigt, wird diese, da sie von einem Gehörlosen kommt, von ihr als besonders gravierend empfunden.

Zum Dolmetschen findet sich ein Text im Anhang, der mit älteren Schülerinnen und Schülern in die Analyse der Passage eingebunden werden kann.

Von den linguistischen Kennzeichen einer Gruppensprache, nonverbale und parasprachliche Äußerungen, Aussprache, Stimmgebung, Sprechgeschwindigkeit, Wortwahl, Grammatik und Textgestaltung, wird im Text zunächst besonders die Lautsprache der Protagonistin aufgegriffen, die den Erwartungen der Hörenden nicht entspricht. Auch die sprachbegleitende Mimik, die ein Problem für Sprecherin und Hörer darstellt, wird thematisiert. Auch im weiteren Text wird beides häufig bedeutsam.

Den Schülerinnen und Schülern kann ein Varietätenmodell vorgestellt werden, im Anschluss können sie gemeinsam mit Schülerinnen und Schülern, die die Gebärdensprache beherrschen, überlegen, ob es auch in der Gebärdensprache Varietäten gibt. Die gefundenen Beispiele könnten sie in ein Modell mit Leerstellen eintragen.

Auch könnte ein Text zur Gebärdensprache und/oder ihre Varietäten verfasst werden, z. B. in Anlehnung an die Kurzbeschreibungen von Michael Hoffmann.[155]

155 Michael Hoffmann (2007): Funktionale Varietäten des Deutschen – kurz gefasst. Potsdam: Universitätsverlag.

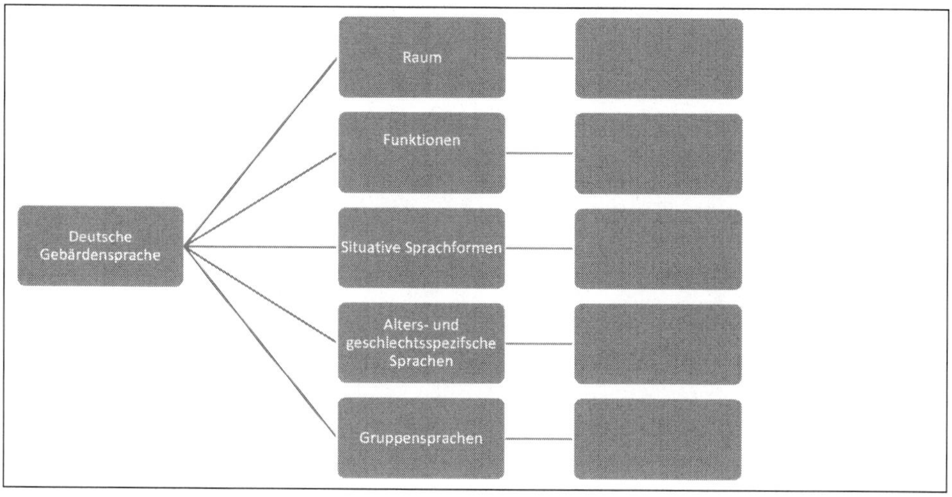

Modell mit Leerstellen

Alternativ können sie ein eigenes Modell entwerfen.

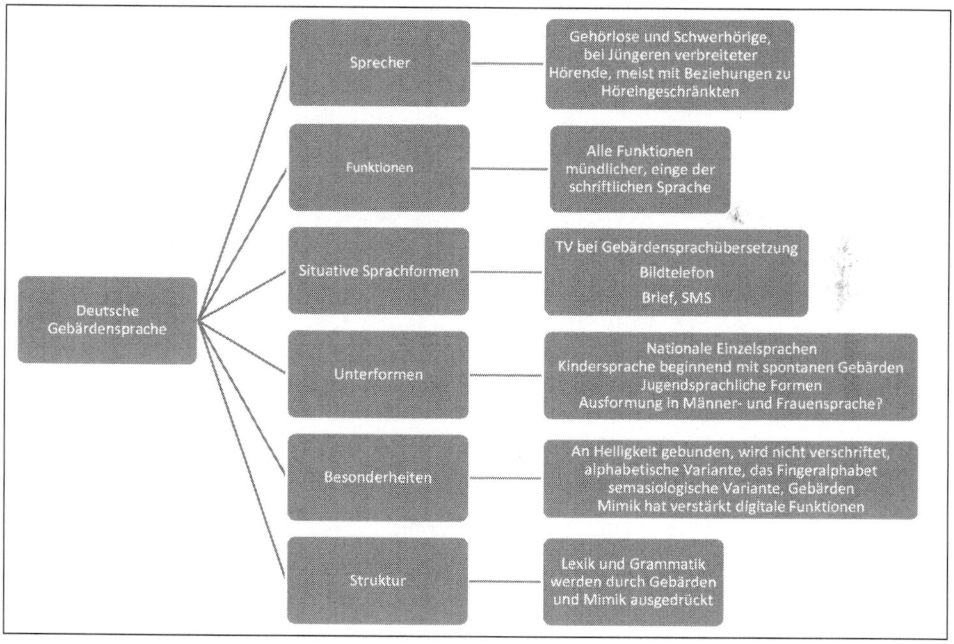

Die Varietät Gebärdensprache, Beschreibungskriterien ergänzt nach Michael Hoffmann[156]

Dieser wendet folgende Beschreibungskriterien an: Funktion, Unterformen, Textsorten, Struktur und Beispiele. Diese Kriterien können die Schülerinnen und Schüler ergänzen. Die Beschreibungen können Gruppen von Schülerinnen und Schülern eigenständig bearbeiten, wobei sie sich einer Internetrecherche bedienen können.

156 Ebd.

Sie können zunächst festlegen, welche Suchbegriffe sie verwenden wollen und wie sie die Suche dokumentieren, dann recherchieren, die Fundorte aufführen und im Anschluss einen Teiltext verfassen, der schließlich auf die anderen Teiltexte abgestimmt wird. Auch ein Aufsatz mit dem Titel „Ist die Gebärdensprache eine eigenständige Sprache?“ oder „Die Gebärdensprache und ihre Varietäten“ ist denkbar.

Die Ergebnisse können ergänzend in einer Grafik wie der obigen zusammengefasst werden.

Kapitel 4: Erste Begegnung zwischen Dana und Bridger (S. 52–57)

Die erste Begegnung zwischen Dana und Bridger ist im Gegensatz zu derjenigen zwischen Dana und dem Polizisten erfolgreich. Beide treffen sich in einer Bar, in der sehr laute Musik gespielt wird: „Der Rhythmus lastete auf allen, als wäre Schall schwerer als Luft, als wäre er ein ganz eigenes Medium: Leim, Blei, vulkanische Asche“ (TT, S. 52). Dieses Zitat kann im Unterricht als Ausgangspunkt für eine Recherche zum Thema Schall dienen. Was bedeutet Schall? Was sind Schallwellen? Welche Bedeutung haben sie im Kontext von Hören?

Ergänzende Hinweise: Schallübertragung

Töne haben bestimmte Frequenzen, die umgangssprachlich als Tonhöhe bezeichnet werden. Aus der Amplitude, dem Ausschlag der Schwingungen, ergibt sich der Schalldruck. Er entsteht, wenn der Schall auf das Trommelfell, aber auch auf Gegenstände einwirkt, in beiden Fällen werden die Schwingungen übernommen. Hochfrequente Töne benötigen einen geringeren Schalldruck als niederfrequente, um für das Ohr wahrnehmbar zu sein.[157]

Da Schallwellen die Ausbreitung von Druckschwankungen im Raum sind, kann untersucht werden, wie der Autor in dieser Szene Physikalisches mit Emotionalem verknüpft. Denn schließlich *empfindet* Bridger den Rhythmus, aber gleichzeitig auch eine bestimmte Anspannung, Unruhe und „Qual der Anziehungskraft“ (TT, S. 52): „Jeder, der ihn betrachtete, hätte sofort gemerkt, dass er Dana anstarrte wie hypnotisiert“ (ebd.). Die Kommunikation zwischen ihm und Dana findet überwiegend nonverbal statt, da es im Raum extrem laut ist. Er ruft ihr zwar etwas zu, „und sie rief etwas zurück (*Mir gefällt die Art, wie du dich bewegst – Gutes Stück, hm? – Wie war noch mal dein Name?*“, ebd., S. 53), deutet/interpretiert/spekuliert aber mehr, als dass er tatsächlich akustisch etwas wahrnimmt. „(…) ihr Gesicht öffnete sich ihm,

157 Vgl. Carus Christian Becker/Mike Wendt (2017): Allgemeine Psychologie. Springer Verlag, Berlin, S. 161 ff. Unter: https://books.google.de/books?id=vJQNDgAAQBAJ&pg=PA161&lpg=PA161&dq; vgl. hierzu auch: http://www.digitalefolien.de/biologie/mensch/sinne/schall.html [01.04.2017]

das ausdrucksstärkste, sinnlichste, hübscheste Gesicht, das er je gesehen hatte, und ja, er bemerkte den Akzent, hielt ihn aber für skandinavisch oder vielleicht osteuropäisch" (ebd.). Bridger deutet ihre Mimik, die besonders geschult ist, und ihre Art zu sprechen auf seine Weise, weil er im Begriff ist, sich zu verlieben. Dass eine Höreinschränkung der Grund für diese Besonderheiten sein könnte, kommt ihm zu diesem Zeitpunkt nicht in den Sinn.

Filmische Umsetzung in Form eines Musikvideos

Die Szene in der Bar könnte im Unterricht in eine filmische Umsetzung in Form eines Musikvideos transformiert werden. Dies sollte als Projektarbeit angelegt sein, da mehr Zeit eingeplant werden muss als etwa eine Doppelstunde. Viele populäre und den Schülerinnen und Schülern zumeist gut bekannte Musikvideos erzählen Geschichten. Im Unterricht soll die Begegnung zwischen Dana und Bridger, die ja der Start einer Liebesgeschichte ist, als Musikvideo präsentiert werden, wodurch gleichzeitig die anwendungsorientierte Medienkompetenz der Schülerinnen und Schüler geschult und ihnen vertraute Medien wie das Smartphone genutzt werden, sodass keine Kameras oder Schnittprogramme nötig sind. Dazu bieten sich verschiedene kostenlos verfügbare Apps an.[158] Vorab muss der Videoclip in Gruppen von den Schülerinnen und Schülern kleinschrittig geplant und entweder in einem Storyboard (vgl. Szene zwischen Dana und dem Polizisten) oder in einem Exposé festgehalten werden.

Exposé

Ein Exposé dient, wie das Storyboard, als Vorform eines Drehbuchs und ist ein kurzer Text, welcher der späteren filmischen Realisation zugrunde liegt. Im Exposé werden die Charaktere, die Handlung und die Schauplätze vorgestellt. Dabei werden vorab auch mögliche Kameraperspektiven besprochen. Folgende Leitfragen können den Schülerinnen und Schülern behilflich sein:

- Was ist die grundlegende Handlung?
- Wer sind die agierenden Charaktere?
- Wo liegen Beginn und Ende des Films?
- Gibt es dramaturgische Wendepunkte?
- Gibt es einen roten Faden?
- Was ist die Kernaussage des Films?

Gemeinsam müssen sich die Schülerinnen und Schüler darüber austauschen, wer die Figuren spielt, wer für die Kulisse verantwortlich ist, wer für die Musik usw.

---

158 Vgl. hierzu den Unterrichtsimpuls von Julian Eilmann, der auf die App VideoFX aufmerksam macht: Musikvideos mit dem Smartphone drehen, in: Deutschunterricht 2/2015, S. 49–52.

Vertonung

Welche Art der Vertonung soll gewählt werden? Da Musik verschiedene Emotionen transportieren kann (z. B. Freude, Trauer, Wut), muss genau bedacht werden, ob z. B. eine langsame Musik als Liebes- oder Abschiedsthema genutzt wird. Im Gegensatz zur Musik vermitteln Bilder oft eine konkretere Aussage. Durch die Wechselwirkung von Musik und Bild im Video entsteht schließlich etwas Neues. Bei den Schülerinnen und Schülern kann durch die Auseinandersetzung mit dieser Wechselwirkung das Bewusstsein entwickelt werden, dass Filmmusik eine semantische und formale Funktion einnehmen kann. Ein semantischer Bezug kann die Untermalung der Stimmung einer Szene sein, eine Musik, die auf Orte, Räume und Zeiten hinweist oder die Bewegung eines Bildes nachzeichnet. Eine formale Funktion übt Musik aus, wenn sie den Spannungsaufbau und Höhepunkt einer Szene kennzeichnet, also dramaturgisch „mitschwingt".[159] Selbstverständlich können die Schülerinnen und Schüler auch selbst Musik einspielen und mit Klängen experimentieren.

Zum Schluss sollten die einzelnen Gruppen eine Untertitelung bzw. Closed Caption des Videos erarbeiten (vgl. hierzu auch Kap. 5.1.3), damit alle, auch die höreingeschränkten Schülerinnen und Schüler, die Dialoge bzw. (Lied-)Texte und Atmosphäre der Musik erfassen können.

Schreibaufgabe

Die Schülerinnen und Schüler können überlegen, wie die Kommunikation zwischen Bridger und Dana in einem Chatroom oder per SMS ablaufen würde und in Gruppen verschiedene Entwürfe erstellen.

Kapitel 4: Dana vor Gericht (S. 61–64)

Ebenfalls im 4. Kapitel findet sich eine Szene vor Gericht (TT, S. 61–64), bei der Anklage gegen Dana erhoben werden soll. Bridger ist schon morgens im Gerichtssaal und kann Dana zunächst nicht entdecken, dafür beobachtet er das Geschehen und die Signale, die ausgesendet werden, sehr genau. Dabei werden folgende Aspekte hervorgehoben:

Bekleidung

> „(Die bereits vorgeführten Beschuldigten) waren frisch gewaschen und dem Anlaß entsprechend sorgfältig gekleidet: Die Männer trugen saubere, gebügelte Hemden (manche hatten sich sogar fügsam eine Krawatte umgebunden) (…). Es waren die Leute, die wegen Ruhestörung, Trunkenheit in der Öffentlichkeit, häuslicher Auseinandersetzungen oder

159 Vgl. hierzu den Beitrag von Liane Schüller/Bianca Weber: Erzählgedichte medial transformieren. In: Deutschunterricht 3/2017. S. 36–41.

Trunkenheit am Steuer verhaftet, aber gegen Kaution freigelassen worden waren (...)" (TT, S. 61).

Gesichtsausdruck

„Zu dem Justizwachtmeister hatte sich ein Kollege gesellt – das gleiche Hemd, das gleiche Funkgerät, aber kleiner und dunkler, mit einem harten, stechenden Blick" (ebd.).

„Es war ein interessantes Gesicht, voll Mitgefühl, ja Güte, mit melancholisch blickenden Augen, geschmackvollem Make-up und geschmackvoller Frisur" (ebd.).

Verhalten im Raum

„(...) die beiden standen da wie Leibwächter, während die Gerichtsbeamten von links auftraten, als wäre dies die erste Szene eines Theaterstücks (...)" (ebd.).

Als Dana schließlich am Nachmittag vor der Richterin erscheint, ist sie das „Gegenstück" zu den auf Kaution Freigelassenen:

„Wenn man ein Wochenende im Gefängnis verbracht hatte, sah man – so unschuldig man auch sein mochte – wie ein Verbrecher aus (...). Man war schmutzig und gebrochen, und auch wenn man nicht schuldig im Sinne der Anklage war, so war man doch schuldig, angeklagt zu sein, teilnahmslos, hoffnungslos, schmutzig und isoliert" (ebd., S. 63).

Verbale Äußerungen werden in dieser Passage der Szene nicht ausgeführt. So kann mit den Schülerinnen und Schülern erarbeitet werden, dass die Meinungsbildung über Menschen und Sachverhalte nicht ausschließlich vom Gesprochenen abhängt, sondern auch von deren Aussehen und sonstigem Verhalten.

Auch das Thema der asymmetrischen Kommunikation kann hier angesprochen werden, daran, wie Angeklagte im Gerichtssaal aufgerufen werden. In Zusammenhang mit der für die Klassen 11 und 12/13 vorgesehenen Einführung von Kommunikationsmodellen können hier die Axiome von Paul Watzlawick thematisiert werden.

Ergänzender Hinweis: Die fünf Axiome zur Kommunikation von Paul Watzlawick et al.

Wurden die Axiome bereits im Unterricht behandelt, können sie wiederholt und auf die Szene angewendet werden. Sind sie noch unbekannt, können Schülerinnen und Schüler sie unschwer anhand von Quellen im Internet ermitteln.

Watzlawick schreibt zu den „Pragmatischen Axiomen":

1. Axiom: „Die Unmöglichkeit nicht zu kommunizieren (...). Der Mann im überfüllten Wartesaal, der vor sich auf den Boden starrt oder mit geschlossenen Augen dasitzt, teilt den anderen mit, daß er weder sprechen noch

angesprochen werden will und gewöhnlich reagieren seine Nachbarn richtig darauf, indem sie ihn in Ruhe lassen".[160]

2. Axiom: „Die Inhalts- und Beziehungsaspekte der Kommunikation (…). Wenn Frau A auf Frau B's Halskette deutet und fragt: ‚Sind das echte Perlen?', so ist der Inhalt ihrer Frage ein Ersuchen um Information über ein Objekt. Gleichzeitig definiert sie aber auch – und sie kann es nicht *nicht* tun – ihre Beziehung zu Frau B."[161]
3. Axiom: „Die Interpunktion von Ereignisfolgen (…). Jeder Teilnehmer an (…) Interaktion muß ihr jedoch unvermeidlich eine Struktur zugrunde legen (…). So bringt die Zugehörigkeit zu einer bestimmten Kultur auch ganz bestimmte ihr eigene Interpunktionsweisen mit sich, die zur Regulierung dessen dienen, was – aus welchen Gründen auch immer – als richtiges Verhalten betrachtet wird. (…) Diskrepanzen in der Interpunktion sind die Wurzel vieler Beziehungskonflikte."[162]
4. Axiom: „Digitale und analoge Kommunikation (…). Es gibt zwei grundsätzlich verschiedene Weisen, in denen Objekte dargestellt und damit zum Gegenstand von Kommunikation werden können. Sie lassen sich entweder durch eine Analogie (z. B. eine Zeichnung) ausdrücken oder durch einen Namen."[163]

Der Text eignet sich gut für eine Wiederholung oder Neueinführung der Axiome, die Schülerinnen und Schüler können den Axiomen Textpassagen zuordnen oder es können ihnen Textstellen an die Hand gegeben werden, die sie zuordnen sollen.

1. Axiom: Obwohl Dana Bridger im Gerichtssaal zunächst nicht wahrnimmt, löst ihre Erscheinung bei ihm eine heftige Reaktion aus: „In diesem Augenblick gelobte er, diese Sache nie, niemals auf sich beruhen zulassen, ganz gleich, wieviel Zeit vergehen mochte" (TT, S. 63).
2. Axiom: Die nonverbalen Signale der Richterin verändern sich im Laufe des Tages: „Sie zog die Augenbrauen zusammen, (…) die Stirn unter dem professionell getönten, und gefönten, locker fallenden Haar gerunzelt, ‚Nun gut, Frau Anwältin', sagte sie und stieß einen verärgerten Seufzer aus (…)" (ebd., S. 64).
3. Axiom: Hier lassen sich die ritualisierten Regelabläufe im Gerichtssaal als Beispiel heranziehen: „Als die Richterin ihren Namen aufrief, erhob sich Dana und sagte mit zu lauter Stimme, die vom einen Ende des Saales zum anderen ertönte, sie sei anwesend, und neben ihr stand ihre Pflichtverteidigerin (…) und antwortete mit einem hohen Singsang im Tone eine Litanei. ‚Euer Ehren', begann

160 Paul Watzlawick/Janet H. Beavin Bavelas/Don D. Jackson (1968): Menschliche Kommunikation. Formen, Störungen, Paradoxien. Bern: Huber. S. 51.

161 Ebd. S. 54.

162 Ebd. S. 57 f.

163 Ebd. S. 66 f.

sie, und es war eine Darbietung, die sie bei hundert Gerichtsverhandlungen an Nachmittagen wie diesem eingeübt hatte (...)" (ebd., S. 63).

4. Axiom: Die emotionale Kraft analoger Ausdrucksmittel zeigt sich in dem Blick, den Dana Bridger am Ende der Szene doch noch zuwirft: „Endlich fiel Danas Blick auf ihn (...), doch aus ihrem Gesicht sprachen weder Liebe noch Dankbarkeit oder Erleichterung. Sie sah ihm in die Augen, es war ein brennender, bohrender Blick, und dann wandte sie sich ab" (ebd., S. 64). Die informative Kraft der Verbalsprache zeigt sich in der abschließenden Äußerung der Richterin: „(...) wenn Sie irgendetwas Verwertbares haben, sehen wir weiter" (ebd.). Obwohl diese Äußerung vieles im Impliziten lässt, ist sie so in ein Sprach- und Verfahrensgeflecht eingebunden, dass sie eine klare Handlungsanweisung an die Verteidigerin und eine Prognose für die weitere Zukunft Danas darstellt.

Auch für dieses Axiom stellt die obige Szene ein Beispiel dar und zwar für komplementäre (asymmetrische, hierarchische) Kommunikation. Danas Rede- und Fragebedarf wird von der Verteidigerin und der Richterin übergangen, wie sehr sie darunter leidet, wird einige Seiten später deutlich: „(...) als sie auf der Anklagebank saß, empfand sie dieselbe Scham und Wut wie am Morgen ihrer Verhaftung, allerdings mindestens um das Zehnfache vergrößert" (ebd., S. 66 f.). Auch fragengeleitetes Arbeiten ist hier möglich.

1. Axiom: Dana schaut Bridger zunächst nicht an, bedeutet das, dass sie nicht kommuniziert? Auf welchen Wegen zieht Bridger Schlüsse über Danas Befinden, welche Rolle spielen hierbei analoge, welche digitale Kommunikationsmittel?
2. Axiom: Wie verändern sich die Beziehungssignale, die die Richterin aussendet? Auf welchen Ebenen (Tonfall, Mimik) liegen diese Signale?
3. Axiom: Wie ist der Ablauf der Kommunikation (bei Watzlawick: Interpunktion) im Gerichtssaal geregelt?
4. Axiom: Welche analogen und welche digitalen Kommunikationsmittel setzt Dana ein, welche Besonderheiten weisen sie auf?
5. Axiom: Welche Kommunikationsform herrscht vor, die symmetrische oder die komplementäre?

Kapitel 5: Konflikt zwischen Dana und ihrem Schulleiter Dr. Koch (S. 75–78)

Dana und Dr. Koch gehen mit unterschiedlichen Voraussetzungen in ihr Gespräch. Sie hat mehrere Stunden Inhaftierung hinter sich und möchte ihre Unschuld erklären. Ihr Vorgesetzter ist wütend, da er Dana als unzuverlässige Angestellte erlebt, die ihren Job nicht ernst nimmt und zu spät kommt.

Schreibaufgabe: Innerer Monolog

Hier bietet es sich an, die Schülerinnen und Schüler einen inneren Monolog aus der Perspektive Danas bzw. Dr. Kochs schreiben zu lassen. „Für das Schreiben eines inneren Monologs sind insbesondere Textstellen interessant, bei denen sich eine Figur in einer Entscheidungssituation befindet oder von einem verstörenden Erlebnis betroffen ist".[164] Dies trifft auf beide Figuren zu. Wenn man mehrere Fassungen der inneren Monologe der Schülerinnen und Schüler miteinander vergleicht, kommt man möglicherweise der unkontrollierten Dynamik auf die Spur, die sich durch das Gespräch zwischen Dana und Dr. Koch entwickelt. Plötzlich geht es um das Thema Schuld. Interessant ist, dass Dana äußerst aufgebracht und emotional reagiert, indem sie den Stuhl umwirft, als sie unvermittelt aufsteht, Dr. Koch jedoch zunächst vollkommen ruhig bleibt:

> „Er musterte sie unverwandt, die Hände auf seinem Schreibtisch gefaltet. Er konnte hören, aber er war sein Leben lang in der Gehörbildung tätig gewesen und beherrschte die Gebärdensprache so gut wie ein Gehörloser, nur daß sie bei ihm jeden persönlichen Ausdruck vermissen ließ. Den konnte man nicht lernen, soweit Dana wußte" (TT, S. 77).

Ergänzender Hinweis: Persönlicher Ausdruck in der Gebärdensprache

Persönlicher Ausdruck kommt in der Lautsprache durch grammatische Konstruktionen, Wort- und Ausdruckwahl und vor allem durch die Stimmführung zum Ausdruck. In der Gebärdensprache wird der persönliche Stil durch die Wahl der Gebärden, durch ihre Anordnung und vor allem durch die Mimik zum Ausdruck gebracht.

> „Die Gebärdensprache bewahrt und betont immer ihre beiden Gesichter – das ikonische und das abstrakte gleichermaßen und in gegenseitiger Ergänzung – und kann so, während sie sich zu den abstraktesten Aussagen, zu der umfassendsten Reflexion der Realität aufschwingt, zugleich auch eine Konkretheit vermitteln, die den Lautsprachen, falls sie sie je besessen haben, längst abhanden gekommen ist".[165]

Schließlich eskaliert das Gespräch. Auch Dr. Koch wird wütend und betont das Abhängigkeitsverhältnis, in dem Dana zu ihm steht. Voller Empörung verlässt sie den Raum und lässt ihren Vorgesetzten zurück.

164 Kaspar H. Spinner (2015): Lesen – mit Texten umgehen, a. a. O. S. 99.

165 Oliver Sacks (2015): Stumme Stimmen, a. a. O. S. 179.

Einen Comic zeichnen

Die Schülerinnen und Schüler können den Gesprächsverlauf oder einen ausgewählten Moment der Szene versuchen nachzuvollziehen, indem sie ihn als Comic visualisieren. Dadurch machen sie sich den Ablauf des Gesprächs bzw. die Atmosphäre bewusst.

Abb. 7a: Beispiel-Comic: Dana und Dr. Koch

Abb. 7b: Beispiel-Comic: Eskalation

Die Ausdrucksmöglichkeiten und Codes von Comics und Graphic Novels sind vielen Schülerinnen und Schülern bekannt. Hier können sie mit Sprechblasen, Lautmalerei und Größenverhältnissen arbeiten und experimentieren, die das asymmetrische Verhältnis und die misslungene Kommunikation der beiden Gesprächsteilnehmer verdeutlichen.

Alternativ könnte auch ein Entwurf für einen gelungenen Austausch zwischen Dana und Dr. Koch entworfen werden.

Ergänzender Hinweis: Konfliktgespräche[166]

Konfliktgespräche zeichnen sich durch deutliche Abweichungen von dem in Kapitel 4.2.1 dargestellten Normalverlauf aus. Das bezieht sich auf alle Phasen des Gesprächs. In der Gesprächseröffnung lassen sich oft Verzögerungen beobachten, dann werden die gegensätzlichen Meinungen, Vorwürfe und Gegenvorwürfe ausgetauscht.

Im Hauptteil ist das Verhältnis der Gesprächsteilnehmer unkooperativ, beleidigt und beleidigend oder aggressiv, es fallen Äußerungen der Betroffenheit, weitere Vorwürfe und Rechtfertigungen, Eskalations- und Deeskalationsphasen lösen sich ab.

Das Gesprächsende kann in einer Renormalisierung bestehen, in der sich die Lösungsbereitschaft zeigt und das Vorgefallene oft unter diesem Aspekt reinterpretiert wird.

Verständnis für die Position des Anderen kann signalisiert werden und Eingeständnisse, Kompromissangebote und Aushandlungsprozesse einleiten. Auch Selbstvorwürfe, Entschuldigungen und Loben des Partners gehören zur Deeskalation. Zu einer expliziten Konfliktbeilegung gehören eine Ratifizierung der Ergebnisse und die Entwicklung von Perspektiven. War der Konflikt weniger schwer, können Scherze oder der Wechsel zu einem nicht konfliktträchtigen Thema die Streitsequenz beenden.

Ist das Gesprächsende nicht einvernehmlich, kann es sein, dass Gesprächspartner sich anschreien, was oft mit heftigen Bewegungen und dem Erzeugen von Lärm einhergeht, wie auf den Tisch schlagen oder Türschlagen, auch können sie abrupt den Raum verlassen. Ist ein Verlassen des Raums nicht möglich, kann es zum Kommunikationsabbruch und beleidigtem oder zornigem Schweigen kom-

166 David Klomfaß (2005): Konflikte in politischen Talkshows – Analysen zur Austragung von Dissens am Beispiel der Sendung „Sabine Christiansen". IN: SASI Heft 7, November 2005. Unter: http://noam.uni-muenster.de/sasi/Klomfass_SASI.pdf [03.05.2017]; Helmut Gruber (1996): Streitgespräche. Zur Pragmatik einer Diskursform. Opladen: Springer; Johannes Schwitalla (1987): Sprachliche Mittel der Konfliktreduzierung in Streitgesprächen. In: Gerd Schank/Johannes Schwitalla (Hrsg.): Konflikte in Gesprächen. Tübingen: Narr. S. 99–175. Gerd Fritz/Franz Hundsnurscher (1994) (Hrsg.): Handbuch der Dialoganalyse. Tübingen: De Gruyter.

men. Auch Gewaltanwendung ist möglich, ihr gehen oft heftige Beschimpfungen und Drohgebärden voraus.

Typisch sind im Einzelnen:

- hohe emotionale Beteiligung
- Sprecherwechsel: mit Overlapping (gleichzeitiges Sprechen), sofortiger Sprechwechsel an inhaltlichen Höhepunkten, Unterbrechungen
- Stimme: Heben der Stimme, variante Tonhöhe und Lautstärke, betont rhythmisches Sprechen, Dehnungen
- Gesprächssteuernde Äußerungen („Lass mich aussprechen!“)
- intensiver Blickkontakt, Anstarren, ostentatives Wegsehen
- längere Gesprächspausen
- Lexik: negativ konnotierte Wörter, Schimpfwörter, drastische Metaphern
- Inhalte: Größere Explizitheit, Übertreibung, Generalisierung, Schwarz-weiß-Malerei vor allem bezogen auf die Sprecher, Ironie, Sarkasmus, Ignorieren von gegnerischen Argumenten, Verweigern von Antworten, Wiederholungen, Wiederholungen mit kleinen akzentuierenden Änderungen, Insistieren auf eigenen Äußerungen, keine Abschwächung von Aussagen, markierte Übereinstimmungen („Da sind wir ausnahmsweise einer Meinung!“), Dissens wird nicht markiert – im normalen Gespräch ist es umgekehrt

Die Schülerinnen und Schüler können anhand dieser Szene zusammentragen, welche Besonderheiten das Streitgespräch zeigt. Dabei können sie eine Übersicht wie die obige oder eine Grafik wie die untenstehende zum Ausgangspunkt nehmen oder zusammenstellen.

Besonderheiten: Das Streitgespräch

Alternativ könnten sie die Beschreibung eines Streitgesprächs aus dem Text herleiten.

Gesprächseröffnung

- Verweigern von Antworten: „‚Guten Tag‘, sagte sie laut, aber er antwortete nicht“ (TT, S. 76).
- Vorwurf: „‚Das ist alles sehr unerfreulich‘, sagte er“ (…) (ebd., S. 76).
- Übertreibung: „Eine Katastrophe. Und der Zeitpunkt könnte nicht schlechter gewählt sein (…). Haben Sie überhaupt schon die Abschlussnoten ermittelt?“ (ebd.).
- Emotionale Beteiligung: Dana steht auf und stürzt dabei ihren Stuhl um.

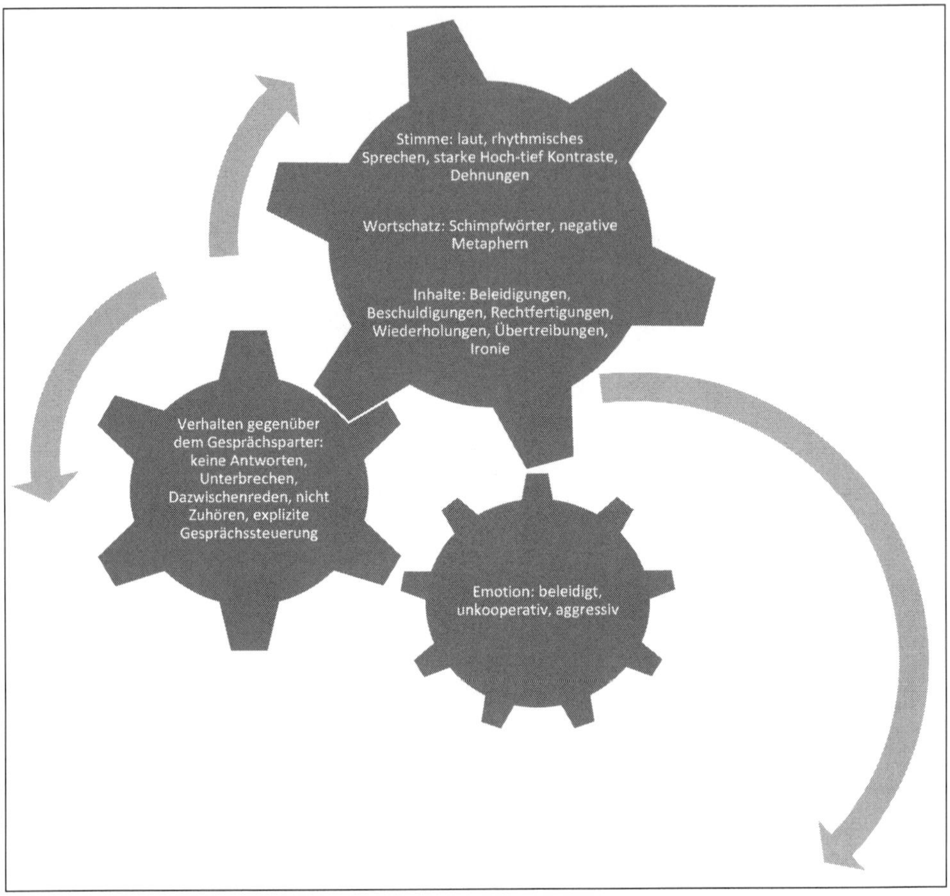

Grafik zum Streitgespräch

Gesprächsmitte

- Gegenvorwurf: „‚Sie reden, als wäre es meine Schuld', gebärdete sie" (ebd., S. 77).
- Intensiver Blickkontakt: „Er musterte sie unverwandt (…)" (ebd., S. 77).
- Gegenvorwurf: „Wer soll denn sonst schuld sein?" (ebd.).
- Rechtfertigung: „Ich war im Gefängnis" (ebd.).
- Ignorieren von gegnerischen Argumenten und Gegenvorwurf: „Ich weiß. Deswegen führen wir ja dieses Gespräch (…). Man kann doch telefonieren (…)" (ebd.).
- Emotionale Beteiligung: „Ihr Ton gefällt mir nicht" (ebd.).
- Emotionale Beteiligung/Wiederholungen mit kleinen akzentuierenden Änderungen: „Ihr Ton gefällt mir auch nicht" (ebd.).

Beendigung mit Eskalation

- „Er schlug mit so großer kinetischer Energie auf die Schreibtischplatte, daß ein Papierstoß sich neigte, und während die Blätter lautlos auf seine Schuhe rieselten, sprang er auf (…)" (ebd., S. 78).

- Gesprächssteuernde Aktion: „,Genug!', rief er (...). *,Ich darf Sie daran erinnern, dass sie eine Angestellte sind – mit einem befristeten Vertrag. Eine Angestellte, die in der Hälfte der Fälle zu spät –'*" (ebd., S. 78).
- Overlapping mit drastischem Wort und Wiederholung: „,Schwachsinn!', sagte sie und wiederholte das Wort mit Nachdruck: ,Schwachsinn!'" (ebd.).
- Gesprächsabbruch mit Türeschlagen: „Dann drehte sie sich um und schlug die Tür mit so viel Schwung hinter sich zu, daß sie das Vibrieren im ganzen Arm spürte (...)" (ebd.).

Hier ist interessant zu beobachten, dass Dr. Koch einen „Ton" moniert, obwohl Dana gebärdet hat, und in diesem Zusammenhang auch, dass Dana in Dr. Kochs Gebärdensprache „jeden persönlichen Ausdruck" (ebd.) vermisst. Sind Schülerinnen und Schüler in der Klasse, die Gebärdensprache verwenden, könnten sie befragt werden, wie ein persönlicher Ausdruck in der Gebärdensprache entsteht.

Hinweise zum fächerübergreifenden Unterricht

Der Gegenstand Höreinschränkungen ist gut als Bindeglied zwischen verschiedenen Fächern geeignet. Zum Fach Physik finden sich in Kap. 4.2.2 einige Hinweise zum Unterrichtsgegenstand Akustik. Auch zum Fach Biologie finden sich bereits Hinweise im Text, die sich auf die organische Seite des Hörvorgangs und auf Reizverarbeitung beziehen (Kap. 4.2.2). Im fremdsprachlichen Unterricht können Fallbeispiele gelesen werden, als Beispiel ist im Text die Veröffentlichung von William James genannt, weitere Literaturhinweise finden sich bei Oliver Sacks.[167] Es können ergänzend Filme angesehen werden, die zum Thema der sogenannten „wilden Kinder" verfügbar sind. In diesem Zusammenhang sind auch Untertitel gut zu thematisieren, da sie Fremdsprachlernern einen Weg ins Hörverstehen ebnen und in dieser Funktion kritisch wahrgenommen werden. In Pädagogik kann die gut dokumentierte Geschichte der Beschulung Höreingeschränkter behandelt werden, ein Gegenstand, der auch in eine allgemeine Betrachtung der Entwicklung und Bedeutung von Bildungssystemen eingebunden werden kann. Im Fach Politik können die konkreten gesellschaftspolitischen Forderungen Gehörloser und Höreingeschränkter in den Gegenstand „Interessensvertretung" eingebunden oder ihre Lobbyarbeit in den Blick genommen werden. Im Fach Religion kann die theologische Diskussion um den Status Gehörloser angesprochen werden, z. B. die Zulassung zu Sakramenten oder ihre Rolle in der Reformationszeit.

167 Oliver Sacks (2015): Stumme Stimmen, a. a. O. S. 231–236.

5. Anregungen für den Unterricht – Filmbeispiele

5.1 Umgang mit Medien

5.1.1 Förderung der Wahrnehmung durch inklusive Filmbildung

Umgang mit Medien im Unterricht bedeutet die Ausbildung verschiedene Kompetenzen bei den Schülerinnen und Schülern, vor allem mit audiovisuellen und auch digitalen Medien. Dies ist in den Kernlehrplänen der unterschiedlichen Schulformen festgeschrieben und mittlerweile auch wesentlicher Bestandteil des Bildungsauftrags, der im Jahr 2012 von der Kultusministerkonferenz der Länder unter anderem für die Förderung von Lernprozessen, die Persönlichkeitsbildung oder für das Urteilsvermögen formuliert wurde.

> „Medienbildung als Lernen mit Medien und Lernen über Medien ist in den Lehr- und Bildungsplänen der Länder zwar durchgängig ausgewiesen, allerdings unterscheiden sich Art, Umfang und Ausführlichkeit der Angaben deutlich. Wünschenswert wären die Aktualisierung und Akzentuierung der Medienbildung in den einzelnen Fächern und die Formulierung eigener fächerübergreifender Kriterien zur Medienbildung.“[168]

Ergänzend wurden neben den Lehr- und Bildungsplänen auch konkrete Handlungsfelder benannt, wie die Lehrerbildung, technische Ausstattung und Support, Datenschutz sowie die Zusammenarbeit mit außerschulischen Kooperationspartnern:

> „Da Medienkompetenz weder durch familiale Erziehung noch durch Sozialisation oder die individuelle Nutzung von Medien in der Freizeit allein erworben werden kann, ist eine grundlegende, umfassende und systematische Medienbildung im Rahmen der schulischen Bildung erforderlich. Zudem ist zeitgemäße Bildung in der Schule nicht ohne Medienbildung denkbar; sie ist als wichtiger Beitrag zu Lernprozessen zu sehen, die aus Wissen und Können, Anwenden und Gestalten sowie Reflektieren, Bewerten, Planen und Handeln erwachsen. Medienkompetenz leistet einen Beitrag zu persönlichen und beruflichen Entwicklungsperspektiven und kann mit Blick auf Medienwirkungs- und Mediennutzungsrisiken präventiv wirken“.[169]

Eine wichtige Voraussetzung in der Schule ist in diesem Kontext ein barrierefreier Zugang für alle Schülerinnen und Schüler zu den unterschiedlichen Medienformen. Dies bedeutet z. B. für Menschen mit Höreinschränkungen, dass Hörhilfen oder mediale Ergänzungen wie Untertitel zur Verfügung stehen müssen. Nur so erhalten alle die Möglichkeit, mit unterschiedlichen technischen Voraussetzungen umzugehen (instrumentelle Medienkompetenz), mit bzw. anhand der Medien zu kommunizieren (interaktive Medienkompetenz), heterogene medial dargebotene Angebote zu analysieren und zu reflektieren (analytische Medienkompetenz) und gegebenenfalls

---

168 https://www.kmk.org/fileadmin/Dateien/veroeffentlichungen_beschluesse/2012/2012_03_08_Medienbildung.pdf [09.04.2017]

169 Ebd.

auch eigenständig Programme und/oder Medienprodukte zu erstellen (produktive Verarbeitungskompetenz).[170]

Im Folgenden wird ein Schwerpunkt auf filmbezogene Unterrichtseinheiten gelegt, die den Schulalltag für alle Beteiligten bereichern können, da der Film verschiedene Wahrnehmungsbereiche anspricht und somit besonders geeignet ist, mehrsinniges Lernen zu unterstützen. Zudem bietet das Medium Film vielfältige Möglichkeiten, die für heterogene Lerngruppen wichtige Projektarbeit zu befördern, in der individuelles und kooperatives Lernen miteinander verbunden werden (vgl. Kap. 4.1.1). So können anhand von filmbasierten Rezeptionsangeboten aktivierende Möglichkeiten gesucht werden, um beispielsweise Teile der Filmhandlung sinnlich zu „übersetzen“[171] – visuell Wahrnehmbares in Wort oder Musik und umgekehrt. Für Schülerinnen und Schüler mit Hörbeeinträchtigungen ist der Weg über die akustische Rezeption erschwert. Daher sollten Wege gesucht werden, „Film auf untypische Weise (…) für sich zu entdecken“, indem z. B. nach Geruchsentsprechungen gesucht wird, „die dem Film zugeordnet werden können“.[172] Für ein solches Projekt würde sich etwa der Film *Das Parfum* von Tom Tykwer[173] anbieten, der auf visueller Ebene versucht, Geruchseindrücke zu vermitteln.

Ergänzende Hinweise: Rezeption von Filmen durch Höreingeschränkte

Höreingeschränkte stehen bei der Filmbetrachtung vor komplexen Anforderungen. Während der Hörende die Bildsprache visuell, den Sprechklang und die Musik dagegen akustisch aufnimmt, erschließt sich dem Höreingeschränkten der Sprechklang nur teilweise über das Hören und er nutzt die visuellen Informationsträger daher anders. Er beobachtet das Mundbild wesentlich intensiver, die angebotenen Untertitel und die filmische Bildsprache werden synchron aufgenommen. Das Gelingen der Rezeption ist daher auch vom Bildmaterial abhängig, zum Beispiel kann eine der interagierenden Personen kein absehbares Mundbild zeigen, weil sie einen Bart trägt oder im Profilbild gezeigt wird. Auch schnell sprechende, dialektsprechende oder schreiende Personen können nur schwer abgelesen werden. Ein anderes Beispiel ist die Gestaltung von Untertiteln. Ein langer Untertitel kann die Wahrnehmung der filmischen Bildmittel einschränken, wohingegen eine starke Reduktion der Untertitel den Zuschauer verunsichern kann, weil er annehmen muss, dass ihm von der mündlichen Rede im Film Wesentliches entgeht („Der hat doch noch viel mehr gesagt.“). Auch die Qualität der Untertitel ist relevant. Da in den meisten Filmen der gesprochene Text reduziert

170 Vgl. hierzu das Medienkompetenzmodell nach Gerhard Rupp (2014) in: ders.: Deutschunterricht lehren weltweit. Basiswissen für Master of Education Studierende und Deutschlehrer/innen. Baltmannsweiler: Schneider Hohengehren. S. 622.

171 Vgl. Methoden inklusiver Filmbildung (2014), a. a. O. S. 25.

172 Ebd.

173 *Das Parfum*. Regie: Tom Tykwer, Deutschland 2006.

werden muss, ist es eine schwierige Entscheidung, wie viele und welche verbalen Elemente weggelassen werden, hierbei sind es insbesondere wörtliche und sinngemäße Wiederholungen, Wortspiele und -witze, Mehrdeutigkeiten und Gefühlsmarkierungen, die verloren gehen. Für die Entschlüsselung einer Szene oder das Nachempfinden der Atmosphäre einer Einstellung können solche Elemente aber durchaus relevant sein.

Wird Musik eingesetzt, ist die Deutung des Gefühlswerts einer Szene oft nicht nur von sprachlichen, sondern auch oder weitgehend von musikalischen Eindrücken abhängig. Der in einer konkreten Szene bestehende Bedarf an Zusatzinformationen ist daher genau abzuwägen.

Da „Filmverstehen" für Höreingeschränkte ein Vorgang ist, der ein umfänglicheres „Switchen" zwischen vornehmlich visuellen Informationsquellen erforderlich macht und an ein enges Zeitfenster gebunden ist, kann auf der einen Seite die Auswertung und Koordination all dieser Eindrücke sowie die Aufmerksamkeitsspanne beeinträchtigt werden.

Auf der anderen Seite ist bekannt, dass viele Höreingeschränkte eine geschärfte visuelle Wahrnehmung aufbauen, was bei der Rezeption von Filmen dazu führen kann, dass Schülerinnen und Schüler visuelle Eindrücke genauer wahrnehmen und kritischer sichten als ihre hörenden Mitschülerinnen und Mitschüler.

Folgende didaktische Vorgehensweisen bieten sich an:

- Einen Film in Sequenzen unterteilen, diese eingehend besprechen und Vermutungen über den Fortgang der Handlung anstellen lassen.
- Die höreingeschränkten Schülerinnen und Schüler bei der Besprechung des filmischen Bildmaterials so einbeziehen, dass sie ihre Stärken, z. B. bei der visuellen Wahrnehmung, zeigen können.
- Die Tonspur von Schlüsselszenen oder deren Transskript mit den Untertiteln vergleichen.
- Beobachtungsaufgaben für hörende Schülerinnen und Schüler stellen, die auf die Verständlichkeit der Äußerungen einer Filmfigur für Höreingeschränkte gerichtet sind.

5.1.2 Methoden der Filmanalyse und -bewertung in heterogenen Gruppen

Wenn die Schule zur Ausbildung von Visual Literacy die Aufgabe ernst nimmt, „Begriffe für eine Beschreibung der ästhetischen Strukturen des Mediums Film bereit zu stellen und das in der Sozialisation ohnedies stattfindende, allerdings nicht selten einseitige mediale Lernen zu thematisieren"[174], gilt dies für Schülerinnen und Schüler mit und ohne Einschränkungen gleichermaßen. Der Film vereint unter-

174 Ulf Abraham (2012): Filme im Deutschunterricht. 2. akt. Aufl. Seelze-Velber: Klett/Kallmeyer. S. 27.

schiedliche mediale Systeme wie Sprache, Bild und Ton und bündelt damit in besonderem Maße die Fähigkeiten Hören, Sehen und Lesen. Aus diesem Grund eignet er sich besonders gut, um das (schulische) Lernen auf unterschiedlichen Ebenen zu fördern. Außerdem spielt der Film inzwischen eine entscheidende Rolle in der medialen Sozialisation der meisten Kinder und Jugendlichen, sodass sie mit einem ihnen aus dem Alltag gut vertrauten Medium umgehen. Dass viele Filme in einen Medienverbund eingebettet sind, erhöht die Möglichkeiten eines intermedialen Zugriffs im Unterricht.[175] Ulf Abraham hat verschiedene Ideen für einen medienreflexiven Unterricht vorgelegt und filmbezogene Kompetenzen von der Primarstufe bis hin zur Sekundarstufe II formuliert, die zumeist auf heterogene Gruppen wie inklusive Klassen übertragbar sind.[176] Von der Anschlusskommunikation bis hin zu Kenntnissen filmsprachlicher Begriffe, vom Nachvollziehen der Handlung anhand verschiedener Perspektiven bis hin zu Genrekenntnissen können diese Kompetenzen in der Schule – nicht nur im Deutsch- und Literaturunterricht – vermittelt werden. Rezeptive sowie handlungs- und produktionsorientierte methodische Verfahren bieten sich hierzu in heterogenen Gruppen in besonderer Weise an (vgl. Kap. 4.1.2). Je nach Klassenzusammensetzung und Vorkenntnissen der Schülerinnen und Schüler können praktische Übungen und Methoden gewählt werden, die filmtechnische Informationen wie die Grundlagen von Kamera- und Filmtechnik vermitteln, die Wahrnehmung fördern oder gezielt mit weiteren in den Kernlehrplänen angestrebten Kompetenzen verbunden sind (z. B. Förderung der Schreibkompetenz oder des mündlichen Ausdrucks durch das Diskutieren und Erstellen von Steckbriefen einzelner Figuren oder Verfassen einer Filmkritik). Im Sinne einer „visuelle(n) Erzählkultur“[177] sind auch gezielte Filmprojekte denkbar. So können in Projektarbeitsphasen eigene Trick-, aber auch (kürzere) Spielfilme erstellt werden, wodurch im Unterricht verschiedene Kommunikations-, aber auch Schreibanlässe wie das Verfassen eines Drehbuchs geschaffen werden. Wichtig ist, Film für alle Schülerinnen und Schüler mit allen ihnen zur Verfügung stehenden Sinnen erlebbar zu machen und bei Einschränkungen Möglichkeiten zu suchen, die Rezeption des Filmes zu erleichtern. Dies kann auch anhand einer bewussten Reduktion auf Teilaspekte oder Kerninhalte erfolgen: „Individualisierung und Binnendifferenzierung der Themeninhalte bedeutet daher im regulären Unterricht, Film nicht mehr unbedingt als Ganzes von allen erschließen zu lassen“.[178] Die in Kapitel 5.2 folgenden

---

175 Vgl. hierzu Iris Kruse (2013): Intermediale Lektüren. Ein Konzept für Zu- und Übergänge in intermedialen Lehr- und Lernarrangements. In: Gina Weinkauff/Ute Dettmar/Thomas Möbius/Ingrid Tomkowiak (Hrsg.): Kinder- und Jugendliteratur in Medienkontexten. Adaption, Hybridisierung, Intermedialität, Konvergenz. Frankfurt a. Main: Peter Lang. S. 179–198.

176 Ulf Abraham (2012): Filme im Deutschunterricht, a. a. O. S. 27.

177 Stefan Pößiger (2012): Filmprojekte an Schulen für Hörgeschädigte. In: Hörgeschädigtenpädagogik, Bd.5, Jahrgang 66. S. 197.

178 Vgl. Methoden inklusiver Filmbildung (2014), a. a. O. S. 63.

Praxisbeispiele für den Unterricht bieten daher verschiedene, frei miteinander kombinierbare Methoden für die inklusive Filmbildung an.

5.1.3 Assistive Technologien – Audiodeskription, Erweiterte Untertitel, Closed Caption

Damit auch Schülerinnen und Schüler mit Einschränkungen die nötigen Voraussetzungen zum oben genannten Umgang mit Medien in der Schule erhalten, wurden (und werden) sogenannte Assistive Technologien entwickelt. Diese sollen laut der Behindertenrechtskonvention einen barrierefreien Zugang zu „Information und Kommunikation, einschließlich Informations- und Kommunikationstechnologien und -systemen“[179] ermöglichen.

Die Forschung und Entwicklung in diesem Bereich befasst sich in erster Linie mit technischen Hilfen für Menschen mit Behinderungen. „Klassische“ Beispiele der Rehabilitationstechnologie sind der Rollstuhl, Gehhilfen, Treppen-Lifter, Rampen und angepasste Alltagsgeräte wie spezielle Tastaturen. Gerade im Bereich von Schule und Arbeit kommen ergänzend modifizierte Computer, Handhabungshilfen, Umfeldsteuerungen und weitere Technologien zum Einsatz.

Als Assistive Technologien werden dabei nicht nur speziell angefertigte oder angepasste Hilfsmittel bezeichnet. Unterstützungstechnologie oder Assistive Technologie berücksichtigt auch Möglichkeiten der Anpassung (adaptability) und Zugänglichkeit (accessibility) von herkömmlichen Produkten mit universellem Design[180] speziell zur Verbesserung der funktionalen Gesundheit[181] von Menschen mit Behinderungen, z. B. in Form von Kommunikationshilfen oder -unterstützungen (vgl. hierzu auch das Aktionsbündnis für barrierefreie Informationstechnik).[182]

Somit können Assistive Technologien die Ressourcen von Menschen mit Behinderungen unterstützen (Körperfunktionen, -strukturen und Aktivitäten) sowie Barrieren (Umweltfaktoren) abschwächen. Hierdurch kann die Teilhabe in privaten, gesellschaftlichen, wirtschaftlichen, pädagogischen und anderen Umfeldern nachhaltig erhöht werden.

Dabei handelt es sich allgemein um Software oder Hardware, die speziell entwickelt wurde, um Menschen mit Behinderungen bei der Nutzung des Computers zu unterstützen, z. B. Bildschirmlupen und andere visuelle Hilfsmittel zur Unterstüt-

179 https://www.behindertenrechtskonvention.info/uebereinkommen-ueber-die-rechte-von-menschen-mit-behinderungen-3101/ [08.07.2017]

180 Vgl. http://ftb-esv.de/unides.html [30.11.2016]

181 Das Konzept der Funktionalen Gesundheit bezieht sich auf den ICF (International Classification of Functioning, Disability and Health), eine der „Klassifikationen“ der WHO, und ist aus folgenden Komponenten aufgebaut: Körper, Aktivitäten und Partizipation, Kontextfaktoren, Umweltfaktoren und personenbezogene Faktoren. Vgl. hierzu: http://www.funktionalegesundheit.de/ [09.05.2017]

182 Vgl. http://ftb-esv.de/abi.html [30.11.2016]

zung blinder und sehbehinderter Menschen beim Lesen, welche sowohl die Schrift, die Größe, den Zeichenabstand und die Farbe verändern als auch mit Sprache synchronisieren, um die Lesbarkeit und Erkennbarkeit von Texten und Bildern zu verbessern. Weitere Hilfsmittel wären hier:

- Screenreader, die von blinden Menschen benutzt werden, um textliche Informationen in Sprache oder Braille auszugeben
- Vorlesesoftware für blinde und sehbehinderte Menschen bzw. Menschen mit Lern- oder geistiger Behinderung
- Spracherkennungssoftware, die z. B. von körperbehinderten Menschen benutzt wird
- alternative Tastaturen z. B. für seh- und körperbehinderte Menschen
- alternative Zeigegeräte, die von körperbehinderten Menschen benutzt werden, um eine Maus- oder Schaltflächenaktivierung zu simulieren

Speziell für höreingeschränkte Menschen wurde im Jahr 2016 das sogenannte „Sound Shirt“ vorgestellt, das Klänge in Vibrationen umwandelt, um zu ermöglichen, ein Konzert über Vibrationen am Körper zu erspüren.[183] So soll die emotionale Seite der Musik über den Berührungs- und Tastsinn erfahrbar gemacht werden, was für Menschen mit und ohne Höreinschränkungen von Interesse sein kann und in ersten Tests positiv aufgenommen wurde. Bislang existiert vom Sound Shirt jedoch nur ein Prototyp.

Filmerleben

Es gibt inzwischen verschiedene technische Möglichkeiten, Menschen mit Einschränkungen die Teilhabe am Filmerleben im Kino zu ermöglichen. Für Menschen mit Höreinschränkungen bieten sich Kinos an, die regelmäßig Filme mit Untertiteln präsentieren. Dabei wird den Zuschauern allerdings kein Eindruck von der Geräuschkulisse und der Musik vermittelt, die beide konstitutive Elemente des Films sind. Aus diesem Grund gibt es einige Angebote für Filme mit einem besonderen Hörfilmservice, bei denen versucht wird, die filmische Stimmung und Atmosphäre des Films erfahrbar zu machen, indem ergänzend zu den Dialogen im Film Informationen auch zum Ton des Films vermittelt werden. So wurden z. B. die Apps GRETA&STARKS speziell für Menschen mit auditiver und visueller Beeinträchtigung gestaltet. „GRETA“ ist der Bereich für Audiodeskriptionen, „STARKS“ derjenige für Untertitel.[184] Bei der Audiodeskription werden wichtige Elemente der Filmhandlung, der Gestik und Mimik sowie der dramaturgisch relevanten Umgebung in

183 Vgl. https://www.br-klassik.de/themen/klassik-entdecken/sound-shirt-gehoerlose-junge-symphoniker-hamburg100.html; http://www.ndr.de/kultur/musik/Hoeren-per-Sound-Shirt-Klassik-fuer-Gehoerlose,soundshirt104.html [10.05.2017]

184 http://www.gretaundstarks.de/greta [04.12.2016]

den Dialogpausen des Films eingesprochen. Diese Filmbeschreibungen können vom eigenen Smartphone oder durch spezielle, im Kino ausleihbare Technik abgespielt werden und ermöglichen somit vor allem für Menschen mit Seheinschränkungen einen individuellen und barrierefreieren Zugang zu Filmen. Auf der Homepage von GRETA&STARKS wird dazu Folgendes vermerkt:

> „Es gibt ca. 1.85 Mio. blinde und visuell beeinträchtigte Menschen, sowie 218.000 gehörlose Menschen in Deutschland, Österreich und der Schweiz. Zusätzlich gibt es ca. 14.4 Mio. hörgeschädigte Menschen. Laut dem Schwerhörigen Verband benötigt ca. die Hälfte der 14.4 Millionen Menschen mit einer Hörbeeinträchtigung Untertitel. Insgesamt umfasst die Zielgruppe also rund 9.3 Millionen Menschen. Bisher waren also ca. 9.3 Millionen Menschen mit Sinnesbeeinträchtigungen vom Kinoerlebnis ausgeschlossen. Mit den Apps GRETA & STARKS gibt es für diese Zielgruppe erstmals die Möglichkeit Filme mit Familie, Freunden und Kollegen bundesweit im Kino zu erleben.“[185]

In Zukunft soll möglichst flächendeckend auch die sogenannte Subtitle-Brille („Entertainment Access Glasses“) angeboten werden, mit der Kinobesucher auf Untertitel in verschiedenen Sprachen zu allen Filmen zurückgreifen können. Diese Untertitel werden über ein Display-Modul direkt auf die Gläser in das Sichtfeld der Nutzerinnen und Nutzer projiziert, laufen also einfach durch das Filmbild. Somit ist die Nutzung unabhängig vom Gesamtpublikum im Saal (vgl. hierzu STARKS Smart Glass und das Sony „Closed Caption Glass“).[186]

Die sogenannten Induktionsschleifen sind für Träger von Hörgeräten eine ergänzende Möglichkeit, die Tonebene des Films besser aufnehmen zu können. Durch die induktive Übertragung sollen vor allem störende Nebengeräusche ausgeblendet werden. Allerdings verfügen noch nicht viele Kinostätten über induktive Höranlagen.[187]

5.2 Unterrichtsideen – Filme

Nachfolgend wird anhand ausgesuchter Filmbeispiele für den Unterricht in der Sekundarstufe I und II erörtert, wie das Medium Film in heterogenen Klassen genutzt werden kann, vor allem in Klassen, in denen auch Schülerinnen und Schüler mit Hörbeeinträchtigungen lernen. Dabei werden wie bei den Textbeispielen in Kapitel 4 verschiedene Lernzugänge und Methoden angeboten, die frei miteinander kombiniert und angepasst werden können. Während in der Unterstufe die Wirkung von Kameraperspektiven und die Wechselwirkung von Bild und Ton erarbeitet werden können, kann ab der Mittelstufe vermehrt mit grundlegenden Begriffen der Filmanalyse (Montage, Blenden, mise en scène etc.) gearbeitet werden. In der Oberstufe

185 Ebd.

186 Vgl. ebd.

187 Vgl. www.schwerhoerigen-netz.de [29.11.2016]; hier sind verschiedene kulturelle Einrichtungen mit induktiven Höranlagen verzeichnet.

bietet es sich an, unterschiedliche (mediale) Gestaltungsweisen und Erzählmöglichkeiten von Literatur und Film in den Blick zu nehmen und die Funktion verschiedener Gestaltungsmittel herauszuarbeiten.

Zu beachten ist, dass etwa über Mikroportanlagen bzw. Übertragungsanlagen[188] zwar ein gutes Sprachverständnis erreicht werden kann, die Klangqualität eines Films oder Videos allerdings deutlich schlechter sein kann. Eine Möglichkeit, den höreingeschränkten Schülerinnen und Schülern den Film und alle für den Unterricht relevanten Informationen rund um den Film zur Verfügung zu stellen, ist eine Onlineplattform, die inzwischen viele Schulen zum Hochladen von Unterrichtsergebnissen eingerichtet haben. Hier kann man „Informationen verschiedener Art online stellen (‚hochladen'), miteinander diskutieren, Arbeitsgruppen können in einem separaten Raum Absprachen treffen oder Material einstellen".[189] So können die Schülerinnen und Schüler die Filme oder auch Teile davon zu Hause im eigenen Tempo (wiederholt) sehen und anhalten, wenn es Verständnisschwierigkeiten geben sollte. Das bedeutet für sie eine erhebliche (nicht nur akustische) Entlastung.

5.2.1 Filmsprachliche Mittel: Visuell und akustisch

Wenn im Unterricht Filme besprochen werden, sollten die Schülerinnen und Schüler mit grundlegenden filmsprachlichen Mitteln vertraut gemacht werden. Teilweise sind ihnen diese bereits aus anderen unterrichtlichen Kontexten und aus privater Nutzung bekannt. Neben Informationen zur Ausstattung, zur optischen Situation und zum Setting eines Films sind es vor allem Kenntnisse zur Kamera(-führung), zur Montage und zum Ton, mit denen Schülerinnen und Schüler im Unterricht arbeiten können. Je nach Vorkenntnissen können diese in Kurzreferaten vorgestellt bzw. vertieft werden. Schülerinnen und Schüler können dazu eigenständig recherchieren. Es gibt beispielsweise über YouTube einen Zugang zu verschiedenen kurzen Filmen, die anschauliche Erklärungen zur Perspektive, Einstellungsgröße etc. liefern. Grundsätzlich ist es wichtig, dass die Schülerinnen und Schüler ein Verständnis dafür entwickeln, wie filmisches Erzählen im Unterschied zum literarischen verstanden und gedeutet werden kann.[190] Für die folgenden Unterrichtsideen sind somit insbesondere Kenntnisse der Wirkung von Ton/Musik und Licht (Farbgebung, Beleuchtung, Hell-dunkel-Kontraste) für die filmische Atmosphäre sowie die

188 Portable Übertragungsanlagen, die mit einem Mikrofon und einem Sender ausgestattet und mit dem Hörgerät der höreingeschränkten Person verbunden sind.

189 Juliane Große (2011): „Best practice": Filme und Diskussionen im Unterricht mit Hörgeschädigten – (k)ein Ding der Unmöglichkeit mit Hilfe von Online-Plattformen. In: Hörgeschädigtenpädagogik, Bd. 6, Jahrgang 65. S. 246.

190 Vgl. hierzu: http://www.schule-bw.de/unterricht/faecher/deutsch/unterrichtseinheiten/film/visuell [29.11.2016]; www.kinofenster.de [29.11.2016], wo verschiedene Lehrmaterialien zu einzelnen (auch aktuellen) Filmen und filmischen Aspekten online zur Verfügung gestellt werden sowie Ulf Abraham (2012): Filme im Deutschunterricht, a. a. O.

Bedeutung der Kamera relevant (Perspektive und Bewegung; Einstellung: Detailaufnahme, Großaufnahme, Nahaufnahme, Amerikanische Einstellung).[191]

Visuelle Mittel

In Bezug auf visuelle Gestaltungsmittel sollten Schülerinnen und Schüler wissen, dass ein Film aus für die Kamera eingerichteten Bildern besteht, für die die Farbgebung, die Beleuchtung sowie die Ausstattung und der Schauplatz (setting) konstitutiv sind. Hierzu gehören Requisiten, Kulissen und Kostüme/Kleidung, die den Handlungsort, die Handlungszeit und das soziale Milieu der Figuren verdeutlichen.

Da Licht und Schatten (Hell-dunkel-Kontraste) wesentlich für die Stimmung eines Films/eines Bildes verantwortlich sind, sollte darauf geachtet werden, ob einzelne Szenen in natürlichem Licht (Tageslicht) oder künstlichem Licht (Studiobeleuchtung) aufgenommen wurden. Ähnliches gilt für die Farbgebung eines Films/einer Szene, die Einfluss auf die Atmosphäre hat.

Durch die Kamera wird der Ausschnitt festgelegt, den der Zuschauer von der fiktiven Welt erhält. Die Kamera übernimmt die Funktion des Erzählers und lenkt die Wahrnehmung des Zuschauers. Aus diesem Grund ist es wichtig, dass die Schülerinnen und Schüler sich mit verschiedenen Perspektiven (z. B. Unter- oder Aufsicht = Frosch- bzw. Vogelperspektive) und Einstellungsgrößen (z. B. Totale = Distanz; Großaufnahme = Nähe) vertraut machen. Auch die Kamerabewegung und die -geschwindigkeit sollten beachtet werden. Wird der Zuschauer durch diese mit in das Geschehen „hineingezogen"? Kann er als distanzierter Beobachter von außen dem Geschehen folgen?

Montage

Montage bedeutet das Schneiden der Filmaufnahmen in einzelne Einstellungen sowie das Montieren (= Anordnen, Kürzen) zu Sequenzen und schließlich zum kompletten Film. Dabei können zwei Einstellungen durch weiche (nahtlos, durch Blenden) oder harte (ohne Übergang) Schnitte miteinander verbunden werden. Durch die Montage wird die Chronologie des Films festgelegt, etwa durch Vor- und Rückblenden oder Gleichzeitigkeit. Dadurch wird der Rhythmus/die Dynamik des Films bestimmt. So haben viele Actionfilme eine deutlich höhere Schnittfrequenz als andere Genres.

Akustische Mittel

Zu den akustischen Gestaltungsmitteln eines Films gehören Dialoge, Geräusche und Musik. Es wird zwischen On- und Off-Tönen unterschieden. Bei On-Tönen

---

191 Ein ergänzendes umfangreiches Glossar zu filmsprachlichen Mitteln findet sich unter: http://www.kinofenster.de/lehrmaterial/glossar/ [08.07.2017]

sieht man die Quelle des Tons im Bild. Töne, deren Quelle nicht zu sehen ist, nennt man Off-Töne. Von O-Tönen wird gesprochen, wenn der Originalton gleichzeitig mit dem Bild aufgenommen wird, anders als die (Nach-)Vertonung im Studio.

Die Musik im Film kann verschiedene Funktionen erfüllen, beispielsweise Spannung und Emotionen erzeugen, die Figuren charakterisieren, das Geschehen untermalen oder kommentieren. Im Wesentlichen werden vier Funktionen benannt:

1. dramaturgische Funktion (Aufbau von Spannungsbögen)
2. narrative Funktion (Handlungsort und -zeit)
3. strukturelle Funktion (Akzentuierung von Einstellungen/Bewegungen)
4. persuasive Funktion (Aktivierung des Betrachters, Abbildung/Erzeugung von Emotionen)

Für Klassen, in denen Schülerinnen und Schüler mit und ohne Höreinschränkungen in kooperativen Gruppen zusammenarbeiten, kann ein besonderer Fokus auf den Dialogen, den Geräuschen und der Musik eines Filmes liegen und deren Funktion thematisiert werden, indem eine Sequenz ohne Ton abgespielt wird und die Schülerinnen und Schüler Vermutungen über die Hintergrundmusik bzw. -geräusche anstellen können. Umgekehrt kann auch nur die Tonspur einer Szene (für Schülerinnen und Schüler mit Höreinschränkungen über die Übertragungsanlage) abgespielt und spekuliert werden, zu welchen Bildern diese Tonquelle passen könnte. Hier kommt dem „Lauschen" als „besonders emotional-affektive Form des Hörens"[192] und dem „Horchen" als „gezieltes Hören schwer identifizierbarer (...) Laute"[193] zentrale Bedeutung zu.[194]

5.2.2 *Jenseits der Stille*

Der Film der Regisseurin Caroline Link aus dem Jahr 1996 kann inzwischen als moderner Klassiker bezeichnet werden. Er wurde mit verschiedenen Preisen ausgezeichnet[195] und erhielt eine Oscar-Nominierung als bester fremdsprachiger Film.

---

192 Tilman von Brand (2015): Deutsch unterrichten. Einführung in die Planung, Durchführung und Auswertung in den Sekundarstufen. 4. aktual. u. erw. Aufl. Seelze: Klett/Kallmeyer. S. 64.

193 Ebd.

194 Vgl. hierzu auch Ortwin Beisbart (2005): Hören und Zuhören. In: Ulf Abraham et al. (Hrsg.): Praxis des Deutschunterrichts. Arbeitsfelder – Tätigkeiten – Methoden. Donauwörth. S. 167–170.

195 1997: Deutscher Filmpreis in folgenden Kategorien: Beste Hauptdarstellerin und Beste Filmmusik; Filmband in Silber; Bayerischer Filmpreis in den Kategorien Beste Nachwuchsregie und Beste Filmmusik; 1998: Drehbuchpreis und Grand Prix auf dem Tokyo International Film Festival; Infos zum Film: Regie: Caroline Link, Deutschland 1996. Produktion: Jakob Claussen, Thomas Wöbke, Luggi Waldleitner, Drehbuch: Caroline Link, Beth Serlin, Kamera: Gernot Roll, Musik: Niki Reiser, Schnitt: Patricia Rommel,

Der Film eignet sich sehr gut für die Arbeit in (inklusiven) Klassen der Jahrgangsstufen 7 bis 10. Er thematisiert Verschiedenheit auf mehreren Ebenen. Darüber hinaus werden der Zusammenhang von Hören/Gehörlosigkeit und Musik reflektiert sowie Themen, die für Schülerinnen und Schüler im Alter von zwölf bis sechzehn Jahren besonders relevant sind: Adoleszenz und Erwachsenwerden, Familie, Eifersucht, erste Liebe, Ablösung von den Eltern und Berufsfindung. Auch lotet der Film die Themen Kommunikation zwischen Gehörlosen und Hörenden aus, das Übersetzen z. B. zwischen Eltern und Kind sowie verschiedene Wahrnehmungsmöglichkeiten.

Inhalt

Erzählt wird die Geschichte der (zu Beginn des Films) achtjährigen Lara, die mit ihren gehörlosen Eltern Kai und Martin in einer Kleinstadt aufwächst. In verschiedenen Szenen fungiert sie als Bindeglied zwischen der privat-familiären Sphäre und der Außenwelt, indem sie als Dolmetscherin auftritt, z. B. bei Telefonaten, bei Behördengesprächen und im Gespräch der Eltern mit der Lehrerin.

Laras Tante Clarissa, die Schwester von Laras Vater, schenkt Lara eine Klarinette und eröffnet ihr damit einen Zugang zur Welt der Musik, die für Laras Eltern verschlossen bleibt. Besonders ihr Vater begegnet Laras musikalischem Eifer mit Misstrauen, vor allem, da sich an das Thema Musik viele bedrückende Erinnerungen aus seiner eigenen Kindheit knüpfen. Dort war die Familie sehr stolz auf die musikalische Schwester Clarissa, während die Behinderung des Sohnes Martin mit Scham besetzt war. Die Eltern von Martin und Clarissa hatten die Gebärdensprache nicht gelernt und konnten aus diesem Grund nie adäquat mit ihrem Sohn kommunizieren.

Zehn Jahre später, nachdem Lara ihr Abitur gemacht hat, raten ihr Musiklehrer und ihre Tante Clarissa der jungen Frau zu einer professionellen musikalischen Ausbildung. Lara bekommt von ihrer Tante das Angebot, zu ihr und ihrem Mann Gregor nach Berlin zu kommen und sich dort auf die Aufnahmeprüfung am Musikkonservatorium vorzubereiten. Lara erzählt ihren Eltern zunächst nichts davon, da sie weiß, wie schmerzhaft diese Entscheidung für ihre Eltern und besonders für ihren Vater sein wird. Als Martin schließlich bei Clarissas Geburtstag davon erfährt, fühlt er sich sehr verletzt. In Berlin wohnt Lara bei Clarissa und Gregor. Als sie den Taubstummen-Lehrer Tom kennenlernt, beginnt sie zu verstehen, dass ihre besondere Kindheit nicht nur eine schwere Last, sondern auch eine bereichernde Erfahrung war. Da erreicht sie die Nachricht vom tödlichen Radunfall ihrer Mutter. Lara kehrt nach Hause zurück, wo der Vater ihr indirekt Vorwürfe wegen des Todes der Mutter macht, da Lara sie dazu gedrängt hatte, Fahrradfahren zu lernen. Nach einem heftigen Streit verlässt Lara das Elternhaus und kehrt nach Berlin zurück. Sie ist über die schlechte Beziehung zu ihrem Vater sehr unglücklich. Am Tag ihrer

---

Darsteller: Alexandra Bolz, Emmanuelle Laborit, Hansa Czypionka, Howie Seago, Matthias Habich, Sybille Canonica, Sylvie Testud, Tatjana Trieb.

Aufnahmeprüfung am Konservatorium erscheint unerwartet Laras Vater, um den bedeutenden Tag seiner Tochter mitzuerleben und sie spielen zu sehen. Er erklärt ihr, dass er in Zukunft versuchen will, ihre Musik zu verstehen, auch wenn er sie nicht hören kann.

Ausgewählte Szenen für den Unterricht

- Zum Thema: *Wahrnehmung und Musik*: Eingangssequenz (0:00:00–0:02:31); Gewitter (0:02:20–0:03:50); Erinnerung des Vaters an seine Kindheit (0:27:55–0:29:00); Sehnsucht der Mutter, Musik zu verstehen (0:52:08–0:53:00); Schattenspiel (1:11:10–1:11:32); Schlussszene – Aufnahmeprüfung (1:40:25–1.44:50)
- Zum Thema: *Übersetzen/Gebärdensprache*: Klang des Schnees (0:40:50–0:43:10); Übersetzen eines Spielfilms (0:30:45–0:31:20); Dolmetschen in der Bank (0:08:25–0:09:15); Dolmetschen im Gespräch mit Laras Lehrerin in der Schule (0:33:25–0:34:50)
- Zum Thema: *Umgang mit Gehörlosigkeit*: Test der kleinen Schwester an der Mutter (0:44:40–0:46:40); Begegnung zwischen Lara und Tom (1:02:12–1:05:50); Lara besucht die Gehörlosenschule (1:06:00–1:08:08)

Unterrichtseinstieg

Zunächst sollte der Film mit der Klasse angeschaut werden. Falls die Möglichkeit besteht, wäre ein gemeinsames Kinoerlebnis der beste Einstieg. Da der Film nur noch in ausgewählten Programmkinos läuft, die nicht unbedingt hörgeschädigtengerecht ausgestattet sein dürften, kann er ergänzend/alternativ auf DVD in der Klasse angeschaut werden und sollte darüber hinaus den hörbeeinträchtigten Schülerinnen und Schülern zur Verfügung gestellt werden.

Als Unterrichtseinstieg kann vor oder nach Sichtung des Films über den Titel gesprochen werden. Was bedeutet „Jenseits der Stille“? Ist das metaphorisch gemeint? Fallen den Schülerinnen und Schülern alternative Titel ein, die einen anderen Schwerpunkt setzen? Wie könnte ein dazu passendes Filmplakat aussehen? In Gruppen setzen sich die Schülerinnen und Schüler zunächst gestalterisch mit den verschiedenen Themen, Motiven und Figuren des Films auseinander, indem sie ein eigenes Filmplakat entwerfen, das den Schwerpunkt ihrer Rezeption verdeutlicht. Nach dieser ersten produktiven Arbeitsphase werden die Ergebnisse vor der Klasse präsentiert und erst im Anschluss das offizielle Filmplakat besprochen.

Welcher Schwerpunkt wurde hier einerseits durch die Wahl der kindlichen Protagonistin und andererseits durch den ergänzenden Satz „Über das Leben, die Liebe und den Klang des Schnees“ gesetzt? Was bedeutet der Dreischritt: *Leben – Liebe – Klang*? Verrät er etwas über das Genre des Films?

Abb. 8:
Filmplakat:
Jenseits der Stille

Gespräch Vater – Tochter: Klang des Schnees (0:40:50–0:43:10)

Es bietet sich direkt nach diesem Unterrichtsgespräch an, die Szene, in der der Vater seine Tochter fragt, wie das Fallen des Schnees klingt, in den Blick zu nehmen und erneut gemeinsam zu schauen. „Wie klingt der Schnee?“, fragt hier der Vater, „was sagt er dir?“ Fallen den Schülerinnen und Schülern andere Erklärungen ein als die von Lara, die zunächst mit lautmalerischen Begriffen antwortet („Knirsch“ und „Brrr“) und dann erläutert, dass der Schnee alles dämpft und leise werden lässt.

Standbild

In Gruppen sollen die Schülerinnen und Schüler überlegen und notieren, auf welch unterschiedlichen Wegen sie Situationen, Ereignisse und Dinge erklären würden, die ihnen auf den ersten Blick unsagbar bzw. unerklärbar erscheinen. Diese könnten in einem Standbild präsentiert werden, wodurch die Schülerinnen und Schüler sich einerseits bewusst machen, dass Filme vor allem über (Einzel-)Bilder funktionieren und andererseits ein Gefühl dafür entwickeln, wie anhand von Bildern erzählt werden kann.

Lara wird in dieser Sequenz deutlich, dass sie die Veränderung der Geräusche bei Schneefall nur bedingt vermitteln kann. Dies kann zum Anlass genommen werden zu reflektieren, welche anderen Situationen sich nur eingeschränkt ausdrücken lassen. Möglich wäre es, von entsprechenden Wörtern und sprachlichen Wendungen auszugehen und zu überlegen, in welchen Situationen die Schülerinnen und Schüler sie schon einmal angewendet haben oder anwenden würden:

- Unsagbar: *unaussprechlich, unsagbar, sprachlos, mir fehlen die Worte, das ist nicht zu sagen*
- Unerklärbar: *unverständlich, unfassbar, undurchschaubar, grundlos, dunkel*

Als ein Bereich, der verbal schwer zu vermitteln und für Schülerinnen und Schüler der Sekundarstufen von hohem Interesse ist, können die Empfindungen beim Hören von Musik genannt werden. Hier geht es u. a. um die Benennung von Instrumenten, Melodieführung, Rhythmus, Lautstärken und die Wirkung von Verstärkermedien (vgl. Kap. 5.2.3).

Bild-Text-Verbindung

Alternativ/ergänzend zur „Schnee-Szene“ kann diejenige besprochen werden, in der Lara ihren Eltern das Gewitter erklärt (0:02:20–0:03:50) und dazu ebenfalls lautmalerische Begriffe benutzt, die an Comicsprache erinnern. Hier könnten die Schülerinnen und Schüler eine kleine Bilderfolge zeichnen, in der sie versuchen, die Szene zu visualisieren. Wie kann die Angst der kleinen Lara vor dem Gewitter, das die Eltern nicht hören können, bildlich umgesetzt werden? Wie macht das der Film? Hier können die Hell-dunkel-Kontraste herausgearbeitet werden, die unter anderem durch den Schatten des Baumes an der Zimmerwand erzeugt werden.

Im Anschluss können sich die Schülergruppen eine der beiden Szenen heraussuchen und sie erstens auf weitere filmsprachliche Mittel (Einstellungen; Farbgebung; Tonebene etc.) hin untersuchen (vgl. Kap. 5.2.1) und zweitens die Untertitelung der Szenen herausschreiben und mit der Körpersprache der Darsteller abgleichen.

Produktionsperspektive

Für die Auseinandersetzung mit dem Film *Jenseits der Stille* ist es unumgänglich, die Gebärdensprache als zentrales Kommunikationsmittel im Film zu thematisieren. Bedeutsam – und für den Unterricht gut nutzbar – ist, dass die Regisseurin Caroline Link sich bei der Besetzung der Eltern von Lara bewusst für gehörlose Darsteller entschieden hat (die französische Schauspielerin Emmanuelle Laborit und den amerikanischen Darsteller Howie Seago). Dadurch sind die Szenen, in denen Gebärdensprache verwendet wird, besonders authentisch. Allerdings waren diesbezüglich Hürden zu überwinden:

> „Um Fehler zu vermeiden, kooperierte die Produktion auch während der Dreharbeiten mit unterschiedlichen Gehörlosenorganisationen und der Arbeitsgemeinschaft Behinderte und Medien. Für die Regisseurin Caroline Link bedeutete das, dass am Set sechs verschiedene Sprachen gesprochen wurden: Deutsch, Englisch, Französisch und drei verschiedene Zeichensprachen. Denn Gebärdensprache ist nicht international. Howie Seago, der Laras Vater spielt, ist Amerikaner und benutzt ASL (American Sign Language), während die Darstellerin der Mutter, Emmanuelle Laborit, aus Frankreich kommt und sich in LSF (Langue des Signes Francaise) verständigt. Beide haben für den Film die deutsche Gebärdensprache gelernt, sie hatten einen Coach und einen Dolmetscher.“[196]

Auch viele andere Darsteller und Darstellerinnen, allen voran Tatjana Trieb und Sylvie Testud in der Rolle der jungen und erwachsenen Lara, mussten sich für ihre Rollen intensiv mit der (deutschen) Gebärdensprache vertraut machen.

Zunächst kann im Unterricht vor diesem Hintergrund die Produktionsperspektive eingenommen werden: Worin bestand bei der Produktion des Films die besondere Herausforderung? Hier kann auf die Besetzung/das Casting, aber auch auf die Dreharbeiten eingegangen werden. Den Schülerinnen und Schülern wird hierzu folgendes Zitat vorgelesen bzw. als Folie auf dem Overheadprojektor präsentiert:

> „Caroline Link erinnert sich: Nach einer Weile haben wir alle versucht, uns irgendwie mit Gesten und sogenannter non-verbaler Kommunikation verständlich zu machen. Das Team war wirklich fit und hat mit grossem Enthusiasmus mitgemacht. Missverständnisse gab es trotzdem immer wieder. Es passierte mir einmal, dass Kamera und Ton liefen, und ich laut und deutlich ‚und bitte!‘ rief. Doch nichts passierte. Die gehörlosen Schauspieler schauten gerade nicht in meine Richtung und der Dolmetscher war kurz einen Kaffee holen.“[197]

Das Zitat kann zur Grundlage eines Klassengesprächs über zwischenmenschliche Kommunikationswege dienen: Welche Situationen fallen den Schülerinnen und Schülern ein, in denen es zu Missverständnissen kam, weil man übliche Regeln der Kommunikation nicht eingehalten hat? Welche Ursachen gibt es für Missverständnisse: Ungeduld, mangelnde (fremd-)sprachliche Kenntnisse, mangelnde Empathie? (vgl. hierzu Kap. 4.2.1 *Freak City*)

In einem zweiten Schritt sollte diese Problematik auf die Filmproduktion übertragen werden, in der unterschiedliche Kommunikationsformen und Gebärdensprachen miteinander kombiniert werden mussten und Darsteller, die tatsächlich gehörlos sind und ganz selbstverständlich und authentisch mit Gebärdensprache

196 www.goethe.de/ins/be/bru/pro/download/jenseitsderstille.pdf [09.01.2017], Materialien, die zum Film im Auftrag des Goetheinstituts vor allem für den DaF-Unterricht entwickelt wurden.

197 Ebd.

kommunizieren, gemeinsam mit Darstellern vor der Kamera agierten, die sich der Gebärdensprache als für sie neue Kommunikationsform annähern mussten.

Als Ergänzung kann hier das Interview mit der Regisseurin Caroline Link, das sich in den Extras der DVD befindet, herangezogen werden, indem sie den Umgang mit den unterschiedlichen Gebärdensprachen und den vielen Dolmetschern am Filmset erläutert. Auch das Interview mit dem Darsteller von Laras Vater, Howie Seago, ist in diesem Zusammenhang aufschlussreich. Der Schauspieler macht deutlich, wie viele unterschiedliche Sprachgemeinschaften es aufgrund der vielen verschiedenen Gebärdensprachen gibt. Da Gebärdensprache eine visuelle Art der Kommunikation sei, die aus Bildern und Gesten bestehe, verstünden sich, so Seago, Gehörlose unterschiedlicher Nationen dennoch besser als Hörende, wenn sie nicht dieselbe Sprache sprechen.

Figurencharakterisierung/Figurenkonstellation

Um sich mit den Hauptfiguren und der Figurenkonstellation zu beschäftigen, können die Schülerinnen und Schüler einen Screenshot einer von ihnen ausgewählten Figur (z. B. Lara, Vater, Mutter, Schwester, Tante Clarissa, Tom) ausdrucken und in Gruppen die charakteristischen Merkmale, Eigenschaften und Verhaltensweisen dieser Figur herausarbeiten. Diese werden auf Plakaten festgehalten und nebeneinander in der Klasse aufgehängt. Im Anschluss können die Plakate so platziert werden, dass sich eine plausible Figurenkonstellation (inner- und außerfamiliär) abzeichnet. Ergänzend kann zu jeder Figur eine signifikante Filmszene herausgesucht werden, in der die charakterlichen Eigenschaften besonders deutlich hervortreten.

Hilfsmittel bei der Kommunikation

Die Schülerinnen und Schüler notieren, welche Hilfsmittel zur Kommunikation im Film vorkommen. Hier werden sie assistive Hilfen wie die blinkende Telefon- und Klingelanlage finden und die Musik in diesem Film als wichtiges Kommunikationsmittel identifizieren. Die Szene in der Kirche kann gemeinsam angesehen werden, in der in einem Gottesdienst (0:30:45–0:31:20) heterogene Kommunikationswege genutzt werden. Daran anknüpfend können die Schülerinnen und Schüler nachforschen, ob in ihrer Stadt/ihrem Stadtteil ähnliche Angebote für Menschen mit Höreinschränkungen existieren. Dazu könnten sie beispielsweise Stadtteilbibliotheken und Gemeindebüros aufsuchen oder das Internet zur Recherche nutzen.

Lara als Dolmetscherin

Es gibt viele Szenen, in denen Lara als Vermittlerin zwischen ihren nicht hörenden Eltern und der sie umgebenden hörenden Umgebung agiert. Zu Hause untertitelt sie beispielsweise ihrer Mutter gebärdensprachlich einen Spielfilm (0:30:45–0:31:20). In dieser Szene können einige Gebärden gut erkannt werden.

Hier kann die Gebärdensprache selbständig erkundet werden, indem die Schülerinnen und Schüler aufgefordert werden,

- die Bedeutung einiger in der Szene sichtbaren Gebärden selbst herauszufinden *(ich, du, ja, trennen, zusammen, lieben)*,
- im Internet Gebärden zu weiteren Begriffen zu finden,
- einige Gebärden in kleine verbale Text einzubinden,
- sich von gebärdenkundigen Mitschülerinnen und Mitschülern zeigen zu lassen, wie sie kleine Sätze bilden können.

Auch können gebärdenkundige Schülerinnen und Schüler die ermittelten Gebärden in einfache Sätze einbinden und die anderen deren Sinn erraten lassen.

In einer anderen Szene (0:52:08–0:53:00) übersetzt Lara im Hintergrund, als ihre Mutter vor dem Spiegel stehend ihre Sehnsucht erklärt, singen und Musik „verstehen" zu können. Auch hier können einige Gebärden gut isoliert werden, so die für *verzückt* und die für *zusammen irgendwo hingehen*. Die Gebärde für *verzückt* eignet sich auch dazu, die besondere Qualität der Gebärdensprache zu verdeutlichen, die aus dem Zusammenspiel von Gestik und Mimik entsteht.

Da Lara aus unterschiedlichen Gründen bewusst falsch bzw. lückenhaft übersetzt, kommt es in einigen Szenen außerhalb des Familienkontexts zu Missverständnissen. Folgende Szenen sind in diesem Zusammenhang besonders interessant, da sie Lara als Meisterin der manipulierten Kommunikation ausweisen.

Lara und ihre Eltern im Gespräch mit der Lehrerin (0:33:25–0:34:50)

Die Lehrerin hat Laras Eltern zu einem Gespräch gebeten. Sie teilt mit, dass sie besorgt sei, weil Lara nicht versetzt werden könne, wenn ihr Lesen und Schreiben sich nicht verbessere. Lara übersetzt den Eltern daraufhin, dass ihr Lesen langsam besser werde, aber noch nicht perfekt sei. Auch formuliert die Lehrerin, dass Lara nicht ständig früher aus dem Unterricht gehen könne. Der Vater gebärdet, bevor Lara dies übersetzen kann, dass er und seine Frau sich darüber freuen, dass Lara oft früher aus dem Unterricht gehen dürfe, um ihren Eltern im Alltag zu helfen. Schließlich sei es schwer, einen guten Dolmetscher zu finden. Lara modifiziert daraufhin den Eltern gegenüber, was die Lehrerin zuvor mitgeteilt hatte, indem sie sagt, dass ja bald Sommerferien seien und sie dann nicht mehr früher aus dem Unterricht müsse. Als Laras Musiklehrer zum Gespräch dazu kommt und äußert, dass er sich freue, die Eltern Laras endlich einmal kennenzulernen und ihnen Karten für das Schulkonzert reservieren wird, übersetzt Lara, wie schade es der Lehrer findet, dass Laras Vater ihr immer das Klarinettenspiel verbietet.

Zum Schluss fragt Laras Lehrerin, ob Lara den Eltern auch wirklich ihre Bedenken deutlich gemacht habe. Lara sagt: „Ich habe ihnen alles gesagt, nicht Wort für Wort, aber so ziemlich".

In dem Gespräch und Übertragungsvorgang wird deutlich, wie abweichend Lara das jeweils Gesagte übersetzt, um einerseits Konflikten aus dem Weg zu gehen und andererseits ihre eigenen Interessen zu vertreten.

Analyse der Gesprächsebenen

Die Schülerinnen und Schüler können analysieren, wie sich die unterschiedlichen Ebenen in diesem Gespräch vernetzen und überlagern. Dazu sollte vor allem die Körpersprache der Akteure genau betrachtet werden. Die Eltern sind der Lehrerin sehr zugewandt, lächeln sie an, nicken verstärkend und geben ihr Blumen als Geschenk. Aufgrund der Übersetzung Laras sind sie der Ansicht, dass ihre Tochter in schulischer Hinsicht insgesamt gute Fortschritte mache. Dem Musiklehrer begegnet der Vater allerdings mit skeptischem Gesichtsausdruck, da er annehmen muss, dieser übe Kritik an ihm, da er Lara das Klarinettenspiel, für das sie so viel Begabung zeigt, untersage. Die Szene bietet sich dazu an, zu überprüfen, warum hier durch die falsche bzw. missverständliche Übersetzung Laras auch Komik erzeugt wird.

Szene in der Bank (0:08:25–0:09:15)

Als Alternative oder Ergänzung bietet sich im Unterricht die Szene an, in der Lara mit ihren Eltern in der Bank ist. Die Eltern haben sich offensichtlich über einen längeren Zeitpunkt für einen Sparvertrag festgelegt. Dies wird ihnen von dem Bankangestellten übermittelt. Der Vater signalisiert, dass sie das Geld früher benötigen und bittet Lara, das zu übersetzen. Er wirkt dabei durch seine Mimik ungeduldig und aufgebracht. Lara soll fragen, ob es nicht möglich sei, vorher zumindest das Geld, das bereits eingezahlt wurde, ausgezahlt zu bekommen. Lara übersetzt das nicht, sondern sagt dem Bankangestellten, der Vater bedanke sich. Irritiert über das Missverhältnis zwischen dem körpersprachlichen Ausdruck des Vaters und seinen angeblichen Worten, sagt der Bankangestellte, er freue sich über das Verständnis des Vaters. Auch der Vater spürt, dass Lara nicht (richtig) übersetzt haben kann. Unausgesprochenes bzw. Unverstandenes schwebt zwischen den Anwesenden, bleibt aber letztlich ungeklärt. Alle spüren, dass hier Blickkontakte, Gestik, Mimik und Lautstärke nicht im Einklang waren. Das erzeugt beim Betrachten dieser Szene Komik, zeigt aber subtil auch die Macht- und Hilflosigkeit der Nichthörenden in dieser unklaren Übersetzungssituation. Zuletzt bedankt sich der Bankangestellte bei Lara, die ihn wiederum darauf aufmerksam macht, dass ihre Eltern die Kunden seien, bei denen sich der Bankangestellte bedanken müsse.

Übersetzen der Tonebene – Erweiterte Untertitel

Um die Schülerinnen und Schüler an dieser Stelle auch für die sprachlichen und auditiven Barrieren zu sensibilisieren, die bei Höreinschränkungen vorhanden sein können, sollen sie zu den obigen oder alternativ zu selbst ausgewählten Szenen des Films in Kleingruppen erweiterte Untertitel erstellen, die nicht nur Hinweise zu den Dialogen, sondern auch zu den Umgebungsgeräuschen und der Tonebene (auch der Musik) geben. Es muss also genau überlegt werden, „wo und wie gekürzt wird, auch um die originären Dialoge in Inhalt und Ausdruck nicht zu zerstören".[198] So wird ein Bewusstsein dafür entwickelt, „welch große Bedeutung die Tonebene für das Erleben eines Films hat und wie schwierig es ist, alles Hörbare in Worte zu fassen".[199] Solche erweiterten Untertitel (in Klammern) könnten folgendermaßen aussehen:

> „(dumpfes Rauschen)
> Ich habe so viele Träume.
> Ich will die ganze Welt bereisen.
> Ich will viele Leute kennenlernen.
> Aber Kommunikation ist der Schlüssel …
> (Ballgeräusch)
> (Zwitschern)
> (rhythmische Musik setzt ein)
> (Hupen)
> (Motorengeräusch)
> (Trompetenklänge setzen ein)
> (Synthesizer setzt ein)"[200]

Über ein Schnittprogramm können die Schülerinnen und Schüler die von ihnen ausgewählte Szene einspielen und ihre Textteile als Untertitel einarbeiten.

Ergänzende Hinweise: Nonverbale Kommunikation – Blickkontakt, Mimik, Gestik

Blickkontakt

Unter den nonverbalen Kommunikationswegen ist der Blickkontakt eine der frühesten Formen. Säuglinge nehmen etwa ab dem 2. Monat Blickkontakt auf, wenn die Lichtverhältnisse günstig sind und eine gleichzeitige verbale Ansprache erfolgt, sie halten den Kontakt aber noch nicht lange. Sehr bald wird das Gesicht des Ansprechenden als besonderer Reiz isoliert und der Blickkontakt intensiviert sich. Mit ungefähr neun Monaten wird es möglich, den Blick des Kindes aufzu-

198 Inklusion und Film (2014), a. a. O. S. 50.

199 Ebd.

200 Ebd.: Beispiel aus dem Dokumentarfilm DEAF JAM (Judy Lieff, USA 2011), 1. Filmminute.

fangen und auf Gegenstände zu lenken. Dieser Vorgang ist oft von verbalen Äußerungen wie „Schau mal ein Ball!" oder „Guck mal da!" begleitet. Man spricht hier vom triangulären Blick, die Ecken des gedachten Dreiecks sind das Kind, der Ansprechende und das Objekt. Diese Blickkontakte werden ab ca. einem Jahr auch vom Kind initiiert.

> Dreiecks-Verbindung
> „Letztlich liegt das Besondere der sprachlichen Kommunikation darin, dass es sich immer um eine Verknüpfung der Personen- und Gegenstandswelt, also um eine Dreiecks-Verbindung von Ich, Du und Gegenstand handelt. Eine solche Verbindung gelingt dem Kind Ende des ersten Lebensjahres, wenn es nach einem kleinen Erlebnis mit dem Gegenstand erstmals zum Erwachsenen schaut mit dem fragenden Blick „was sagst du dazu?" bzw. „sagst (oder machst) du's wieder?" Dieser Blick wird als triangulärer oder referentieller Blick bezeichnet und bildet die Basis für die Entwicklung des Sprachverstehens."[201]

Der Blickkontakt ist nicht nur eine frühe Form der Verständigung, sondern bleibt ein wesentliches Element in der Face-to-face-Kommunikation. Er bahnt Gespräche an, eröffnet sie und ist ständige Begleitung und Kontrollinstanz. In manchen Situationen kann ein verständnissignalisierender oder hinweisender Blick allein bedeutungstragend sein und muss nicht durch Worte ergänzt werden. Ein Beispiel ist der wortlose böse Blick, den Gregor seiner Frau Clarissa zuwirft, als sie Laras Auswahl an Musikstücken für die Jury der Musikhochschule kritisiert (01:01:04). Blicke können den Charakter von verbalen Äußerungen unterstreichen oder Aussagen konterkarieren, ein himmelwärts gerichteter Blick signalisiert z.B. Skepsis oder Hoffnung, ein auf den Boden gerichteter Blick fehlendes Einverständnis oder Angst. Bricht der Blickkontakt ganz ab, hat das erhebliche Auswirkungen auf Gespräche; der Sprecher, der nicht mehr angesehen wird, wird irritiert sein und in irgendeiner Form reagieren. Ein Beispiel ist die Szene, in der Laras Mutter zur Schule kommt und durch das Fenster mit ihr in Gebärdensprache kommuniziert, woraufhin alle Schülerinnen und Schüler von der Lehrerin weg und zum Fenster sehen, was diese sofort bemerkt.

In der Terminologie von Watzlawick gehört der Blickkontakt zu den analogen Kommunikationsmitteln, die zur Informationsvermittlung, aber gleichzeitig wesentlich zur Absicherung der emotionalen Ebene eines Gesprächs beitragen.

Mimik

Mit Mimik wird der Gesichtsausdruck bezeichnet, der zu den analogen Kommunikationsmitteln gerechnet wird. Sie gibt unmittelbar Auskunft über die

201 Sprache, Stimme und Gehör. Unter: https://www.thieme.de/de/logopaedie/entwicklungspsychologische-sprachtherapie-72078.htm [08.03.2017]

Stimmung der Kommunizierenden und begleitet und kommentiert die verbalen Äußerungen in der gleichen Weise wie der Blickkontakt.

Da die Gebärdensprache Mimik auch als Teil des eigentlichen Zeichens verwendet, also in einem digitalen Kontext, sind Gehörlose – auch gegenüber nicht in dieser Weise an Gebärden gebundene – Mimik gegenüber besonders aufmerksam und fähig, ihre Mimik auch in der Kommunikation mit Hörenden effektiv einzusetzen. Wird Mimik allerdings von den konkreten Situationen getrennt betrachtet, kann sie missverständlich sein, wie die folgenden Bilder verdeutlichen.

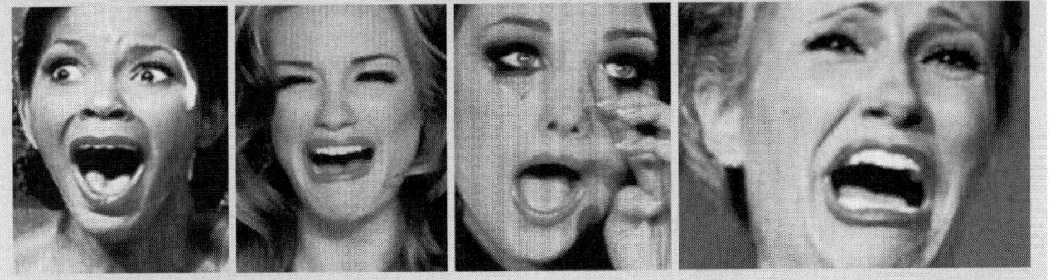

Abb. 9: Bilder von „Schönheitsköniginnen"

Hier wurden Frauen in dem Moment fotografiert, in dem sie erfahren, dass sie eine Misswahl zur Schönheitskönigin gewonnen haben. Ihre Gesichter zeigen also Überraschung und Freude.

Außerhalb dieses Kontextes könnten die oben abgebildeten Gesichter ebenso gut Angst oder Trauer ausdrücken.

Rolle der Mimik in der Kommunikation

Die Schülerinnen und Schüler können von den obigen Abbildungen ausgehend die Rolle der Mimik in der Kommunikation näher untersuchen.

- Hier können sich die Schülerinnen und Schüler über die Rolle der situativen Einbindung bewusst werden und über Missverständlichkeit reflektieren (vgl. unten *Erstellen einer Bildcollage).*
- Sie können über Situationen berichten, in denen sie Missverständnissen unterlegen sind oder selbst missverstanden wurden und analysieren, welche Kommunikationsebenen dazu führten (Sprechen, Schrift, Mimik, Gestik).
- Sie können überlegen, inwieweit Mimik echte Gefühle verdecken kann und hierbei auf die Rolle des Lächelns stoßen, dass einerseits unmittelbarer, andererseits aber auch kodifizierter Ausdruck ist.
- Sie können feste Ausdrücke zur Mimik sammeln und diese diskutieren wie *Land des Lächelns, Tal der Tränen, Tränentier, Heulsuse, Grinsebacke, Strahlemann.*

- Sie können ihren Wortschatz erweitern, indem sie Bezeichnungen für Gesichtsausdrücke zusammenstellen. Das Lächeln war: *entspannt, fröhlich, selig, schlau, falsch, hinterlistig, aufgesetzt, gekünstelt, dümmlich, entwaffnend, ansteckend.*
- Sie können die Ausformung von Smileys untersuchen und damit deren Syntax kennenlernen sowie die Integration von Mimik in die Schriftsprache. Hierzu finden sich im Internet zahlreiche Systematisierungen.

Erstellen einer Bild-Collage – Wahrheit und Authentizität

Ein Teil der Schüler und Schülerinnen kann in Zeitschriften nach Bildern suchen, auf denen ihrer Meinung nach eindeutige mimische Ausdrücke erkennbar sind, und diese auf Postern in Form einer Collage festhalten. Der andere Teil macht sich auf die Suche nach missverständlichen mimischen Ausdrücken. Die Poster können nebeneinander präsentiert und gemeinsam in der Klasse besprochen werden.

Hier könnte sich eine Diskussion über die Uneindeutigkeit von Bildern anschließen: Wie können vermeintlich „echte" Bilder (z. B. Fotos) manipuliert werden? Wie und warum wird hier mit „Wahrheit" und „Authentizität" gespielt? Dies ist in historischen und gesellschaftspolitischen Kontexten relevant (Geschichtsschreibung und -dokumentation, Vermittlung von Nachrichten etc.), aber auch in Printmedien, die über Akteure der Populärkultur (Musiker, Schauspieler, „Stars") berichten und häufig von Schülerinnen und Schülern konsumiert werden.

Gestik

Mit Gestik wird die sprachbegleitende und sprachersetzende Bewegung der Hände bezeichnet. Gesten sind teilweise allgemein verbreitet, so das Vor-den-Mund-Schlagen der Hände beim Erschrecken, andere sind kulturell kodifiziert, wie das Auflegen der Hände auf das Herz beim Absingen von Nationalhymnen oder sprachersetzende Gesten wie das Vogelzeigen.

> „Auf den ersten Blick erscheint der Unterschied zwischen Gesten und Gebärden eine einfache Sache zu sein: Gesten sind (laut-)sprachbegleitende Elemente und Teil der nonverbalen Kommunikation, Gebärden Elemente visueller Sprachen, der natürlichen Gebärdensprache der Gehörlosen. McNeill (1992) hat Gebärden und Gesten daher auf einem Kontinuum angeordnet, einer Skala, auf der Gesten als eher nichtsprachlich und Gebärden als sprachlich eingestuft werden. Auf den zweiten Blick fällt auf, dass beide Modalitäten gemeinsame Ausdrücke besitzen, so z. B. die hinweisenden Zeigegesten, Handformen bei Aufzählungen oder Elemente mit expressiver Funktion wie zum Beispiel das Abwinken."[202]

202 Ulrike Wrobel, unter: http://www.uzh.ch/news/agenda/record.php?id=17001&group=43 [04.04.2017]; McNeill (1992): Gesture. A psycholinguistic Approach. Unter: http://mcneilllab.uchicago.edu/pdfs/gesture.a_psycholinguistic_approach.cambridge.encyclop.pdf [08.07.2017]

Gebärden kommen demnach als sprachersetzende Bewegungen der kodifizierten Geste nahe, unterscheiden sich aber von ihnen, da sie einen vollständigen Wortschatz bilden und in einem syntaktischen Gefüge gebraucht werden.

Die folgenden Abbildungen zeigen eine weitere Form der Gestik, die sprachersetzend ist und teils zum Nachdenken anregen, teils einen komischen Effekt erzielen soll.

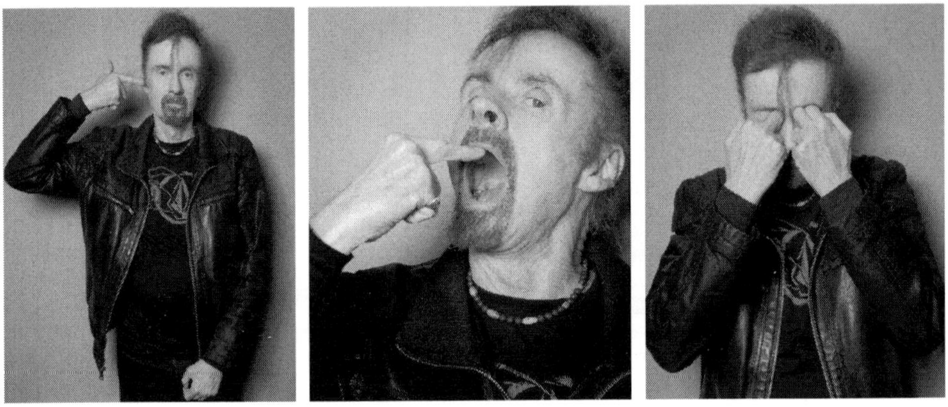

Abb. 10: Der Autor T. C. Boyle

Diese Fragen wurden dem Schriftsteller T. C. Boyle gestellt:[203]

Abb. 1: Welchen positiven Charakterzug können Sie an Donald Trump erkennen? Die Gestik greift hier auf die konventionalisierte Geste für das Schießen zurück, die den Zeigefinder als Gewehrlauf zeigt, den Daumen als Abzug und die verbleibenden Finger als Magazin. Diese Geste kann in unterschiedlicher Weise gedeutet werden. Sie könnte z. B. bedeuten: „Ich sehe keine positiven Eigenschaften und würde mich deswegen gerne selbst erschießen" oder „Auch dieser Mann ist sterblich."

Abb. 2: Woran wird die Welt nochmal zugrunde gehen? Hier wird die basale Geste, die Zeigegeste, angewendet. Das Hindeuten auf den weit geöffneten Mund kann interpretiert werden als „Die Welt wird an Großmäuligkeit zugrunde gehen" oder als „Kommunikationsprobleme richten die Welt zugrunde."

Abb. 3: Wie geht es Ihnen, wenn Sie an den momentanen Zustand der Welt denken? Hier wird die Antwort in die Nachahmung des Weinens gelegt, wobei das Bohren der Fäuste in die Augenhöhlen die Geste intensiviert. Auch lassen sich die Bewegungen in Worte übersetzen: „Mir ist zum Weinen/Heulen zumute", „Mir kommen die Tränen" oder „Da will ich gar nicht hinschauen".

203 Diese und weitere Abbildungen in: Süddeutsche Zeitung Magazin 13, 31.März 2017; http://sz-magazin.sueddeutsche.de/texte/bildergalerie/45802/8/Sagen-Sie-jetzt-nichts-T-C-Boyle#bild [13.04.2017]

Sprachbegleitende und sprachersetzende Bewegungen

Die Schülerinnen und Schüler können ausgehend von den obigen Abbildungen das Feld der sprachbegleitenden und sprachersetzenden Bewegungen erkunden und in Beziehung zur Gebärdensprache setzen.

Folgende methodische Möglichkeiten bieten sich an:
- Sammlung weiterer Gesten, die – wie im obigen Zitat angedeutet – nach allgemeinen und kodifizierten oder nach sprachbegleitenden und sprachersetzenden geordnet werden.
- Übersetzung der Gesten in Sprache und Sichtung, welche Übersetzung passt. Geste des Vogelzeigens: „Du spinnst" oder „Du bist verrückt" oder „Du bist ein Idiot".
- Klassifikation von Gesten nach Stilebenen. Welcher Ebene gehört der lippenverschließende Zeigefinger an, welcher das Halten der Hand hinter das Ohr, welcher das Vogelzeigen, welche Gesten gelten als vulgär oder sind sogar unter Strafe gestellt?
- Untersuchung der Handlungsbereiche, in denen Gesten eingesetzt werden wie politische und religiöse Gesten, Beschimpfungsgesten, Zeigegesten, Gesten für Gefühle.

Auf diese Weise können sie den Geltungsbereich und die Struktur der gestischen Kommunikation erforschen und einen bewussten Einsatz dieser Kommunikationsmittel entwickeln. Hierzu finden sich im Anhang weitere Abbildungen.

Funktionen der Sprache/des Kommunikationsakts

An den oben beschriebenen Filmszenen (Lara mit ihren Eltern bei der Lehrerin und Lara mit ihren Eltern in der Bank) können die Schülerinnen und Schüler überprüfen, ob und wie sich die Funktionen der Sprache überlappen, die sie häufig im Deutschunterricht besprechen:[204]

- Informationsfunktion – man teilt sich etwas über eine Sache/ein Ereignis mit
- Ausdrucksfunktion – man drückt dabei seine Gefühle aus
- Appellfunktion und Beziehungsfunktion – hier wird deutlich gemacht, in welchem Verhältnis man zueinander steht und wie man sich beeinflusst

Kann man in den beiden Szenen Funktionen eines Kommunikationsaktes erkennen? Welche Gesten und mimischen Ausdrücke zeigen die Gefühle bzw. die Einstellung

204 Vgl. das Kapitel „Kommunikation: Information, Beziehung, Ausdruck, Appell" im Deutsch-Buch: Praxis: Sprache und Literatur für die Klasse 9/Gymnasium. Braunschweig: Westermann. S. 263.

der Gesprächspartner? Wie ist es um die Beziehung der Agierenden zueinander bestellt?

Ergänzende Hinweise: Organon-Modell von Karl Bühler/
Kommunikationsquadrat von Friedemann Schulz von Thun

Das Organon-Modell von Karl Bühler von 1934 bezieht sich auf die gesprochene Kommunikation und veranschaulicht, wie das sprachliche Zeichen zustande kommt und welche Funktionen es erfüllt. Das sprachliche Zeichen ist durch das Dreieck (Z) symbolisiert, der Kreis steht für die Lautäußerung.

Die Kreisabschnitte, die nicht im Dreieck liegen, zeigen Lautliches, das nicht zur Zeichenbildung beiträgt. So ist es für das Zeichen nicht relevant, ob ein R-Laut mit der Zungenspitze oder im Rachenraum gebildet wird.

Die Zipfel, die zum Dreieck gehören, aber nicht im Kreis liegen, zeigen Aspekte des Zeichens, die nicht über die Lautebene realisiert werden, die apperzeptive Ergänzung. Hierunter sind sich aus der Situation ergebende semantische Informationen zu verstehen, die z. B. Ellipsen zulassen.

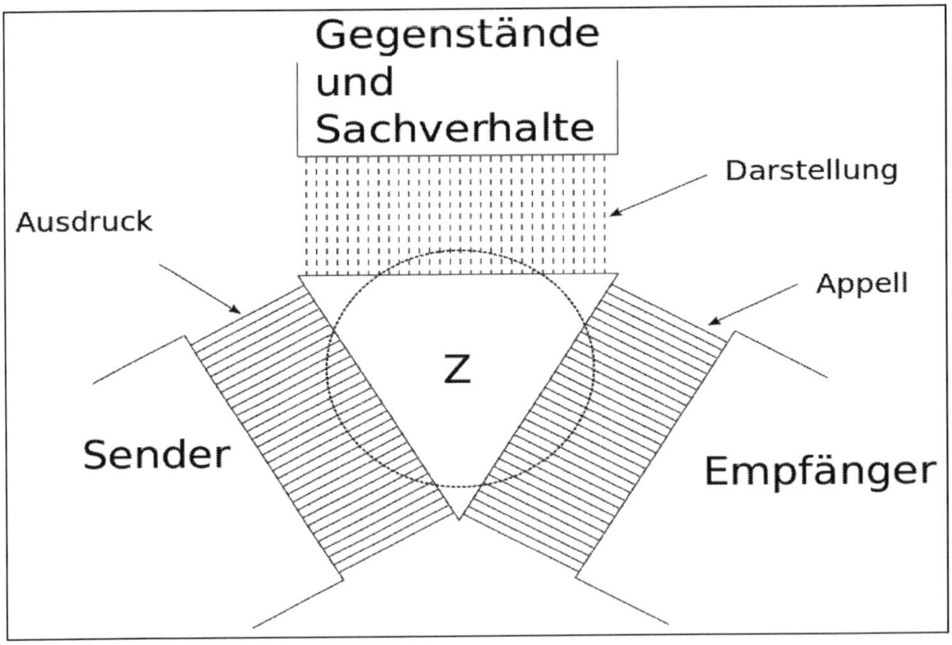

Abb. 11: Organon-Modell von Karl Bühler

Schülerinnen und Schüler könnten die Darstellungen in Bezug auf andere Kommunikationsformen diskutieren und überlegen, ob die Gebärdensprache durch dasselbe Modell abgebildet werden kann.

Das Organon-Modell wurde für verschiedene Zwecke abgewandelt. Der Psychologe und Kommunikationswissenschaftler Friedemann Schulz von Thun entwickelte in den 1980er Jahren ein Kommunikationsquadrat, das neben den Ebenen Bühlers (Ausdrucks-, Sach- und Appellebene) zusätzlich eine Beziehungsebene etabliert. Die Beziehungsebene ist genau genommen auch in den Begriffen Bühlers (Ausdruck und Appell) bereits angelegt. Schulz von Thun greift hier einen Begriff aus dem zweiten Axiom von Watzlawick auf (vgl. 4.2.2 Ergänzender Hinweis: Die fünf Axiome zur Kommunikation von Paul Watzlawick et al.). Hierdurch wird das Dreieck zum Kommunikationsquadrat.

In der Beziehungsebene des Modells von Schulz von Thun kann die durch Ausdruck und Appell zustande kommende Reaktion des Empfängers mitgedacht werden. Bühlers Modell hingegen fokussiert einen einzelnen Gesprächsturn, um das Zustandekommen sprachlicher Verständigung zu analysieren. Das Schulz von Thun-Modell kann dagegen auf eine Kommunikation mit mehreren Turns bezogen werden, in der sich eine Beziehungsebene ausbildet. Entsprechend wird dieses Modell in schulischen Kontexten, vor allem in der Berufsschule, zur Analyse von Verkaufsgesprächen herangezogen.

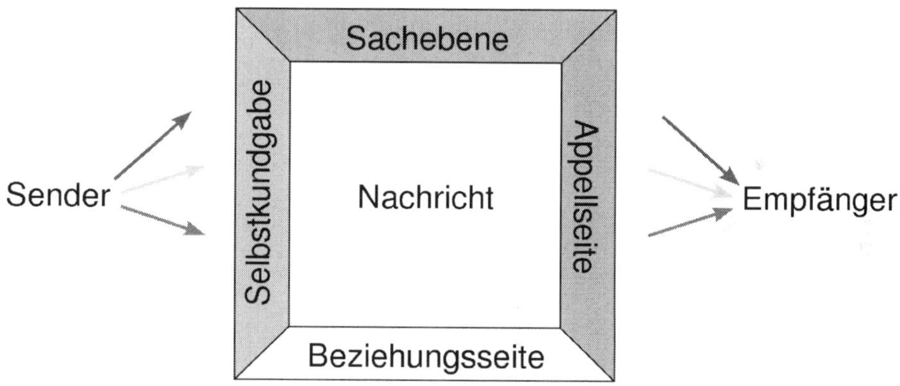

Abb. 12: Kommunikationsmodell von Schulz von Thun

Das Modell ist geeignet, die Verläufe von Kommunikation auf der Beziehungsseite zu analysieren, so können Schülerinnen und Schüler neben der oben angesprochenen Szene auch Streitgespräche oder die Anbahnung von Bekanntschaften analytisch betrachten.

Eine mögliche Darstellungsform wäre, den verbalen Teil der Kommunikation vorzugeben und sie die nonverbalen Teile ergänzen zu lassen und/oder zu den verbalen Äußerungen Beobachtungen zu den Ebenen zu ergänzen.

Turn	Sachebene	Selbstkundgabe	Appellseite
1. Turn: Bankangestellter „Nein, tut mir leid, vor dem ersten März kann ich da gar nichts machen." „Sag ihnen, dass sie sich auf ein halbes Jahr festgelegt haben und dass die Rendite erst dann fällig wird."	Stand des Vertrags	Darüber lasse ich nicht mit mir reden.	Insistieren Sie lieber nicht.
2. Turn: Vater (Äußerung in Gebärdensprache)	Einwendung des Vaters	Ich bin unzufrieden.	Geben sie das Geld früher frei.
3. Turn Lara: „Mein Vater bedankt sich, er ist zufrieden mit dem Geschäft."	Einverständnis wird behauptet	Wir geben klein bei.	Sie haben gewonnen.

Ebenen des Gesprächs

Mit Hilfe der Kommunikationsmodelle kann auch Dolmetschen reflektiert werden, denn vor allem mündliches Übersetzen ist eine besondere Form der Kommunikation.

> „Bei der zweisprachigen Kommunikation verfügen Sender und Empfänger jeweils über einen unterschiedlichen Code, so dass als Schnittstelle die Instanz des Übersetzers notwendig wird, der beide Codes gleichermaßen gut beherrscht und somit die Basis für eine „verlustfreie" Transformation in beide Richtungen bildet."[205]

Anhand dieses Zitats und eines der oben dargestellten Modelle können die Schülerinnen und Schüler eine der Filmszenen darauf hin untersuchen, worin „Verluste" bestehen können. Sie können die Verluste in Form eines Textes oder einer Übersicht zusammentragen und Beispiele aus dem Film hinzufügen, dabei wird es vor allem um die Informationsebene gehen. Die Eltern erfahren z. B. nicht, dass Lara schlecht liest. Im Anschluss kann ein Gespräch über Missverständnisse bei Übersetzungen zwischen Hörenden geführt werden, zu dem die Schülerinnen und Schüler eigene Erfahrungen beisteuern können.

Aus der unterrichtlichen Besprechung der obigen Szenen, die das Thema Übersetzung betreffen, können die Schülerinnen und Schüler einen Wortspeicher zusammentragen, der bei späteren Textproduktionen verwendet werden kann. Eine solche Sammlung könnte wie folgt angelegt sein:

205 Claus-Bernhard Benger (2004): Von der Blechtrommel bis Ein weites Feld: Günter Grass' Prosastil und die Probleme seiner Übertragung ins Französische. Inaugural-Dissertation zur Erlangung der Doktorwürde der Philosophischen Fakultät der Albert-Ludwigs-Universität Freiburg i. Breisgau. S. 20 f. Unter: https://freidok.uni-freiburg.de/dnb/download/161 [22.02.2017] (Im Text erwähnte Literatur: Jörn Albrecht (2011): Linguistik und Übersetzung. Tübingen: De Gruyter; Otto Kade (1968): Zufall und Gesetzmäßigkeit in der Übersetzung. Leipzig: Verlag Enzyklopädie.

Aktanten **Nomen**	**Handlungen** **Verben**	**Qualität** **Adverbien, Adjektive**
Übersetzer, Sender Dolmetscher, Autor	übersetzen, dolmetschen, verfassen, verändern, verschweigen, lügen, schummeln, unterschlagen, beschönigen, artikulieren, nuscheln	(un)deutlich, exakt, (un)genau, pauschal, ökonomisch, detailverliebt direkt, verzögert, überhastet (un-)wahr, falsch, dreist
Hörer, Rezipient, Empfänger	hören, (miss-)verstehen rezipieren, empfangen erahnen, vermuten, schließen	verzerrt, klar, sofortig, sofort, zeitversetzt, spät, vage, verzerrt

Wortspeicher zum Übersetzen

Die oben dargestellte Form ist auch eine implizite Form der Wiederholung von Wortarten und kann genutzt werden, um den Unterschied zwischen Adverbien und Adjektiven sowie Prozesse der Wortbildung zu thematisieren.

Wortspeicher lassen sich auch als Wortfelder darstellen und können in die Form einer Mindmap gebracht werden, die ebenfalls fortlaufend ergänzt werden kann. Solche Formen sind eine Unterstützung auch für viele mehrsprachige Schülerinnen und Schüler sowie Lernende mit Einschränkungen der Lexik.

Vertiefung zum Dolmetschen

Die Abbildung von Lisa Schweizer und der zugehörige Artikel von Haluka Maier-Borst können als Impuls für ein Gespräch über die Fachkommunikation mit Gehörlosen und das Recht auf einen Gebärdendolmetscher verwendet werden. (Auszüge aus dem Artikel finden sich im Ergänzenden Anhang, 8.4).

Abb. 13: π in der Gebärdensprache

Ausgangspunkt des Gesprächs mit den Schülerinnen und Schülern kann die Frage sein, wie in der Grafik die Hände gezeigt werden, zu wem hier gesprochen wird oder welche Kenntnisse die Dolmetscherin wohl hat.

Der Text zeigt Probleme der übersetzten Kommunikation zwischen gehörlosen und hörenden Fachleuten auf, etwa Aspekte des Zeitmanagements oder die Suche nach geeigneten Dolmetschern. Auch beschreibt er einige Gebärden aus der Physik sehr anschaulich und verdeutlicht die Probleme der Gebärdendolmetscher im Hinblick auf Fachsprache. Als Interview mit einem gehörlosen Professor der Physik zeigt der Text darüber hinaus einen beispielhaften beruflichen Werdegang.

Intertextuelle und intermediale Bezüge

Ergänzend kann der Text, den Lara als Hausaufgabe vorbereiten soll, im Unterricht genutzt werden. Es handelt sich um „Das Kalte Herz“ von Wilhelm Hauff.[206] Der Titel wird zwar im Film nicht ausdrücklich erwähnt, aber durch die Tafelanschrift in der Szene, in der Laras Mutter vor dem Fenster des Klassenzimmers steht, deutlich (0:06:18–0:08:00). Die Textabschnitte, die von Lara und einem anderen Schüler in der Klasse vorgelesen werden, stammen aus diesem Kunstmärchen. Dieser Text ist allerdings von Lexik und Syntax her für Leseanfänger wenig geeignet. Der Film zeigt, dass die Lehrerin ihre Klasse hier überfordert, da auch Laras Mitschülerinnen und Mitschüler beim Lesen Probleme haben. Die Aufforderung der Lehrerin, „mit Gefühl“ zu lesen, wirkt daher zynisch. Der Textinhalt – es geht unter anderem um Reichtum, der als Gegenpol zu Güte und Glück positioniert wird – kann als ein Gegenbild zu Laras Familie gesehen werden, die als in bescheidenen Verhältnissen lebend, aber zufrieden dargestellt wird.

Diesen Zusammenhang können die Schülerinnen und Schüler herstellen, wenn sie darüber sprechen, was im Film von Lara und ihrer Klasse gelesen wird und das Märchen anschließend erzählt, gelesen oder in einer der zahlreichen Adaptionen rezipiert wird. Ein solches Verlassen des Hauptthemas rechtfertigt sich, da auf diese Weise intertextuelle und intermediale Bezüge hergestellt werden können.

Umgang mit Gehörlosigkeit I

Erste Begegnung zwischen Lara und Tom (1:02:12–1:05:50)

In dieser Szene läuft Lara über einen Wochenmarkt und beobachtet, wie sich ein junger Mann mit einem kleinen Mädchen in Gebärdensprache verständigt. Lara folgt den beiden bis zu einem Spielzeuggeschäft und schaut durch das Schaufenster. Der Mann blickt sie an und Lara kommuniziert mit ihm durch die Scheibe in

206 Vgl. Wilhelm Hauff (2003): Das kalte Herz. Berlin: Eulenspiegel-Verlag [Ersterscheinen 1827].

Gebärdensprache. Sie betritt das Geschäft und hört den Mann mit der Verkäuferin sprechen. Daraufhin fragt sie: „Bist du gar nicht taub?“ und er antwortet: „Ne, du?“ Ganz selbstverständlich war Lara davon ausgegangen, dass der Mann, Tom, sich nur über Gebärdensprache verständigen kann. Dass er ebenfalls, wie sie selbst, beide Kommunikationssysteme beherrschen könnte, ist ihr nicht in den Sinn gekommen. Das klärt sich im weiteren Gespräch zwischen beiden auf, als Tom ihr erzählt, dass er mit seinem gehörlosen Vater, der ihn allein großgezogen hat, aufgewachsen und nun Lehrer an einer Gehörlosenschule ist. Interessanterweise gebärdet Tom gleichzeitig, wenn er mit Lara spricht und bezieht so vollkommen selbstverständlich das kleine Mädchen, das nur gebärdensprachlich kommunizieren kann, mit in das Gespräch ein. Tom erzählt Lara, dass er bald nach Washington wolle, um dort die Gallaudet-Schule zu besuchen, wo man alles in Gebärdensprache studieren könne („Die sind dort zwanzig Jahre weiter als wir!“) und Gebärdensprache als vollwertige Sprache anerkannt sei.

Recherche: Gallaudet-Universität

Die Schülerinnen und Schüler können zu dieser Szene Informationen zur Gallaudet-Universität heraussuchen, die als erste und weltweit bislang einzige Universität für gehörlose und schwerhörige Studierende ihr komplettes Programm und alle Leistungen für Studierende mit Höreinschränkungen angepasst hat. Alle Veranstaltungen (Vorlesungen, Seminare etc.) werden dort bilingual abgehalten, das heißt in amerikanischer Gebärdensprache und englischer Schriftsprache, um ein barrierefreies Studieren zu ermöglichen. Im Jahr 1986 wurde die Schule zur Universität ernannt, an der man Bachelor-, Master- und Doktorgrade erlangen kann. Die Führung der Universität ist weitgehend mit Gehörlosen besetzt, nachdem es in diesem Zusammenhang im Jahr 1988 Proteste von Studierendenseite gegeben hat. Dadurch, dass dort gehörlose und hörende Studierende gemeinsam lernen, können sich beide Perspektiven miteinander verbinden.[207]

Ergänzende Hinweise: Gallaudet-Universität

Die Schule entstand in einer Zeit, in der die Gebärdensprache in Amerika weiterentwickelt worden war und breite Akzeptanz gefunden hatte. Sie hatte sich in der Bildung Gehörloser weitgehend durchgesetzt. Seit 1864 durfte die Schule sich College nennen, Gallaudet war ihr erster Leiter. In den 1870er Jahren gab es einen bildungspolitischen Umschwung zu Gunsten der Oralisten, der Pädagogen, die auch Gehörlose zur Verwendung der Lautsprache führen wollten. Hinweise

207 Vgl. hierzu: http://gehoerlosen-bund.de/index.php?option=com_content&view=article&id=1562%3Abarrierefreiehochschulediegallaudetuniversityeinexkursindieusa&catid=83%3Ameinkind&Itemid=129&lang=de [08.05.2017]; https://www.gallaudet.edu/ [17.05.2017]

auf diese pädagogische Ausrichtung finden sich in *Jenseits des Stille* (Familie des Vaters) und *Freak City* (Leas Familie).

> „Edward Gallaudet war ein aufgeschlossener Mann, der Ende der sechziger Jahre ausgedehnte Reisen durch Europa unternahm und Gehörlosenschulen in vierzehn Ländern untersuchte. Er stellte fest, daß die meisten von ihnen sowohl die Gebärdensprache als auch die Lautsprache unterrichteten, und daß die Schulen, die den Schwerpunkt auf die Gebärdensprache legten, hinsichtlich der sprachlichen Artikulation ebenso viel Erfolg hatten wie die oralistisch orientierten Schulen, während sie hingegen auf dem Gebiet der Allgemeinbildung bessere Ergebnisse erzielten. Er fand, daß Sprechfertigkeit zwar höchst erstrebenswert sei, jedoch nicht die Basis des Grundunterrichts sein könne, und daß diese Grundlagen des Wissens zu einem früheren Zeitpunkt mit Hilfe der Gebärdensprache vermittelt werden müssten".[208]

Diese Auffassung Gallaudets hat sich heute auch in Deutschland weitgehend durchgesetzt.

Lara besucht Tom in der Gehörlosenschule (1:06:00–1:08:08)

Lara besucht Tom in der Gehörlosenschule, in der er als Lehrer unterrichtet. Bereits im Schulflur geht sie an Kindern vorbei, die sich über Gebärdensprache verständigen. Als sie den Klassenraum von Toms Klasse betritt, sitzen die Kinder im Kreis und trommeln laut auf den Boden. Im Anschluss sollen sie sich – auch Lara – auf den Bauch legen und die Augen schließen. Tom spielt Musik ab und lässt sie immer lauter werden, bis die Kinder die Musik über die Vibration des Bodens erspüren und aufstehen, um zu tanzen. Nur Lara bleibt liegen und beobachtet die Kinder. Lächelnd spricht und gebärdet Tom: „Arme Lara, ich glaub', sie kann Musik nicht spüren". Hier wird Musik als Thema des Films in doppelter Perspektive aufgegriffen. Einerseits als etwas zu Erspürendes, das man auch ohne Hörfähigkeit erfahren kann. Andererseits als Metapher für Emotionen, da Lara durch ihr Klarinettenspiel und das schwierige Verhältnis ihres Vaters zu dieser, eine besonders enge emotionale Verbindung zur Musik hat, was Tom zu diesem Zeitpunkt noch nicht wissen kann (vgl. Kap. 5.2.3 „Musik erfühlen").

Schlussszene: Aufnahmeprüfung (1:40:25–1:44:50)

In der Schlusssequenz des Films wird das Erspüren von Musik über Vibration erneut aufgegriffen, als Laras Vater zu ihrer Aufnahmeprüfung an der Musikhochschule kommt. Lara hatte gerade der Jury zu erklären versucht, warum ihr Klezmer-Musik so viel bedeutet: Sie sei „fröhlich und wild" und gleichzeitig „traurig und nicht wirklich frei". Diese Verbindung können sie gut verstehen. Hier verdeutlicht sie über den

208 Oliver Sacks (2015): Stumme Stimmen, a. a. O. S. 51 f.

Versuch, Klezmer-Musik zu definieren, Aspekte ihres eigenen Lebenskonflikts des Dazwischen-Stehens: als hörendes Kind gehörloser Eltern und als Musikerin und Tochter eines Vaters, der Musik ablehnt.

Lara ist sehr verunsichert, als sie ihren Vater plötzlich in den Saal hereinkommen sieht und er gebärdet, dass er ihr beim Spielen zusehen wolle. Er schaut ihr beim Spiel von der Empore aus zu und umklammert dabei die Balkonbrüstung, über die er möglicherweise die Musik seiner Tochter erspüren kann. Auch hier erhält das Erspüren der Musik eine zusätzliche metaphorische Bedeutung, da der Vater deutlich an der Brüstung Halt sucht, was seine eigene Verunsicherung und den Verarbeitungsprozess seines (Musik-)Traumas unterstreicht. Nach dem Vorspiel gibt er Lara zu verstehen, dass er ihre Musik zwar nicht hören könne, aber versuchen wolle, sie zu verstehen. Hier beginnen sich also verschiedene Konflikte zu lösen: 1. das Eltern-Kind-Verhältnis, indem sich beide wieder einander annähern und Lara durch das Bestehen der Aufnahmeprüfung einen wichtigen Schritt ins Erwachsenenleben macht und sich in diesem Sinne vom Vater loslöst, 2. das schwierige Verhältnis von Laras Vater zur Musik, das aus seiner Kindheit und der Konkurrenz mit der musizierenden Schwester herrührt.

Filmsprachliche Mittel – Hell-dunkel-Kontraste/Klezmer-Musik

Bei der Schlussszene bietet es sich an, die Schülerinnen und Schüler die filmsprachlichen Mittel der Szene untersuchen zu lassen. Warum steht der Vater im Dunkeln? Inwieweit ist es bedeutsam, dass die Hände, mit denen er die Brüstung umklammert, in Großaufnahme gezeigt werden? Wie ist die Farbgebung und wie wird mit den Hell-dunkel-Kontrasten gearbeitet?

Was die musikalische Ebene betrifft, kann untersucht werden, welche Bedeutung Klezmer-Musik für den Film hat? Die Schülerinnen und Schüler können recherchieren, woher die Tradition der Klezmer-Musik stammt, die traditionell als Hochzeits- und Festmusik der jiddisch-sprachigen aschkenasischen Juden im Osteuropa des 18. und 19. Jahrhunderts gebraucht wurde und zunächst mit Instrumenten wie der Geige und einer Form des Hackbretts und erst später auch in der Besetzung mit Klarinette und Akkordeon ausgeführt wurde, wie man sie heute hauptsächlich in Klezmerbands antrifft. Interessant ist, dass sich der Begriff Klezmer aus den hebräischen Wörtern kle (= Schlüssel/Werkzeug) und zemer (= Melodie) ableitet. Das verleiht der Klezmer-Musik in *Jenseits der Stille* eine besondere Note, da auf der Inhaltsebene die Musik/die Melodie als Schlüssel zum Verständnis Laras und ihres Entwicklungsprozesses dient.

Wahrnehmung und Musik im Film

Der Film rückt in verschiedenen Sequenzen das Thema Wahrnehmung in den Fokus. So wird beispielsweise bereits im Vorspann des Films eine ungewöhnliche

Perspektive eingenommen, indem von unterhalb einer Eisdecke nach oben gefilmt wird. Man erahnt etwas oberhalb der Eisdecke und nimmt schattenhafte Bewegungen wahr, ohne erkennen zu können, worum es sich handelt. Es könnte sich durchaus um etwas Bedrohliches handeln. Dies wird durch die sphärischen Klänge unterstützt, aus denen sich erst allmählich erkennbare Worte herausschälen. Letztlich zeigt sich eine fröhliche Eislaufszene (0:00:00–0:02:31), was durch die einsetzende Musik akustisch untermalt wird.

Die Schülerinnen und Schüler können sich auf die Suche nach weiteren Szenen im Film begeben, die mit Wahrnehmung zu tun haben, z. B. das Schattenspiel auf der Mauer, wenn Lara und Tom miteinander tanzen (1:11:10–1:11:32), in dem es um unterschiedliche Sichtweisen geht oder die Erinnerungssequenzen des Vaters (0:27:55–0:29:00), die durch das Unterlegen der dumpfen Geräusche und durch die sepiafarbene Einfärbung der Sequenzen nicht nur eine „alte", sondern auch eine düstere Atmosphäre bekommen. Hier könnten die Schülerinnen und Schüler auch mit unterschiedlichen Musikstilen und Tönen experimentieren, die sie den Szenen unterlegen. Was ändert sich, wenn die Tonspur sich ändert oder der Ton weggelassen wird?

Ergänzende Hinweise: Wahrnehmen von Musik durch Höreingeschränkte

Die Schülerinnen und Schüler können der Frage nachgehen, ob Laras Eltern tatsächlich keine Musik hören können. Hierzu kann die Grafik zum Hören von Lautstärken und Frequenzen genutzt werden, die sich im ergänzenden Anhang befindet (8.4). Die Erarbeitung der Aussage der Grafik kann in den Physikunterricht eingebunden werden, einige Erläuterungen finden sich auch im Kapitel 4.2 (Abb. 14).

Da – wie Abbildung 14 zeigt – vor allem niederfrequente Töne gehört werden können, sind Instrumente wie Harfe und Geige oft außerhalb des Hörbereichs, wohingegen viele Blasinstrumente, Trommeln und elektrisch verstärkte Instrumente wie E-Gitarren oft noch erhört werden können.

> „In einem Brief an seinen Freund Dr. Franz Gerhard Wegeler (1765 bis 1848) vom 29. Juni beschreibt Beethoven die dissonante Kognition von Menschen und eigener Musik: „Der neidische Dämon hat meiner Gesundheit einen schlimmen Streich gespielt, nämlich mein Gehör ist seit drei Jahren immer schwächer geworden (Schwerhörigkeit) (…) nur meine Ohren, die sausen und brausen Tag und Nacht fort (Tinnitus) (…) Ich bringe mein Leben elend zu. Seit zwei Jahren meide ich alle Gesellschaften, weils mir nicht möglich ist, den Leuten zu sagen, ich bin taub. Hätte ich irgend ein anderes Fach so gings noch eher, aber in meinem Fach ist es ein schrecklicher Zustand (…) Die hohen Töne von Instrumenten und Singstimmen höre ich nicht (Hochtonverlust), wenn ich etwas weit weg bin, auch die Bläser im Orchester nicht. Manchmal auch hör ich den Redner, der leise spricht, wohl, aber die Worte nicht (Sprachverständlichkeitsverlust), und doch, sobald jemand schreit, ist es mir unausstehlich (Hyperakusis)."[209]

209 Hans-Peter Zenner (2002): Beethovens Taubheit: „Wie ein Verbannter muß ich leben". Deutsches Ärzteblatt 99(42): A-2762/B-2353/C-2208 unter: https://www.aerzteblatt.de/

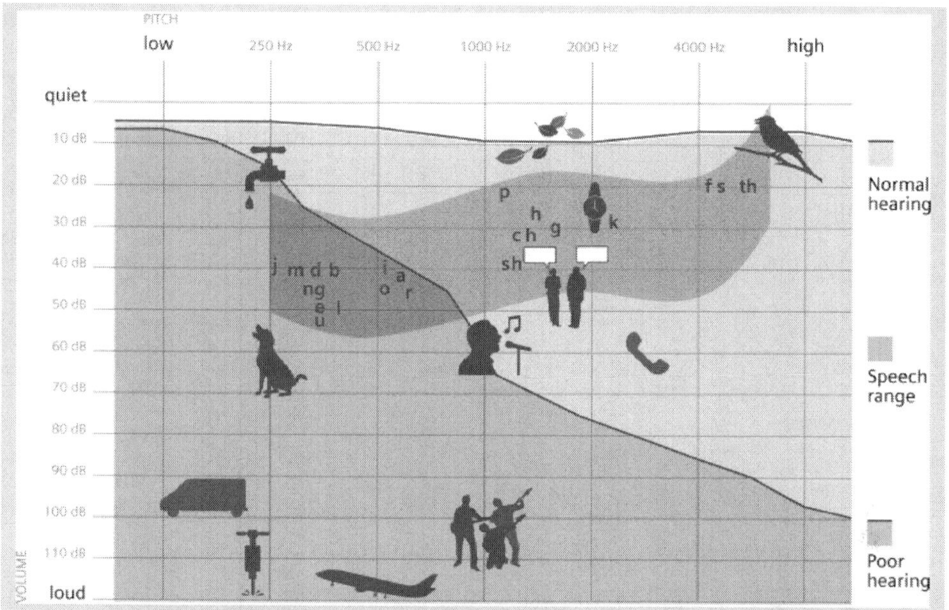

Abb. 14: Hören von Lautstärken und Klangfrequenzen

Die Wahrnehmung und das individuelle Empfinden von Musik sind sehr unterschiedlich. Da Schall sich auch auf Gegenstände überträgt, kann Musik anhand der entstehenden Vibration gefühlt werden. Auch der früh ertaubte Beethoven nutzte diese Möglichkeit.

> „Es war Johann Melzel, der Erfinder des Metronoms, der Beethoven 1814 eine kleine Hilfe zukommen ließ: ein Hörrohr. Eine weitere Unterstützung war ein an seinem Erard-Flügel befestigter Holzstab, den Beethoven zwischen seine Zähne nahm. Auf diese Weise hatte er ein Vibrationsempfinden.“[210]

(vgl. hierzu auch die oben skizzierten Szenen: *Lara besucht Tom in der Gehörlosenschule* sowie die *Schlussszene*).

Sind hörbeeinträchtige Schülerinnen und Schüler in der Klasse, können deren Erfahrungen und musikalische Neigungen erfragt werden und es kann Filmmaterial zu hörbeeinträchtigen Musikern herangezogen werden. Auch hier ist der Zeitpunkt des Eintretens der Einschränkung von Bedeutung. Hier ist eine Kooperation mit den Fach Musik ein naheliegender Schritt. Für die Seite von Sprache ergibt sich hier ein Anlass, Sprachgeräusche im Umfeld anderer Klänge zu zeigen und so deren Spezifika herauszuarbeiten (Näheres hierzu in Kap. 2).

---

archiv/34009/Beethovens-Taubheit-Wie-ein-Verbannter-muss-ich-leben [09.05.2017] (Auslassungen von Eva Lipkowski)

210 Ebd.

Umgang mit Gehörlosigkeit II

In einer Filmsequenz „testet" die kleine Schwester von Lara im Spiel, ob die Mutter tatsächlich nichts hören kann oder eigentlich eine „Spionin" ist (0:44:40–0:46:40). Sie macht sich gemeinsam mit ihrer Freundin einen Spaß daraus, so zu tun, als hätte sie sich schwer verletzt und wälzt sich schreiend auf dem Boden. Hier zeigt sich ein kindlich-naiver, spielerischer Umgang mit Gehörlosigkeit, auf den die Mutter, als ihr die Situation von Lara erläutert wird, mit Humor, Lara selbst jedoch sehr kritisch reagiert.

Mindmap zu den Figuren

Anhand dieser Szene können die Schülerinnen und Schüler Situationen von Kindern Gehörloser reflektieren. Dabei können sie – durch Wortspeicher unterstützt – den Figuren (Lara, ihrer kleinen Schwester und der Mutter) Adjektive zuordnen und eine Mindmap zu jeder Figur zusammenstellen.

- Lara: jugendlich, aufgeregt, ärgerlich, streng, vorwurfsvoll, zurechtweisend, belehrend, kontrolliert, besorgt, ungerecht
- Kleine Schwester: kindlich, wild, ungehemmt, phantasievoll, spontan, lustig, frech, albern, unbeschwert, unverschämt, dreist
- Mutter: erwachsen, ruhig, souverän, amüsiert, heiter, freundlich, verständnisvoll, selbstsicher, oberflächlich

Diese Mindmap kann Teil einer Personenbeschreibung oder Charakteristik werden, in die auch andere Aspekte wie Aussehen oder Tätigkeit eingehen.

Die Mutter lernt Radfahren (0:31:25–0:32:55)

Lara wünscht sich, dass ihre Mutter Radfahren lernt, da andere Mütter das auch können. Es wird gezeigt, wie die Mutter beim Erlernen des Radfahrens mit ihrem Gleichgewicht kämpft. Auch wird bereits hier eine gefährliche Situation gezeigt, als ein Traktor hinter ihr auftaucht, sie diesen allerdings nicht bemerkt, da sie ihn nicht heranfahren hören kann. Da die Mutter später bei einem Radfahrunfall sterben wird, entwickelt sich zwischen Lara und ihrem Vater ein Schuldkonflikt.

Diese Szenen können zum Anlass genommen werden, über räumliche Orientierung zu sprechen. Hier kann wieder mit dem Fach Physik zusammengearbeitet werden, indem die Klangeigenschaften von Materialien thematisiert werden. Die akustische Orientierung in einem dunklen Raum wird als Metapher für Taubheit auch in *Freak City* angesprochen, bei dem der Protagonist ein „Dunkelcafé" besucht.

Ergänzende Hinweise: Hören und Gleichgewicht

Das dem Gleichgewichtssinn zugeordnete Organ ist im Innenohr angesiedelt. Dies zeigt auch die Grafik in Kap 3.1, in der die Lage des Gleichgewichtsorgans innerhalb des Schädels erkannt werden kann.

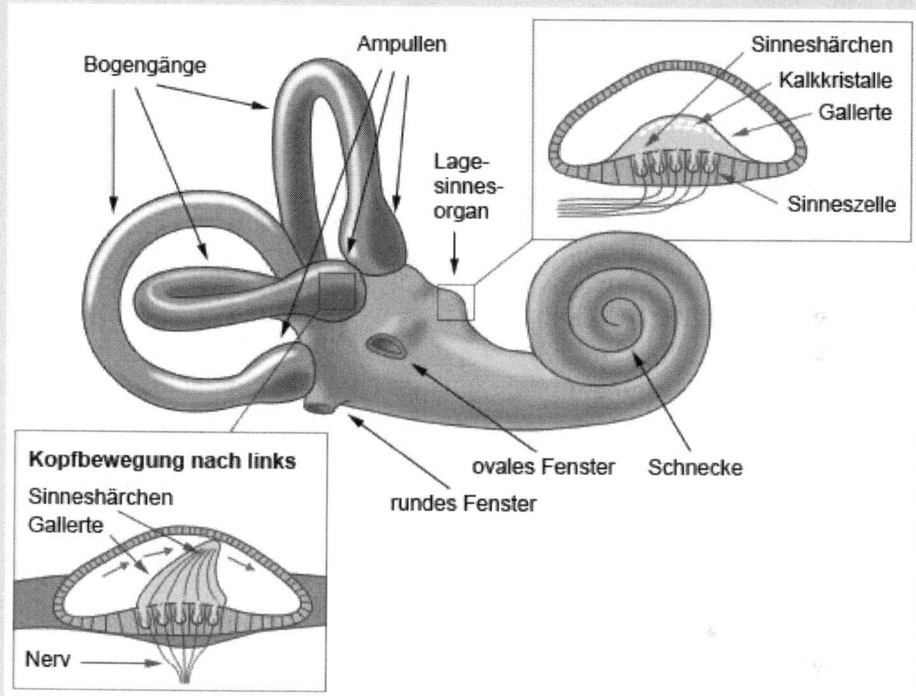

Abb. 15: Gleichgewichtsorgan/vestibulares Organ

Neben den vom vestibularen Organ weitergeleiteten Reizen sind auch visuelle Eindrücke für die Aufrechterhaltung des Gleichgewichts verantwortlich. So kann Schwindel auch aufgrund visueller Eindrücke auftreten. Ist die Fähigkeit Hören beeinträchtigt, kann auch der Gleichgewichtssinn auf beiden Ohren unterschiedlich stark eingeschränkt sein.

> „Unser Innenohr beherbergt nicht nur die Hörschnecke (Cochlea), sondern ist auch der Sitz des Gleichgewichtsorgans (Vestibulum oder Labyrinth). Erkrankungen des Innenohres äußern sich neben Schwerhörigkeit daher auch häufig in Gleichgewichtsproblemen. So klagen ca. 30% der Menschen mit funktioneller Taubheit schon vor der Cochlea-Implantation über Schwindel".[211]

211 Dr. med. Julia Dlugaiczyk: Mit beiden Ohren UND mit beiden Beinen mitten im Leben – Hören und Gleichgewicht. Unter: http://www.medel.com/de/sf-nr-4-hoeren-und-gleichgewicht/ [03.04.2017]; Manuela Fina et al. (2003): Vestibular dysfunction after Cochlear Implantation. Otol Neurotol 24: 234–242.

Hörenden jungen Menschen ist oft nicht bewusst, wie stark Gleichgewichtsprobleme das körperliche Wohlbefinden und sogar die Fähigkeit zu gehen beeinträchtigen, bei Schwindel denken sie eher an Schaukeln, Fahrgeräte auf der Kirmes oder Folgen von Alkoholkonsum. Soll angesprochen werden, was es bedeutet, im Alltag mit Gleichgewichtsproblemen konfrontiert zu sein, können auch eigene Erfahrungen der Schülerinnen und Schüler mit Höhenangst, die Schwindel hervorruft, und Höhenschwindel angesprochen werden.

5.2.3 *Louisa*

Mit dem Film *Louisa* hat die Regisseurin Katharina Pethke im Jahr 2011 ihren Diplomabschlussfilm des Studiums an der Kunsthochschule in Köln vorgelegt. Er thematisiert einerseits, wie eklatant sich das Leben eines Menschen ohne Hörfähigkeit von dem Leben Hörender unterscheidet. Andererseits wird auf unterschiedlichen Ebenen der Prozess der Wahrnehmung und Kommunikation und die Frage nach der Selbstbestimmung über die eigenen Sinne ins Bewusstsein gerückt. Der Dokumentarfilm, in dem die Regisseurin ein sensibles Porträt ihrer eigenen Schwester Louisa zeichnet, ist mit zahlreichen Preisen ausgezeichnet worden, unter anderem mit der „Goldenen Lola", dem Dokumentarfilmpreis/Filmz Mainz und dem Preis „New Talents" auf der Biennale Cologne 2012.[212]

Inhalt, Themen und Genre

Erzählt wird die Geschichte der 23-jährigen Louisa, die das Lippenlesen und Sprechen erlernt hat, dabei aber immer von einem Gefühl des Versagens begleitet war. Nun muss sie sich mit ihrem stetig abnehmenden Hörvermögen auseinandersetzen. Sie nähert sich dabei der Kultur der Gehörlosen an und wendet sich immer mehr dem Gebrauch der Gebärdensprache zu. Letztlich entscheidet sie sich in einem reflektierten, aber auch hochemotionalen Prozess gegen ein Hörimplantat. Als Zuschauer erlebt man die Konflikte der Protagonistin, die zwischen zwei Kommunikationswelten steht, hautnah mit, wenn man sie beispielsweise bei ihren Gesprächen mit dem Arzt und ihren Eltern erlebt, die sich um die Zukunft ihres Kindes sorgen und höchst unterschiedliche Strategien im Umgang mit Louisas Hörverlust entwickelt haben. In diesem Sinne erzählt der Film eine Familiengeschichte und zugleich die Geschichte einer sensuellen Emanzipation, die um die Frage kreist, wie man überhaupt wahrnimmt und wie sich die Wahrnehmung durch die massive Einschränkung des Hör-

212 Preise: Goldene Lola, Deutscher Kurzfilmpreis 2011; Goldene Taube, DOK Leipzig 2011; Dokumentarfilmpreis, FILMZ Mainz 2011; Crossing Europe, Linz 2012; New Talents, Biennale Cologne 2012. Regie und Kamera: Katharina Pethke, Deutschland 2011, 62 Min., gefördert von der Film- und Medienstiftung NRW.

sinns von der Schwerhörigkeit bis zur Taubheit ändert. Zugleich dokumentiert der Film die bewusste Ablösung von den Eltern und ihren Vorstellungen eines „guten Lebens“ (für ihr Kind), das Erwachsenwerden und die Suche nach eigenen Zielen im Leben und nach Wegen, diese zu erreichen. In diesem Sinne kann man inhaltlich von einer Coming-of-Age-Geschichte sprechen, die für unterrichtliche Kontexte auf formaler Ebene durch die reduzierte ästhetische Umsetzung und durch das Genre Dokumentarfilm interessant ist. Der Film arbeitet konsequent mit Untertitelung, zeigt aber auch in mehreren Szenen gebärdensprachlichen Austausch, den Hörende ohne Kenntnisse dieser Sprachform nicht verstehen können. So werden Unterschiede in der Wahrnehmung mit und ohne Hörbeeinträchtigungen verdeutlicht. Auch läuft zwischen den einzelnen Szenen, in denen man Louisa als Zuschauer im Alltag begleitet, eine nur rudimentär bebilderte, aber visuell künstlerisch ausgestaltete Tonspur, auf der die Protagonistin sehr persönlich von ihren Konflikten berichtet.

Die Entscheidung, fortan in eigener Wohnung und in der autonomen Welt der Gehörlosen zu leben, markiert einen Wendepunkt im Leben der jungen Frau, der mit zahlreichen Auswirkungen auf ihr soziales Umfeld verbunden ist. Zugleich ist das Thema Musik im Film von besonderer Bedeutung, denn Louisa liebt HipHop und verfasst Liedtexte, in denen sie die Ambivalenz ihrer Gefühle zum Ausdruck bringt. Gleichzeitig setzt sie sich mit viel Energie und Wut für die Rechte der Gehörlosencommunity im Alltag ein (z. B. für die Untertitelung aller Sendungen des öffentlich-rechtlichen Fernsehens).

Unterrichtsvorschläge

Die folgenden Unterrichtsideen sind für Schülerinnen und Schüler der Jahrgangsstufen 9–13 geeignet. Bestimmte angesprochene Aspekte des Hörens eignen sich auch für den fächerübergreifenden Unterricht, etwa in Kooperation mit den Fächern Philosophie und Religion, aber auch Biologie und Physik.

Folgende Sequenzen eignen sich besonders gut für den Unterricht:

- Beginn und Ende des Films: Konzert (0:00–0:42; 57:00–59:25)
- Louisas Einblick in ihre Krankenakte: „Versuchskarnickelbericht“ (9:00–10:30)
- Gespräch mit der Freundin im Park über das Cochlea-Implantat (30:10–32:40)
- Lippenbewegung (18:09–19:06)
- Gespräche mit den Eltern und der Schwester (18:09–21.43; 40:00–44:15; 53:56–56:38)
- Gespräch mit dem Arzt über das Cochlea-Implantat (26:23–27:36)
- Louisa sammelt Unterschriften: Zugang zu den Medien für Gehörlose (49:03–50:52)

Unterrichtseinstieg

Cover

Auch bei diesem Film kann das Cover bzw. das Titelbild der DVD als Einstieg genutzt werden.

Abb. 16: Filmplakat *Louisa*

Welche Erwartungen knüpfen die Schülerinnen und Schüler an den Film, wenn sie erst einmal nur das Coverbild betrachten, auf dem eine junge Frau zu sehen ist, die ein T-Shirt mit einem großen Kopfhörer-Aufdruck und der Aufschrift: „Beauty lies in the ears of the beholder" trägt? Was könnte das bedeuten? Welche Geschichte könnte der Film mit welchen Mitteln erzählen? Die Schülerinnnen und Schüler machen sich hierzu Stichpunkte.

Filmgattungen

Vor der gemeinsamen Sichtung des Films können daran anschließend im Unterricht die Begriffe „Dokumentarfilm" (als nichtfiktionale Filmgattung, die reales Geschehen abzubilden versucht[213]) und „Kurzfilm" (der deutlich kürzer als ein regulärer Spielfilm mit 90-Minuten-Länge ist) geklärt werden, die beide auf dem DVD-Cover auftauchen. Die Schülerinnen und Schüler können recherchieren, welche Kriterien für diese beiden Genres gelten. Passen die Erwartungshaltungen vom Einstieg zu den recherchierten Fakten?

Film-Rezension schreiben

Nach der Sichtung des Films sollen die Schülerinnen und Schüler zunächst eine Film-Rezension schreiben. Sie können hierfür eine aussagekräftige Überschrift finden, den Inhalt des Films kurz zusammenfassen, die filmische Umsetzung beschreiben, eventuell Bezüge zu anderen Filmen herstellen und eine persönliche Einschätzung formulieren. Zugleich sollen folgende Fragen berücksichtigt werden:

- Was ist das zentrale Thema des Films? Welche weiteren Themen werden angesprochen?
- Wie ist die Handlung aufgebaut? Wie wird der Film erzählt (in Rückblenden, chronologisch etc.)?
- Welchem Genre kann der Film zugeordnet werden?
- Welche Darsteller/Mitwirkende haben den Schülerinnen und Schülern am besten gefallen? Warum?
- Gibt es Besonderheiten bei der Ästhetik des Films (Farbgestaltung, Kameraperspektiven, Kamerabewegungen, Soundtrack, Montage)?

Beginn und Ende des Films: Konzert (0.00–0.42 und 57:00–59:25)

Für die Analyse und Diskussion im Unterricht bieten sich verschiedene Filmsequenzen an. Der unmittelbare Beginn des Films, der ohne Vorspann erfolgt (0.00–0.42) sowie die Schlusssequenz (57:00–59:25) bieten sich dazu an, den Schülerinnen und Schülern ein Gefühl für die formalen Aspekte filmischer Narration zu vermitteln, indem über die Dramaturgie des Films gesprochen wird. Anfang und Ende des Films bilden eine Art von Klammer, innerhalb derer die Protagonistin in unterschiedlichen Lebenssituationen begleitet wird.

Wenn zu Beginn des Films ein Konzertausschnitt ohne Musik nur mit dumpfen Geräuschen präsentiert wird, um anschließend auf eine junge Frau zu schwenken, die rhythmisch zu einer für uns nicht hörbaren Musik mitwippt, findet eine Irritation statt, die sich erst im weiteren Verlauf klären wird, wenn wir von dem Hörverlust der Protagonistin erfahren. Das tonlose Konzert kann im Kontext üblicher,

213 Vgl. hierzu die kurze Geschichte zum Dokumentarfilm unter http://www.kinofenster.de/film-des-monats/archiv-film-des-monats/kf0711/wie_wirklich_ist_die_wirklichkeit/ [03.04.2017]

den Schülerinnen und Schülern vertrauten Filmproduktionen etwas Befremdliches haben.

Was haben die Schülerinnen und Schüler gedacht, als sie die ersten Sekunden des Films sahen? Hier könnte besprochen werden, dass es für viele ungewohnt ist, in einem Film Bilder ohne Ton zu sehen, insbesondere wenn es sich um eine Konzertsituation handelt. Es kann herausgestellt werden, dass der Ton ein konstitutives filmisches Element ist.

Das Ende des Films zeigt Louisa auf einem Konzert. Nun hört man Musik und sieht zugleich die Untertitelung des Songs, den die Rapper auf der Bühne „performen". Sie werden dabei von einem Rapper unterstützt, der den Text auf der Bühne in Gebärdensprache übersetzt.

Beide Szenen können vergleichend im Unterricht analysiert werden. Inwiefern zeigt sich hier, dass Louisa im Laufe des Films eine Entwicklung durchgemacht hat? Was hat sie beim ersten Konzert wahrgenommen und was beim zweiten? Wie wird das filmisch verdeutlicht?

(Vgl. hierzu auch Kap. 5.2.2 *Jenseits der Stille*, ergänzende Hinweise: Hören von Musik durch Höreingeschränkte)

Louisas Einblick in ihre Krankenakte: „Versuchskarnickelbericht" (09:00–10:30)

In dieser Szene liest Louisa die alten Dokumentationen und Arztberichte zu ihrer allgemeinen, psychischen und körperlichen Entwicklung, von denen sie sehr befremdet ist. Sie formuliert, dies alles klinge wie ein „Versuchskarnickelbericht". Hier hat für ihr Empfinden in der „Arztsprache" offenbar eine Entkopplung vom Menschen stattgefunden. Es werde lediglich sachlich und nüchtern festgehalten, was sich zu welchem Zeitpunkt in der Entwicklung der Patientin verändert hat.

Verfassen eines Tagebucheintrags oder Briefs

Diese Sequenz bietet sich an, um die Schülerinnen und Schüler einen Tagebucheintrag oder einen Brief an eine/n Freund/in aus der Sicht Louisas zu verfassen. So kann anhand einer Schreibaufgabe die Empathiefähigkeit der Schülerinnen und Schüler gefördert werden, die sich in die Situation der Hauptfigur hineinversetzen sollen.

Gespräch mit der Freundin (30:10–32:40)

Im Gespräch mit der Freundin wird die Angst Louisas vor der Operation deutlich, bei der ihr Cochlea Implantate eingesetzt werden könnten. Sie macht klar, dass sie ihr eingeschränktes Hörvermögen nicht als „etwas zu Reparierendes" verstanden wissen möchte. Die Freundin, bei der der Eingriff bereits erfolgt ist, verdeutlicht ihr mögliche Vorteile des Cochlea Implantats und weist darauf hin, dass die Entscheidung, sich nicht mehr lautsprachlich, sondern durch Gebärdensprache zu verständigen, dazu führen würde, dass man fortan innerhalb einer begrenzten Gemeinschaft lebt.

Kommunikationsmöglichkeiten bei Hörbeeinträchtigungen

Das Gespräch mit der Freundin im Park kann dazu genutzt werden, im Unterricht die verschiedenen Kommunikationsmöglichkeiten von Menschen mit Hörbeeinträchtigungen, die im Gespräch zum Tragen kommen, zu besprechen: Gebärdensprache, Lippenlesen und Fingeralphabet. Zugleich können vor dem Hintergrund des Gesprächs zwischen Louisa und ihrer Freundin Vor- und Nachteile der jeweiligen Kommunikationsformen an der Tafel gesammelt werden.

Gebärdensprache: Sind Schülerinnen und Schüler in der Klasse, die die Gebärdensprache verwenden, können sie befragt werden, ob sie manchmal Probleme haben, etwas, das sie mit Gebärden ausdrücken können, in Laut- oder Schriftsprache zu bringen.

Gebärden und Pantomime

In Tandems können die Schülerinnen und Schüler nun ausprobieren, zunächst über eigene Gebärden etwas auszudrücken bzw. mitzuteilen. Sie können auch versuchen, ihrem Gegenüber pantomimisch etwas zu vermitteln, z. B. welche Freizeitbeschäftigungen, Hobbys und/oder Sportarten sie mögen. Gemeinsam können sie überlegen, in welchen Situationen sie im Alltag etwas mit ihren Händen ausdrücken (den Weg zeigen; auf etwas deuten; ein Siegeszeichen machen etc.). Ergänzend können danach im Internet für den Alltag wichtige Begriffe (bitte, danke, ja, nein, hallo, tschüss, guten Tag, auf Wiedersehen) z. B. im Gebärdenlexikon recherchiert werden.[214]

Lippenlesen

In einer kurzen Sequenz des Films (18:09–19:06) wird der Blick des Zuschauers nur auf sich bewegende Lippen gelenkt. Dazu gibt es keine Tonspur. Nur Menschen, die das Lippenlesen beherrschen, können die Worte der Sprechenden verstehen. Hier wird mit den üblichen Kommunikations-, aber auch Sehgewohnheiten gespielt. Im Unterricht kann man in diesem Zusammenhang in Partnerarbeit Übungen zum Lippenlesen machen, um die Schülerinnen und Schüler dafür zu sensibilisieren, wie sehr sich die Kommunikation ändert, wenn einmal andere (Übermittlungs-) Formen genutzt werden. Auch kann darüber reflektiert werden, inwieweit mensch-

214 http://www.gebaerdenlexikon.ch/lexikon_kategorien/alltag.html [12.04.2017]

Abb. 17: Ich lerne Gebärden

liche Körperteile/Organe als „Werkzeug" genutzt bzw. bezeichnet werden (vgl. den Begriff „Sprechwerkzeuge").

Fingeralphabet

Auch Übungen zum Fingeralphabet bieten sich an. So können die Schülerinnen und Schüler sich beispielsweise gegenseitig den eigenen Namen buchstabieren, indem sie ein Fingeralphabet zur Hilfe nehmen:

Das Fingeralphabet kann in Hinblick auf die Motiviertheit der Zeichen untersucht werden. Hierbei kann folgenden Fragen nachgegangen werden.

- Was ist den Vokalzeichen gemeinsam, was den Zeichen für Umlaute?
- Welche Zeichen haben einen Bezug zum Buchstaben?
- Welche Gründe könnte es für die Form der Laute /u/, /v/ und /w/ geben?

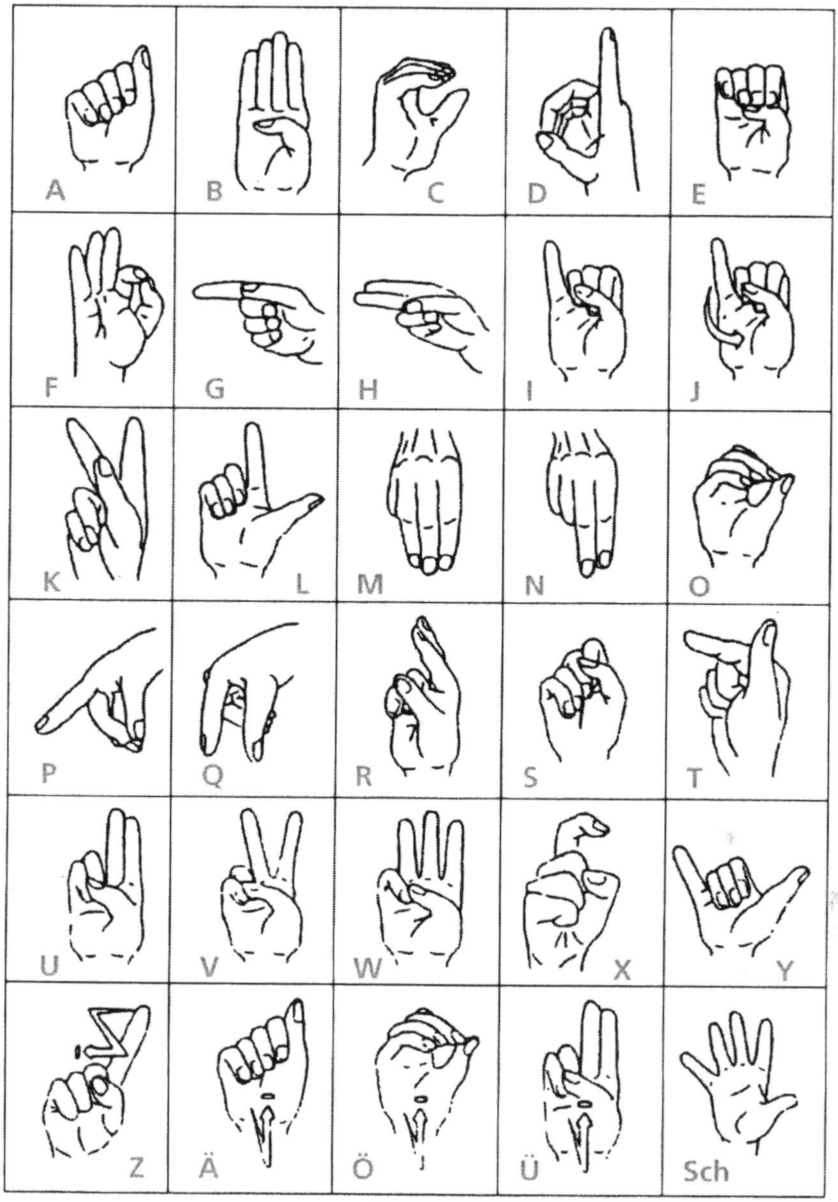

Abb. 18: Das deutsche Fingeralphabet

Die Schülerinnen und Schüler können anschließend Wörter buchstabieren, die ihre Mitschülerinnen und Mitschüler erraten sollen.[215]

215 Hier finden sich Leseübungen und weitere Lernmaterialien: http://www.gebaerden-lernen.de/index.php?article_id=112. [14.04.2017]; Zum Zählen findet sich ein Video unter: https://www.youtube.com/watch?v=3Kwd-6DadBY&list=PLB838B9D093602F3E [14.04.2017]

Verstehen – Verständigung – Gespräche Louisas mit den Eltern und der Schwester (18:09–21.43; 40:00–44:15; 53:56–56:38)

Diese drei Filmsequenzen bieten ergänzende Möglichkeiten, mit den Schülerinnen und Schülern die verschiedenen Verständigungswege, die Menschen mit Höreinschränkungen zur Verfügung stehen, zu thematisieren. Darüber hinaus werden anhand von Gesprächen zwischen Louisa und ihren Angehörigen innerfamiliäre Konflikte thematisiert.

Gespräch mit dem Vater (18:09–21:43)

Zunächst ist das Gespräch Louisas mit ihrem Vater aufschlussreich. Louisa formuliert, dass sie allein – ohne Begleitung des Vaters – ein Kulturfestival besuchen möchte, und dass dort diverse Veranstaltungen und Vorträge nur in Gebärdensprache stattfinden, die der Vater ohnehin nicht verstehen könne. Sie habe ja die Gebärdensprache selbst entdecken müssen, da ihre Eltern sie ihr nicht nahegebracht hätten. Im Gespräch zwischen Vater und Tochter schwingen verschiedene (emotionale) Komponenten mit, die vor allem auf die Arten der *Verständigung*, aber auch auf gegenseitiges *Verständnis* für den unterschiedlichen Umgang mit dem Hörverlust der Tochter abzielen.

Erstellen einer Mindmap

Welche Erwartungen spielen hier eine Rolle? Was hat Louisa von ihrem Vater erwartet, was er von ihr? Aus welchem Grund kann es verletzend sein, wenn man nicht die gleiche Sprache spricht und sich nicht „auf Augenhöhe" miteinander austauschen und verständigen kann? Und ist Verstehen ein rein akustischer Vorgang? In welchen Situationen fühl(t)en sich die Schülerinnen und Schüler unverstanden? Hier könnte eine Mindmap erstellt werden: Eltern/Familie – Freunde/Peergroup – Schule/Institutionen, die sich erweitert, wenn die Bedingungen und Umstände für gelingendes/misslingendes Verstehen ergänzt werden.

Gespräch mit der Mutter (40:00–44:15)

In diesem Gespräch offenbart Louisa ihrer Mutter, dass sie sich gegen ein Implantat entschieden hat und beabsichtigt aus der elterlichen Wohnung auszuziehen. Eine eigene Wohnung habe sie bereits gefunden. Daraufhin findet eine Auseinandersetzung über Louisas anstehenden Auszug in eine Wohngemeinschaft mit anderen Gehörlosen statt. Die Mutter fragt Louisa, ob sie ihren logopädischen Unterricht fortsetzen wolle, was die Tochter vehement ablehnt. Im Gespräch geht es um die „eingependelte Kommunikationsform" zwischen Louisa und ihrer Mutter. Auch hier schwingen unterschiedliche Erwartungen mit. Louisa formuliert deutlich, dass sie sich nun als Gehörlose definiert und sich in diesem Sinne abnabeln will, sich aber in diesem Identitätsfindungsprozess allein gelassen gefühlt hat.

Beide Szenen zeigen eine Heranwachsende, die ihre Identität in großer Deutlichkeit hinterfragt und für die der für das Alter normale Wechsel der Hauptbezugspunkte – von der Familie zu den Peers – durch einen gleichzeitigen Wechsel der Sprachgemeinschaft, der sie angehören möchte, erschwert wird.

Die Szene, in der Louisa ihre Krankenakte sichtet, hat verdeutlicht, dass der Verlauf ihrer Höreinschränkung progredient ist, das heißt, dass sie zunehmend weniger hört. Ein Verlauf, der für die Eltern vermutlich nicht abzusehen war, die, auf einen stabilen Hörzustand hoffend, darauf verzichtet haben, Louisa und sich selbst mit der Gebärdensprache vertraut zu machen.

Das macht Louisa ihnen nun, nachdem sie die Gebärdensprache für sich entdeckt und erlernt hat, massiv zum Vorwurf, ihrem Vater wirft sie seine diesbezügliche Unkenntnis vor und schließt ihn rigoros vom Besuch z. B. der Tagung für Gehörlose aus, die er mit ihr besuchen würde.

Louisa beschreibt den Anpassungsdruck und die Anstrengung, die mit der Verwendung der Lautsprache verbunden ist. Auf Nachfragen der Mutter zum weiteren Verhältnis Louisas zur Familie, die auch Fragen einschließen, ob Louisa weiter an ihrer Lautsprache arbeiten will, reagiert Louisa bedauernd, aber klar, indem sie den logopädischen Unterricht ablehnt und sich zu ihrer Bindung an die Gemeinschaft der Gehörlosen bekennt sowie zu den Einschränkungen in der Kommunikation mit der Familie, die sich hieraus und aus der räumlichen Trennung ergeben werden. Die für sie angepasste Kommunikation in der Gebärdensprache ist für sie um so vieles angenehmer, dass sie die eingeschränkte Zahl der möglichen Kommunikationspartner in Kauf nimmt. Von der Mutter auf ihre beruflichen Perspektiven angesprochen sieht sie diese im Kulturbetrieb und zwar, wie sie gegen Ende der Sequenz eher verdeckt äußert, innerhalb des Kulturkreises der Gehörlosen.

Ergänzende Hinweise: Kultur der Gehörlosen

Oft wurde infrage gestellt, ob gehörlose Menschen an den meisten kulturellen Gütern teilnehmen können (vgl. Kap 4.2.1 *Freak City*, Hinweise zum Begriff „taubstumm“). Auch ihre religiöse Mündigkeit wurde in Frage gestellt.[216]

In Gemeinschaften, in denen viele Gehörlose lebten, bildete sich jedoch in der Regel eine Form der Gebärdensprache aus, die eine Teilnahme an Bildung und damit an gesellschaftlichem Leben und Erwerbstätigkeit ermöglichte, so in der von Oliver Sacks erwähnten Gemeinschaft auf Martha's Wineyard, die im 18. und 19. jahrhundert bestand:

> „Die Gehörlosen auf Martha's Wineyard liebten, heirateten, verdienten ihren Lebensunterhalt, arbeiteten, dachten, schrieben wie alle anderen auch – sie unterschieden

216 Vgl. http://www.gl-kirche.de/ [11.04.2017]

sich allenfalls dadurch von den anderen Einwohnern, daß sie insgesamt über eine höhere Bildung verfügten als ihre Nachbarn, denn praktisch alle Gehörlosen von Martha's Wineyard wurden auf die Schule in Harford geschickt und galten oft als die Klügsten der Gemeinde".[217]

Seit den 1980er Jahren hat die Gebärdensprachgemeinschaft der Gehörlosen"[218] eigene kulturelle Formen gefunden, ausgehend von informellen Treffen bildeten sich Vereine der Selbstvertretung und Gehörlosenzentren, die über aktuelle Entwicklungen, Kulturveranstaltungen und Bildungsmöglichkeiten informieren. Felix Zante begründet die Notwendigkeit solcher Angebote wie folgt:

„(Gehörlose) bewegen sich oft in den immer gleichen Cliquen, nur selten werden diese festen Muster aufgebrochen. Ähnliches gilt für die sonstige Freizeitgestaltung. An Konzerte oder Theater für Hörende ist kaum zu denken und Filme im Kino sind nur in den seltensten Fällen untertitelt. In Kneipen verkehren hauptsächlich Hörende, auf der Straße ebenso. Bei der Arbeit ist man oft der einzige Gehörlose und stößt häufig auf kommunikative Barrieren. Das ist der Grund, aus dem die Gehörlosengemeinschaft für viele eine wichtige Rolle einnimmt und sich eine eigene Kultur der Gehörlosen herausgebildet hat. Nur hier kann man sich – durch die visuell zugängliche Gebärdensprache – völlig frei und ohne Hindernisse austauschen und es besteht die Möglichkeit, gemeinsame Erfahrungen sowie eine gemeinsame Kultur zu (er)leben."[219]

Bis heute haben sich kulturelle Angebote zu den Bereichen Religion, Sport, Theater, Musik und Politik etabliert, zu denen zahlreiche Internetauftritte Auskunft geben.

Hier einige Aspekte:

- „Kulturtage der Gehörlosen" haben sich etabliert.
- Der Deutsche Gehörlosen-Sportverband führt die Deaflympics (Weltspiele der Gehörlosen) jeweils ein Jahr nach den Olympischen Spielen durch.
- Im Sport spielt der Tanz eine besondere Rolle.
- In der Musik wird der Gebärdenrap gepflegt.
- In der Literatur finden sich typische Ausdrucksformen der Gehörlosenkultur wie Gebärdensprachpoesie, Gehörlosentheater (Gehörlosen-Theater-Festival).
- Weitere Ausdruckformen sind Pantomime und Zauberei.
- Die Universität Hamburg bietet z. B. die Studiengänge Gebärdensprachdolmetschen B.A./M.A. und Gebärdensprachen B.A./M.A. an, auch die Universitäten Berlin und Landshut betreiben einschlägige Studiengänge.

---

217 Oliver Sacks (2015): Stumme Stimmen, a. a. O. S. 61.

218 http://www.gehoerlosen-bund.de/index.php?option=com_content&view=article&id=1737%3Agehoerlosenkultur&Itemid=150 [05.03.2017]

219 Felix Zante: Gehörlosengemeinschaft und Gehörlosenkultur. Unter: http://www.gehoerlosen-bund.de/index.php?option=com_content&view=article&id=1553%3Agehoerlosengemeinschaftundgehoerlosenkultur&catid=83%3Ameinkind&Itemid=129&lang=de [05.03.2017]

Gespräch mit der Schwester (53:56–56:38)

Das sehr emotionale Gespräch zwischen Louisa und ihrer Schwester Katharina, in dem es um Louisas Emanzipationsprozess als Gehörlose geht, wird nur über die Tonspur und durch visuelle Effekte vermittelt. Das Gespräch kann man hören oder durch die Untertitelung mitlesen, die beiden Frauen dabei aber nicht beobachten. Was hat das für einen Effekt beim Zuschauen? Wie spielt die Regisseurin hier mit Nähe und Distanz?

Einstellungsgrößen/Kameraperspektive

In den oben thematisierten Gesprächen zwischen Louisa und ihren Eltern ist man als Zuschauer den Protagonisten sehr nah. Es wird mit Nah- und Detailaufnahmen gearbeitet. Im Unterricht kann über die unterschiedlichen Einstellungsgrößen gesprochen werden, die beim Filmemachen zur Verfügung stehen und unterschiedliche Ziele verfolgen.[220] Das kann von den Schülerinnen und Schülern eigenständig recherchiert und im weiteren Unterrichtsverlauf zusammengetragen werden. Warum wurden bei den Familiengesprächen gerade diese (dichten) Einstellungen gewählt? Wie hätte man den Konflikt mit den Eltern alternativ darstellen können? Was hätte sich dadurch geändert?

Standbilder

Die Schülerinnen und Schüler können in Gruppen Standbilder erstellen, in denen sie das Verhältnis von Louisa zu ihrem Vater, ihrer Mutter, ihrem Arzt, zu ihrer Schwester Katharina, ihren Freunden aus der Gehörlosencommunity etc. visualisieren. So kann auch die Figurenkonstellation im Film erarbeitet bzw. vertieft werden.

Filmstills

Im Anschluss können über die Screenshotfunktion der Computer Filmstills (= Standbilder aus dem Film) aus dem Film erstellt, ausgedruckt und auf der oben genannten Mindmap den jeweiligen Oberpunkten zugeordnet werden. Alternativ können die Schülerinnen und Schüler Ausschnitte aus dem Film, in denen die Beziehung der Figuren untereinander thematisiert wird, körpersprachlich erfassen und pantomimisch nachspielen. So stellen sich die Schülerinnen und Schüler selbst in den Austausch mit der jeweiligen Szene, identifizieren Bezüge zu ihren eigenen

220 Vgl. das Beispiel für das Übertragen eines Textes in Leichte Sprache anhand von Einstellungsgrößen, in: Inklusion und Film (2004), a. a. O. S. 33.

(sozialen) Erfahrungen[221] und entdecken unterschiedliche Möglichkeiten, Emotionen ohne Worte auszudrücken.

Kennzeichen der Stimmführung

Die Szenen eignen sich dazu, den Schülerinnen und Schüler zu verdeutlichen, wie ein Dialog von Personen mit unterschiedlichen Interessen verläuft. Einleitend kann die Körpersprache der Gesprächspartner erkundet werden, indem die Filmsequenz ohne Ton angehört wird. Im Anschluss kann die Szene mit Ton abgespielt und der Arbeitsauftrag gegeben werden, auf die Stimmführung zu achten. Hier werden die Schülerinnen und Schüler Formulierungshilfen benötigen. Dazu kann vorab eine Tafelanschrift erarbeitet werden, in der passende Wörter zusammengetragen werden, hier einige Beispiele:

- Lautstärke
  - zu leise und sehr leise: drucksen, murmeln, wispern, hauchen, ersterbend
  - normal: sprechen, sagen, artikulieren, äußern
  - laut: rufen, tönen, zetern, die Stimme heben, anschwellen
  - überlaut: schreien, brüllen, kreischen

- Art der Stimmgebung
  - geflüstert: hauchen, wispern
  - gesprochen: siehe oben unter *normal* und: nuscheln, überdeutlich,
  - überartikuliert
  - (gesungen): --

- Sprechtempo
  - überlangsam: syllabieren, Robotersprache, gedehnt
  - langsam: gehemmt, zögerlich, trantütig
  - normal: ruhig, entspannt, sicher, klar, deutlich
  - schnell: hastig, unsicher, abwehrend
  - überschnell: überstürzt, sich verhaspelnd, bruchstückhaft

- Dynamik
  - starker Hoch-tief-Kontrast, normale Kontraste, Monotonie
  - schwache, deutliche oder übertriebene Satzbetonung[222]

Auch Wörter und Ausdrücke, die sich weniger auf die Stimme als auf die Wirkung des Gesagten auf den Rezipienten beziehen, können einbezogen werden wie: *un-*

---

221 Inklusion und Film (2014), a. a. O. S. 27.

222 Ellen B. Ryan/Sheree T. Kwong See (2003), in: Reinhard Fiehler: Sprache und Kommunikation im Alter. Verlag für Gesprächsforschung. S. 63 f. Unter: http://www.verlag-gespraechsforschung.de/2004/alter/057–071.pdf [07.03.2017]

verständlich, gut verständlich, anstrengend, nervend, anklagend, jammernd, überzeugend, fesselnd, mitreißend, provozierend, beleidigend.

Im Weiteren kann fragengeleitet gearbeitet werden:

- Welche Interessen vertritt Louisa, welche Vorwürfe macht sie, wie sind diese in ihre Argumentation eingebunden? Wie reagiert die Mutter?
- Welche Interessen verfolgt Louisas Mutter, verteidigt sie sich gegen Louisas Vorwürfe, warum fragt sie nach der Lautsprache? Warum lehnt Louisa weitere logopädische Sitzungen ab?
- Sind beide nach dem Gespräch zufrieden? Was hätte anders laufen können?

Eine weitere Möglichkeit ist eine Gegenüberstellung mit der Szene, die das Gespräch zwischen Louisa und ihrem Vater zeigt. Hier ist ein direkter Vergleich möglich, in dem zwei Gruppen gebildet werden, die die obigen Fragen für je eine der Szenen beantworten und die Ergebnisse vergleichen.

Alternativ können die Szenen in Verbindung mit der Einstellung gebracht werden, in der Louisa ihrem Vater die Gebärdensprache erklärt. In diesem Fall kann der Rollentausch: *Eltern erklären ihren Kindern etwas => Kinder erklären ihren Eltern etwas* thematisiert werden. Zunächst können die Schülerinnen und Schüler ihre Eindrücke frei äußern und dann z. B. unter folgenden Aspekten zusammenfassen:

- Welche Fragen stellen sich? Erklärt Louisa verständlich?
- Wie korrigiert Louisa? Wie reagiert ihr Vater?
- Wie lobt Louisa? Wie reagiert ihr Vater?

Die Beobachtungen können dann zu Vorschlägen der Schülerinnen und Schüler für eine andere Vorgehensweise im Gespräch führen. Dies setzt allerdings grundlegende Kenntnisse der Gebärdensprache voraus.

An der Szene lassen sich auch Merkmale von patronisierender Sprache (siehe unten) herausarbeiten, die hier bei Vater und Tochter zu beobachten sind. So geht Louisa nicht auf den Hinweis ihres Vaters ein, dass das Satzglied „nach Hause" kein Objekt ist, sondern eine Richtungsangabe. Auf der Sachebene wird dem Vater der Unterschied zwischen den grammatischen Bezeichnungen und der Ausführung durch einen bestimmten Vertreter nur flüchtig erklärt, sodass er Mühe hat zu folgen. Der Vater lässt seine Bedenken gegenüber Louisas Erklärungen durch Lachen und skeptische Blicke, aber auch durch offenen Einspruch erkennen, was sie schließlich ungeduldig werden lässt.

Arztgespräch zum Cochlea-Implantat (26:23–27:36)

In dieser Szene erklärt Louisas behandelnder Arzt den möglichen operativen Einsatz des Cochlea-Implantats (CI). Die Wahrscheinlichkeit sei, so der Arzt, sehr groß, dass durch das CI Sprache wieder verstanden werden könne. Und das sei ja das Ziel,

„wieder hörend, wieder verstehend zu werden". Louisa äußerst ihre Ängste und Bedenken. Der Eingriff direkt am Kopf sei etwas Massives, habe etwas „Frankenstein"-artiges, erklärt sie. Für sie sei damit ein großes psychisches Problem verbunden. Der Arzt bleibt sehr freundlich und verständnisvoll und erläutert ihr ganz sachlich, dass sich das Risiko im Rahmen halte, da sich alles im Bereich des Knochens und niemals in der Nähe des Gehirns und großer Blutgefäße abspiele. Louisa differenziert im Gespräch zwischen Biologischem und Emotional-Psychischem. Sie habe Angst, was der Eingriff bzw. das Implantat mit ihr machen, inwieweit es sie verändern könne.

Pro-Kontra-Debatte: Künstlicher Mensch – Mensch-Maschine-Hybrid – Cyborg

Interessant ist an dieser Stelle Louisas Gebrauch des Begriffs „‚Frankenstein'(-artiges)". Letztlich spricht sie hier durch den Verweis auf Mary Shelleys Romanfigur „Frankenstein" aus dem Jahr 1818, die die meisten über eine der vielen filmischen Adaptionen kennengelernt haben dürften, das hochaktuelle Thema eines „künstlichen Menschen", eines Mensch-Maschine-Hybriden, an, über das im Unterricht mit den Schülerinnen und Schülern ergänzend gesprochen werden kann.

Vor allem in höheren Klassen kann zunächst nach dem Begriff „Cyborg" recherchiert werden, womit ein Mischwesen aus lebendigem Organismus und künstlichen Bauteilen bezeichnet wird. Das Konzept des Cyborgs ist z. B. für die philosophische Strömung des Posthumanismus, die traditionelle Konzepte des Menschseins neu überdenkt, von großer Bedeutung. Sollte man „eine grundlegende Veränderung des menschlichen Körpers bis hin zum Ende des Menschen als körperliches Wesen"[223] erhoffen? In diesem Zusammenhang wäre im Unterricht ein Blick auf die Möglichkeiten moderner (Anti-Aging-)Medizin mit ihren teilweise spektakulären Ideen und technomorphen Unsterblichkeitsphantasien denkbar, die durch die Bio- und Nanotechnologie genährt werden und deutlich über das bloße Spiel mit Identitäten und der Veränderbarkeit des Aussehens hinausgehen.[224] In der Populärkultur, vor allem in der Film- und Musikszene und in verschiedenen Fernsehformaten begegnet man zunehmend bemerkenswerten (und teilweise ans Unheimliche grenzenden) Maßnahmen am Körper, die die Akteure buchstäblich zu Kunstfiguren machen. Hier könnten die Schülerinnen und Schüler in Gruppen zusammentragen, wo und in welchen Formen ihnen schon Möglichkeiten/Variationen des „Körpertunings" begegnet sind.

223 Katharina Lacina (2009): Tod. Wien: UTB. S. 102.

224 Vgl. hierzu Liane Schüller (2015): „Gepflegt ist mehr als hübsch – es ist eignes Verdienst". Körperdesign in Irmgard Keuns *Gilgi, eine von uns*. In: Simon Huber/Berang Samsami/Ines Schubert/Walter Delabar (Hrsg.): Das riskante Projekt II. Die Moderne und ihre Bewältigung. Bielefeld: Aisthesis, S. 35–58, hier 53.

Im Kontext der Verbindung von Mensch und Maschine könnten auch die Ideen von Donna Haraway diskutiert werden, die sie in ihrem „Manifest für Cyborgs"[225] konkretisiert hat, wo sie unter anderem den Aspekt des Feminismus in die Debatte mit einfließen lässt. Dies dürfte für die Schülerinnen und Schüler im fächerverbindenden Unterricht mit Philosophie und/oder Religion eine spannende Diskussionsgrundlage sein.

Auch die – oftmals grenzüberschreitenden – Projekte vieler Künstlerinnen und Künstler, die seit Jahrhunderten das Thema der Maschine-Mensch-Verbindung reflektieren, könnten z. B. anhand der Ideen von Marina Abramovich, Stelarc, Sophie Calle, Cindy Sherman oder Eduardo Kac, die aktuell mit Körpermodifikationen experimentieren, in der Sek. II in Verbindung mit dem Kunst- und Ethikunterricht besprochen werden. Folgende Fragen können dabei erörtert werden:

- Welche Rolle spielt der Körper, wenn er etwa durch Körperengineering/Körperdesign zur Schnittstelle wird, in der „die Grenzen zwischen Natürlichkeit und Künstlichkeit, Medizin und Design verschwimmen"?[226]
- Ist der medizinische Fortschritt Alptraum oder Segen?
- Wo liegen die Grenzen des Mach- und Vertretbaren? Wer bestimmt darüber?
- Ist es gut, wenn Ärzte zu „Body- und Souldesignern"[227] werden?
- Ist alles, was machbar erscheint, auch sinnvoll?

Diesen Themen kann sich im Unterricht z. B. in Form einer Pro-Kontra-Debatte angenähert werden.

Arzt-Patienten-Gespräch

Schließlich sollten die (Diskussions-)Ergebnisse mit Louisas Ängsten und Zweifeln an dem operativen Eingriff, die sie in dem Gespräch mit dem Arzt äußert, verbunden werden. Für sie geht es ja bei dem Cochlea-Implantat um viel mehr als ein Hilfsmittel, das ihr implantiert wird. Sie nimmt sehr bewusst wahr, dass ein solcher Eingriff sie physisch und psychisch verändert.

Anhand dieser Szene kann auch das Arzt-Patienten-Gespräch generell thematisiert werden. Während Kinder bei Arztbesuchen von ihren Eltern begleitet werden, die die Verantwortung für die Umsetzung von medizinischen Ratschlägen und gegebenenfalls Eingriffen tragen, werden Schülerinnen und Schüler der Sekundarstufe auch hier allmählich selbstständig. Insbesondere mit den ersten Sexualkontakten verbundene Fragen, wie Schwangerschaftsverhütung und Aidsprävention führen zu

225 Donna Haraway (1995): Die Neuerfindung der Natur. Primaten, Cyborgs und Frauen. Frankfurt a. Main. u. New York. S. 33–72.

226 Peter Zec (2005): Körperdesign auf die Spitze getrieben. In: woerkshop 01/2005. S. 21. (siehe auch: http://de.red-dot.org/fileadmin/bilder/allgemein/prof-dr-peter-zec/Kolumnen_PZ/w_rkshop0105_Zec.pdf) [11.04.2017]

227 Ebd.

Arztbesuchen ohne die Begleitung der Eltern. Für viele Jugendliche handelt es sich hierbei um eine heikle Situation, denn in diesem Alter werden intime Fragen bevorzugt mit Gleichaltrigen besprochen. Die Analyse eines Arzt-Patienten-Gesprächs zu einem anderen, ebenfalls stark emotional besetzten Thema, kann dazu beitragen, vergleichbare Situationen zu entlasten.

Die Schülerinnen und Schüler können aufgefordert werden, eine Beschreibung der Szene, in der Louisa mit dem Arzt spricht, zu verfassen, in der sie die Axiome Watzlawicks anwenden, (vgl. Kap. 4.2.2 *Talk talk*, Ergänzende Hinweise: Die fünf Axiome zur Kommunikation). Im Anschluss kann ein kurzer Text zur Arzt-Patienten-Kommunikation gelesen und das Gespräch unter diesen Gesichtspunkten beurteilt werden. Ein einsetzbarer Text von Linus Geißler findet sich im Internet,[228] er ist nach den Phasen des Gesprächs gegliedert, sodass Arbeitsaufträge zu Gesprächseröffnung, -mitte und -ende gegeben werden können.

Patronisierende Sprache

Ein anderer Angang wäre, zu untersuchen, inwieweit patronisierende Sprache angewendet wird. Hierzu können die Merkmale dieser Sprachvariante vorgestellt oder erarbeitet und Beobachtungsaufgaben zur Sprache des Arztes entwickelt werden. Dies kann in Gruppen erfolgen, die die Themenwahl, die Wortwahl und die nonverbale Kommunikation genauer in den Blick nehmen. Da patronisierende Sprache auch von Schülerinnen und Schülern im Umgang mit den Repräsentanten verschiedener Institutionen (Schule, Bürgeramt, Arztpraxis, Krankenhaus, Polizei) erfahren wird, können hier auch Beispiele aus deren eigenem Erleben herangezogen werden.

Ergänzende Hinweise: Patronisierende Sprache

Der Begriff patronisierende Sprache stammt aus der Erforschung des Sprechens mit alten Menschen und der Sprache alter Menschen. Er wird auf Kommunikationssituationen angewendet, in denen jüngere Menschen aus einer überlegenen Situation heraus mit älteren kommunizieren (z. B. Pflegepersonal mit Bewohnern von Altenheimen). Die Forschung zeigt zwei Varianten: den Secondary-Baby-Talk, der als Ausdruck von Emotionalität gesehen wird und den Non-Baby-Talk, einer institutionenspezifischen Sprachvariante, die auf Reglementierung abzielt. Dieser patronisierenden Sprache werden folgende Eigenschaften zugeschrieben:

- Themen: Beschränkung auf wenige Themen, Unterbrechungen, Nichtberücksichtigung der Themen des Gesprächspartners
- Syntax: einfache, gleichförmige Syntax, Wiederholungen, Imperative, syntaktische Fragmente

228 http://www.linus-geisler.de/ap/ap11_dynamik.html#ap11e [07.03.2017]

- Lexik: wenig Varianz in der Wortwahl, kindliche Wörter, Verkleinerungen, Besonderheiten im Gebrauch von Pronomen („Wir wollen jetzt mal ...")
- Stimmführung: verlangsamte Sprache und veränderte Intonation

Ähnliche Strukturen werden auch generell zur Herstellung sprachlicher Dominanz verwendet und sind den Schülerinnen und Schülern aus vielen Kommunikationssituationen bekannt.

Louisa sammelt Unterschriften – Zugang zu den Medien für Gehörlose (49:03–50:52)

In dieser Szene sieht man Louisa durch die Stadt gehen und verschiedene Menschen ansprechen. Sie bittet um Unterschriften für die 100-prozentige Untertitelung im deutschen Fernsehen für Gehörlose. Bislang seien, so erklärt sie den Passanten, lediglich ca. 6 Prozent der Sendungen untertitelt. Louisa macht hier auf ein deutliches Defizit aufmerksam. Wie unterschiedlich die Angesprochenen auf die Ansprache von Louisa reagieren, ist dabei interessant zu beobachten. Hier können aktuelle Daten zur Umsetzung von Hilfeleistungen für Gehörlose von den Schülerinnen und Schülern recherchiert werden. Welche Sendungen, die täglich im Fernsehen ausgestrahlt werden, sind untertitelt? Wie bewerten die Schülerinnen und Schüler ihre Ergebnisse?

In dieser Szene kritisiert Louisa auch die Qualität der existierenden Untertitel, viele seien ein wenig „sanfter" und „harmloser" als das Original ausgedrückt. Statt „Du Hurensohn!" würden etwa Formulierungen wie „Du doofer Idiot!" verwendet.

Die Schülerinnen und Schüler können hier überlegen, warum dies der Fall ist. Dabei werden sie einerseits eine gewisse Patronisierung erkennen und andererseits darauf stoßen, dass mündliche Sprache weniger verbindlich ist als schriftliche und eine geschriebene Beschimpfung daher stärker wirkt als eine gesprochene. Auch könnten die Autoren, hier wird der Sender ARD genannt, davor zurückschrecken, als Multiplikator grober Schimpfwörter dazustehen.

Wahrnehmung: Klang, Geräusche, Rhythmus

Neben der Eingangs- und Schlusssequenz im Konzert kann im Unterricht anhand verschiedener weiterer Filmszenen Louisas Affinität zu Musik besprochen werden: Louisa im Tonstudio (0:06:35–0:07:50), beim Experimentieren mit einem Synthesizer (0:21:42–0:22:45) und beim Ausprobieren des Klarinettenspiels (0:44:12–0:49:02). Interessant ist, dass Louisa eine besondere Vorliebe für HipHop hat und auch eigene Songtexte verfasst.

Untertitelung von HipHop-Songs

Die Schüler und Schülerinnen können in verschiedenen Gruppen nach Herkunft, Entwicklung und aktuellen Strömungen und Akteuren dieser Musikrichtung, die ein wesentlicher Bestandteil der Jugendkultur ist, recherchieren. Im Anschluss können ausgewählte oder auch eigene HipHop-Songs untertitelt bzw. gebärdensprachlich begleitet werden, wie es in der Schlussszene des Konzerts, das Louisa besucht, gezeigt wird. So könnten die Schülerinnen und Schüler die verschiedenen Perspektiven (Singen, „Performen“, Übersetzen) „hautnah“ nachvollziehen.

Musik „erfühlen“

Jugendliche beschäftigen sich häufig intensiv mit Musik. Die Arbeit mit Musik und musikalischen Aspekten im Unterricht kann insofern eine Verbindung zur Alltagswirklichkeit der Schülerinnen und Schüler herstellen und motivational wirken. Sie können zunächst im Klassenplenum über folgendes Zitat diskutieren:

> „Musik ist für die meisten von uns ein wichtiger und meist angenehmer Teil des Lebens – und zwar nicht nur die äußerliche Musik, die Musik, die wir mit den Ohren hören, sondern auch die innerliche Musik, die Musik, die in unserem Kopf erklingt. Als Galton in den 1880er Jahren über ‚Vorstellungsbilder‘ schrieb, beschäftigte er sich nur mit visuellen Vorstellungen und nicht mit musikalischen. Doch man braucht nur den eigenen Freundeskreis zu befragen, um festzustellen, dass die Spannweite des musikalischen Vorstellungsvermögens nicht geringer ist als die des visuellen Vorstellungsvermögens.“[229]

Folgende Fragen bieten sich für die Diskussion an: Was ist hier mit „äußerer“ und „innerlicher“ Musik gemeint? Wie unterscheidet der Autor zwischen „musikalischem“ und „visuellem“ Vorstellungsvermögen?

In einem zweiten Schritt können die Schülerinnen und Schüler ihre Diskussionsergebnisse auf Louisas Art, Musik zu „erfühlen“, übertragen. Da sie sie nicht auf gewohntem Weg hören kann, nutzt sie alternative Möglichkeiten, Beispiele wären hier:

- Im Tonstudio erfühlt Louisa bei einem rappenden Künstler mit der Hand an seinem Rücken die Vibrationen, die er beim Sprechgesang erzeugt. Im Anschluss, als die Aufnahme abgespielt wird, hält sie ihre Hand vor den Lautsprecher, um hier die Vibrationen zu fühlen (0:06:35–0:07:50).
- In einer anderen Szene experimentiert Louisa mit den Klängen eines Synthesizers und erfühlt hier die Vibrationen an einem elektronischen Tasteninstrument (0:21:42–0:22:45).

---

229 Oliver Sacks (2008): Der einarmige Pianist. Über Musik und das Gehirn. 8. Aufl. Reinbek bei Hamburg: Rowohlt. S. 45.

- Gemeinsam mit einer Musikerin erspürt sie in einer weiteren Szene den Luftstrom, der aus der Klarinette kommt und probiert im Anschluss daran aus, einen ersten eigenen Ton auf diesem Blasinstrument zu erzeugen (0:44:12–0:49:02).

Mind-Map: Klänge und Rhythmus

In Form einer Mindmap kann an der Tafel festgehalten werden, wie Musik und Klänge, Geräusche und Rhythmen erfahrbar gemacht werden können, wenn sie nicht gehört werden, und auf welche Arten der eigene Körper als Resonanzraum genutzt werden kann. In Kleingruppen kann mit Klängen, Rhythmen und musikalischen Ausdrucksformen experimentiert werden, um sich diesen Fragen zu nähern (vgl. hierzu auch Kap. 5.2.2 *Jenseits der Stille*: Szene in der Gehörlosenschule). Dazu bieten sich Experimente mit der Stimme, aber vor allem mit Trommeln, kleinerem Schlagwerk, Rasseln und mit Blasinstrumenten an. Hierzu können die Schülerinnen und Schüler ergänzend nach ungewöhnlichen Klangkörpern recherchieren (z. B. Theremin; „Singende Säge"; Kamm, auf dem geblasen wird),[230] Instrumentenbauwerkstätten besuchen und gegebenenfalls eigene Klangkörper basteln. Es finden sich dazu im Internet vor allem für jüngere Klassen zahlreiche Ideen und Anleitungen, die von Schülerinnen und Schüler höherer Jahrgangsstufen als Grundlage genutzt werden können.[231] Auch kann nach Klangexperimenten von Musikerinnen und Musikern recherchiert werden, aktuell und in vergangenen Zeiten.[232] Ergänzend kann hier über das sogenannte „Sound Shirt" gesprochen werden, das Klänge in Vibrationen umwandelt, um zu ermöglichen, ein (klassisches) Konzert über Vibrationen am Körper zu erspüren,[233] um über den Tastsinn die emotionale Seite der Musik erfahrbar zu machen (vgl. Kap. 5.1.3 Assistive Technologien). Weitere Hinweise, den Tast- und Gesichtssinn zu nutzen, um das Empfinden für musikalische Räumlichkeiten zu verbessern und neben auditiven auch visuelle und taktile Anhaltspunkte zu nutzen, finden sich bei Oliver Sacks.[234]

---

230 Vgl. hierzu z. B.: https://www.danmoi.de/melodische-zungen/singende-saege.html [14.04.2017]

231 Vgl.: http://klangwerkstatt.info/kreativ/werkstatt/kreativwerkstatt/80-instrumente-zum-selberbauen/Instrumentenbauverzeichnis.pdf [14.04.2014]; http://www.geo.de/geolino/basteln/musikinstrumente-selbst-machen-anleitungen [14.04.2017]; http://www.schule-und-familie.de/basteln/selbstgebastelte-musikinstrumente.html [14.04.2017]

232 Zu aktuellen Klangexperimenten vgl.: http://www.deutschlandfunk.de/plattform-fuer-klangexperimente.807.de.html?dram:article_id=121265 [12.04.2017]

233 Vgl. https://www.br-klassik.de/themen/klassik-entdecken/sound-shirt-gehoerlose-junge-symphoniker-hamburg100.html; http://www.ndr.de/kultur/musik/Hoeren-per-Sound-Shirt-Klassik-fuer-Gehoerlose,soundshirt104.html [10.05.2017]

234 Oliver Sacks (2008): Der einarmige Pianist, a. a. O. S. 172.

Touch the sound

Als ungewöhnliches filmisches Beispiel können hier Ausschnitte aus dem Film *Touch the sound*[235] aus dem Jahr 2004 über die Musikerin Evelyn Glennie hinzugezogen werden, die an der Royal Academy of Music Klavier und Schlagzeug studiert hat, obgleich ihr Hörvermögen so stark eingeschränkt war und ist, dass sie Musik hauptsächlich über Vibrationen wahrnimmt. Inzwischen ist die Musikerin eine der bekanntesten und gefragtesten Solo-Percussionistinnen in der klassischen Musik und experimentiert neben der Klassik ebenfalls mit anderen, zum Teil ungewöhnlichen Klang- und Musikformen. Der Film macht deutlich, dass das Erleben von Musik keineswegs nur an das Gehör geknüpft ist. Es geht vielmehr um verschiedene Möglichkeiten von Klang-, Wahrnehmungs- und Sinnesreisen. Der Regisseur des Films Thomas Riedelsmacher schreibt über seine Motivation, diesen Film über die außergewöhnliche Musikerin zu drehen, wie folgt: „Ich wollte zeigen, dass Töne und Klänge mehr sind als nur ‚hörbare' Erfahrungen. Sie sind spürbar, sie schwingen in uns, sie beeinflussen und verändern uns. Natürlich ist ein Mensch wie Evelyn, die Töne mehr fühlt als hört, in diesem Zusammenhang besonders interessant".[236] In diesem Zusammenhang ist auch die Einschätzung der Musikerin zu ihrer Karriere spannend:

> „Ich habe es nicht trotz oder wegen meiner Taubheit geschafft. Die Taubheit ist ein irrelevanter Teil der Gleichung. Einiges von dem z. B., was ich beim Spielen mache, wäre viel einfacher, wenn ich längere Arme und größere Hände hätte. Ich könnte das als physisches Handicap begreifen. Nach allgemeinem Verständnis sind meine Arme und Hände nicht besonders ungewöhnlich, ich suche also eine Lösung, statt mich auf physische Einschränkungen zu berufen. Nun könnte man mein Gehör als etwas sehen, das außerhalb des Gewohnten wäre; für mich ist es das jedoch nicht. Ich bin an mein Hören so gewohnt wie an die Größe meiner Hände".[237]

Die Schülerinnen und Schüler können diskutieren, welches Selbstverständnis sich hier ausdrückt und in welcher Hinsicht es mit der Entwicklung und Emanzipation Louisas zu vergleichen ist.

---

235 *Touch the sound. A sound journey with Evelyn Glennie*. Regie: Thomas Riedelsheimer. Deutschland, 2004. U. a. ausgezeichnet mit dem Deutschen Filmpreis 2005 für die beste Tongestaltung; beim Dokfilmfest Leipzig mit der Goldenen Taube für den besten Film; beim Filmfestival Locarno mit dem Prix Semaine de la Critique; beim Scottish BAFTA Award als Best Documentary.

236 Ebd.: Produktionsnotizen des Regisseurs Thomas Riedelsheimer im Booklet zur DVD *Touch the sound*.

237 Ebd.: Aus der Rede Evelyn Glennies „Was hindert uns?" vor „Lehrern für Schüler mit besonderen Anforderungen" im Booklet zur DVD *Touch the sound*.

Abschließendes Unterrichtsgespräch zum Thema Inklusion

Im Zusatzmaterial der DVD von *Louisa* findet sich ein Interview der Filmemacherin Katharina Pethke, in dem sie äußert, wie wichtig es ihr gewesen sei, in dem Film über ihre Schwester Louisa zu zeigen, dass diese die Möglichkeit hat, sich in unterschiedlichen Welten souverän zu bewegen: derjenigen der Hörenden und derjenigen der Gehörlosen.

Das könnte abschließend im Unterricht zum Anlass genommen werden zu überlegen, ob Louisa sich eigentlich für eine Welt entscheiden muss. Hier kann auf verschiedenen Wegen das Thema Inklusion in den Blick genommen werden. Was bedeutet das eigentlich? Worin unterscheiden sich die Begriffe Inklusion und Integration? Und wie kann Inklusion bspw. im Kontext von Schule gelingen?

Hinweise zum fächerübergreifenden Unterricht

Neben den fächerübergreifenden Möglichkeiten, die zu den literarischen Texten genannt wurden (vgl. hierzu Kap. 4) kann zu den ausgewählten Filmbeispielen *Jenseits der Stille* und *Louisa* im Unterricht ergänzend oder vergleichend z. B. die französische Komödie *Verstehen Sie die Béliers*[238] aus dem Jahr 2014 herangezogen werden, die ähnliche Themen – Erwachsenwerden, Ablösung von den Eltern, Musik – reflektiert. Hier könnten beispielsweise in Verbindung mit dem Musikunterricht die Songs/Lieder, die in den Filmen gesungen oder als Hintergrundmusik genutzt werden, besprochen und untersucht werden, welchen Bezug sie auch inhaltlich zum Thema „Hören" aufweisen.

Aber auch zahlreiche weitere Filme der vergangenen Jahre thematisieren mit unterschiedlichen Schwerpunkten die Themen Hören bzw. Höreinschränkung und Gehörlosigkeit.[239]

Die Themen „Ablösung vom Elternhaus", „Adoleszenz" und „Pubertät" könnten ergänzend in den Fächern Religion, Philosophie, Sozialwissenschaften und Geschichte besprochen und mit aktuellen gesellschaftlichen Themen verknüpft oder in einer historischen Perspektive aufgegriffen werden: Welche Rechte und Pflichten haben Jugendliche in welchem Alter? Wie war das in früheren Zeiten? Wie geht man mit den neuen Freiheiten (Wahlrecht, Selbständigkeit, Autonomie in Entscheidungsfragen etc.) um? Worauf muss in diesem Kontext bei Höreinschränkungen geachtet werden?

---

238 *La Famille Béliers* (dtsch.: *Verstehen Sie die Béliers?*). Regie: Éric Lartigau. Frankreich, 2014.

239 U. a.: *Children of a lesser god* (dtsch.: *Gottes vergessene Kinder*). Regie: Randa Haines. USA, 1986; *Jenseits der Stille*. Regie: Caroline Link. Deutschland, 1996; Regie: Éric Lartigau. Frankreich, 2014. *Marie Heurtin* (dtsch.: *Die Sprache des Herzens*). Regie: Jean-Pierre Améris. Frankreich, 2014.

6. Ausblick

Darstellungen, die das unterrichtliche Handeln im Deutschunterricht in inklusiven Klassen vorbereiten und Anregungen zur Thematisierung von Einschränkungen und Behinderungen geben, sind bislang nur in geringer Zahl verfügbar. Sie können derzeit nur in Ansätzen aus der unterrichtlichen Erfahrung in inklusiven Klassen schöpfen und müssen daher in vielen Aspekten auf Erfahrungen aus Förderschulen und aus einigen Projektschulen zurückgreifen. In den kommenden Jahren ist ein intensiver methodisch-didaktischer Diskurs zu entwickeln, der derzeit bestehende Desiderate aufarbeitet.

In der Literatur- und Sprachdidaktik und der Linguistik besteht noch Bedarf an Darstellungen, die für die Zielgruppe der Studierenden und der Lehrerinnen und Lehrer zugeschnittene Basisinformationen bieten, die Beeinträchtigungen gut fassbar, wissenschaftlich korrekt und anschaulich abdecken und außerdem Hinweise für die unterrichtliche Praxis ableiten. Ein Beispiel für den Bereich der Höreinschränkungen ist die Veröffentlichung von Tilly Truckenbrodt und Annette Leonhardt.[240]

Unter der Vielzahl der didaktisch-methodischen Aspekte, die noch zu bearbeiten sind, sollte vor allem der Kooperation zwischen Schülerinnen und Schülern mit und ohne Einschränkungen Aufmerksamkeit zukommen. So könnte die in Deutschland nach wie vor zu beobachtende gesellschaftliche Ausgrenzung von Menschen mit Behinderungen transparent und Ansätze zu ihrer Überwindung gefunden werden.

Die Thematisierung von Behinderungen bietet auch für die sprachwissenschaftliche orientierte Seite des Deutschunterrichts vielfältige Möglichkeiten. In Zusammenhang mit der Behandlung von Höreinschränkungen können z. B. folgende Themen bearbeitet werden:

- sprachstrukturelle Aspekte: Struktur der Lexik und semantische Fragen wie Wortbedeutung
- Aspekte der Sprachverarbeitung und -produktion: Verständlichkeit auf artikulatorischer, auditiver und informativer Seite
- linguistische Modelle: Varietätenmodelle, Kommunikationsmodelle
- Wirkung von Sprache: Wirkung von Sprechklang, Herstellen von Dominanz durch sprachliche Mittel
- Sprachpolitik: Sicherstellung von Sprachverstehen im öffentlichen Raum

Darüber hinaus bietet die Beschäftigung mit Einschränkungen im Deutschunterricht – auch über literarische Texte oder Filme – zahlreiche Anknüpfungspunkte für andere Fächer wie Biologie und Physik, Philosophie und Religion, Kunst, Musik, Erziehungswissenschaft und Sozialwissenschaft, wie einige Hinweise in dem vorliegenden Buch verdeutlichen.

240 Tilly Truckenbrodt/Annette Leonhardt (2016): Schüler mit Hörschädigung im inklusiven Unterricht, a. a. O.

7. Quellen

7.1 Literaturdidaktik

Abraham, Ulf (2012): Filme im Deutschunterricht, 2., akt. Aufl. Seelze-Velber: Kallmeyer in Verbindung mit Klett.

Aichele, Valentin (2014): Leichte Sprache – Ein Schlüssel zu „Enthinderung“ und Inklusion. In: Bundeszentrale für politische Bildung (Hrsg.): Leichte und Einfache Sprache – ApuZ, 9–11, Jahrgang 64, 19–25.

Avci-Werning, Meltem, Lanphen, Judith (2013): Inklusion und kooperatives Lernen. In: Werning, Rolf, Arndt, Ann-Kathrin (Hrsg.): Inklusion: Kooperation und Unterricht entwickeln. Bad Heilbrunn: Verlag Julius Klinkhardt KG, 150–175.

Baurmann, Jürgen, Müller, Astrid (2016): Gemeinsam lernen. Der Umgang mit Vielfalt im Deutschunterricht. In: Praxis Deutsch, Heft 258, 43. Jahrgang, 4–11.

Baurmann, Jürgen, von Brand, Tillmann, Menzel, Wolfgang, Spinner, Kaspar (2015): Methoden im Deutschunterricht. Exemplarische Lernwege für die Sekundarstufe I und II. Seelze-Velber: Friedrich Verlag.

Beisbart, Ortwin (2005): Hören und Zuhören. In: Abraham, Ulf et al. (Hrsg.): Praxis des Deutschunterrichts. Arbeitsfelder – Tätigkeiten – Methoden. Donauwörth: Auer-Verlag, 167–170.

Bertschi-Kaufmann, Andrea, Rosebrock, Cornelia (2009): Literalität. Bildungsaufgabe und Forschungsfeld. München: Juventa.

Blochius, Petra (2013): Kommunikative und emotionale Bedürfnisse Kinder und Jugendlicher mit Hörschädigung an Regelschulen. In: Deutscher Fachverband für Gehörlosen- und Schwerhörigenpädagogik e. V. (DFGS), DFGS-Forum-Zeitschrift, 58–63.

Born, Simone (2009): Integrativer Unterricht mit hörgeschädigten Schülerinnen und Schülern in allgemeinen Schulen. In: Sonderpädagogische Förderung *heute*, Band 54, Heft 4, 356–374.

Bosse, Ingo (2016): Filmbildung als Aufgabe einer sich entwickelnden inklusiven (Literatur-) Didaktik – eine Standortbestimmung. In: Frickel, Daniela A., Kagelmann, André (Hrsg.): Der inklusive Blick. Die Literaturdidaktik und ein neues Paradigma. Frankfurt a. Main: Peter Lang, 195–211.

Büker, Petra (2002): Literarisches Lernen in der Primar- und Orientierungsstufe. In: Bogdal, Klaus-Michael, Korte, Hermann (Hrsg.): Grundzüge der Literaturdidaktik. München: dtv, 120–133.

Dannecker, Wiebke (2014): Literaturunterricht inklusiv gestalten – individuelle Zugänge zu einem literarischen Text ermöglichen. Ergebnisse eines empirischen Unterrichtsprojekts zu Kellers „Kleider machen Leute“. In: Hennies, Johannes, Ritter, Michael (Hrsg.): Deutschunterricht in der Inklusion: Auf dem Weg zu einer inklusiven Deutschdidaktik. Stuttgart: Klett, 211–222.

Eilmann, Julian (2015): Musikvideos mit dem Smartphone drehen. In: Deutschunterricht, Heft 2, 49–52.

Fornefeld, Barbara, (2011): mehr-Sinn Geschichten – Geschichten erzählen, Geschichten lauschen, Geschichten erleben und mehr … In: Fornefeld, Barbara (Hrsg.): Mehrsinnliches Geschichtenerzählen – Eine Idee setzt sich durch. Münster: Lit, 41–61.

Frickel, Daniela, Kagelmann, Andre (2016): Der inklusive Blick. Die Literaturdidaktik und ein neues Paradigma. Frankfurt a. Main u. a.: Peter Lang.

Große, Juliane (2011): „Best practice“: Filme und Diskussionen im Unterricht mit Hörgeschädigten – (k)ein Ding der Unmöglichkeit mit Hilfe von Online-Plattformen. In: Hörgeschädigtenpädagogik, Band 6, Jahrgang 65, 246–248.

Große, Klaus-Dietrich (2001): Systemisch-handlungsorientierte Pädagogik für Hörbehinderte. Theorie und Methodik der Förderung. Neuwied; Berlin: Luchterhand.

Haraway, Donna (1995): Die Neuerfindung der Natur. Primaten, Cyborgs und Frauen. Frankfurt a. Main, New York: Campus.

Hennies, Johannes, Michael Ritter (2014) (Hrsg.): Deutschunterricht in der Inklusion. Auf dem Weg zu einer inklusiven Deutschdidaktik. Stuttgart: Fillibach bei Klett.

Hinz, Manfred (2013): Unterricht mit Inklusion in der Sekundarstufe II. Sonderpädagogische Hilfen, 2., überarbeitete Auflage. Hamburg: Verlag Handwerk und Technik.

Hochstadt, Christiane, Krafft, Andreas, Olsen, Ralph (2015): Deutschdidaktik. Konzeptionen für die Praxis. 2. Aufl. Tübingen: A. Francke Verlag.

Hüppe, Hubert (2012): Inklusion heißt Gemeinsamkeit von Anfang an. In: Bertelsmann Stiftung, Beauftragter der Bundesregierung für die Belange behinderter Menschen, Deutsche UNESCO-Kommission (Hrsg.): Gemeinsam lernen. Auf dem Weg zu einer inklusiven Schule (15–18). 2., aktualisierte u. erweiterte Auflage. Gütersloh: Verlag Bertelsmann Stiftung.

Johnson, David W., Johnson, Roger T. (2008): Wie kooperatives Lernen funktioniert. Über die Elemente einer pädagogischen Erfolgsgeschichte In: Individuell lernen – Erfolgreich arbeiten, Friedrich Jahresheft, 16–18.

Kammler, Clemens (2006): Literarische Kompetenzen – Standards im Literaturunterricht. Anmerkungen zum Stand der Diskussion. In: ders. (Hrsg.): Literarische Kompetenzen – Standards im Literaturunterricht. Seelze: Klett/Kallmeyer, 7–23.

Kepser, Matthis (2013): Deutschdidaktik als eingreifende Kulturwissenschaft. Ein Positionierungsversuch im wissenschaftlichen Feld. In: Didaktik-Deutsch, Band 18, Heft 34, 52–68.

Krauskopf, Sybille (2001): Wenn sich Integration ‚naturwüchsig‘ vollzieht … In: Leonhardt, Annette (Hrsg.): Gemeinsames Lernen von hörenden und hörgeschädigten Schülern. Ziele, Wege, Möglichkeiten. Hamburg: Verlag hörgeschädigte Kinder, 117–119.

Krawitz, Rudi (2001): Integrative Bildung. Chancen und Möglichkeiten für eine neue pädagogische Praxis der Schule. In: Leonhardt, Annette (Hrsg.): Gemeinsames Lernen von hörenden und hörgeschädigten Schülern. Ziele, Wege, Möglichkeiten. Hamburg: Verlag hörgeschädigte Kinder, 25–37.

Kruse, Iris (2013): Intermediale Lektüren. Ein Konzept für Zu- und Übergänge in intermedialen Lehr- und Lernarrangements. In: Weinkauff, Gina, Dettmar, Ute, Möbius, Thomas, Tomkowiak, Ingrid (Hrsg.): Kinder- und Jugendliteratur in Medienkontexten. Adaption, Hybridisierung, Intermedialität, Konvergenz. Frankfurt a. Main: Peter Lang, 178–198.

Lacina, Katharina (2009): Tod. Wien: UTB.

Lanig, Jonas (2013): Inklusion in der Praxis. Deutsch inklusiv. Differenzierungsmöglichkeiten und Unterrichtsbeispiele für die Sekundarstufe. Mülheim an der Ruhr: Verlag an der Ruhr.

Leonhardt, Annette (1996): Didaktik des Unterrichts für Gehörlose und Schwerhörige. Neuwied u. a.: Luchterhand.

Leonhardt, Annette (2002): Einführung in die Hörgeschädigtenpädagogik, 2. neu bearbeitete u. erweiterte Auflage. München: UTB.

Leonhardt, Annette (2006): Unterricht mit Schwerhörigen Schülern – ein Reader zur Didaktik. Heidelberg: Median Verlag.

Leonhardt, Annette (2009): Hörgeschädigte Schüler in der allgemeinen Schule. Theorie und Praxis der Integration. Stuttgart: Kohlhammer.

Leßmann, Beate (2014): „Schreibzeit" – Von der Praxis zur Konzeption inklusiven Unterrichts. In: Hennies, Johannes, Ritter, Michael (Hrsg.): Deutschunterricht in der Inklusion. Auf dem Weg zu einer inklusiven Deutschdidaktik. Stuttgart: Klett, 169–182.

Leubner, Martin, Saupe, Anja, Richter, Matthias (2016): Literaturdidaktik. 3. Aufl. Berlin: De Gruyter.

Lipkowski, Eva, Schüller, Liane (2017): Mit den Augen hören, mit den Händen sprechen. Gehörlosigkeit als Thema im Unterricht am Beispiel des Romans ‚Freak City' in der Regelschule und in inklusiven Klassen. In: Standke, Jan (Hrsg.): Gegenwartsliteratur im inklusiven Deutschunterricht (= Beiträge zur Didaktik der deutschsprachigen Gegenwartsliteratur, Band 2), Trier: WVT, 85–100.

Litterst, Barbara (2011): Die Bedeutung der Lehrersprache im Unterricht für hörgeschädigte bzw. sprachbehinderte Schüler. In: Hörgeschädigtenpädagogik, Band 6, Jahrgang 65, 242–245.

Lynas, Wendy (2001): Unterstützung hörgeschädigter Kinder in Regelschulen. In: Leonhardt, Annette (Hrsg.): Gemeinsames Lernen von hörenden und hörgeschädigten Schülern. Ziele, Wege, Möglichkeiten. Hamburg: Verlag hörgeschädigte Kinder, 95–104.

Müller, René Jacob (1996): ... ich höre – nicht alles! Hörgeschädigte Mädchen und Jungen in Regelschulen, 2. unveränderte Auflage. Heidelberg: Winter.

Müller, René Jacob, Hans, Maren (1998): Hörgeschädigte in der Schule. Neuwied u. a.: Luchterhand.

Oomen-Welke, Ingelore (2015): Leichte Sprache, Einfache Sprache und Deutsch als Zweitsprache. In: Didaktik-Deutsch, Heft 38, 24–32.

Platte, Andrea (2005): Schulische Lebens- und Lernwelten gestalten, Münster: Monsenstein und Vannerdat.

Pompe Anja (2016) (Hrsg.): Deutsch inklusiv. Baltmannsweiler: Schneider Hohengehren.

Pößiger, Stefan (2012): Filmprojekte an Schulen für Hörgeschädigte. In: Hörgeschädigtenpädagogik, Band 5, Jahrgang 66, 196–198.

Pöttinger, Ida, (2005): Can't you hear my heartbeat – Wer fühlen will, muss hören. In: Bloech, Michael, Fiedler, Fabian, Lutz, Klaus (Hrsg.): Junges Radio. Kinder und Jugendliche machen Radio. München: kopaed, 20–29.

Praxisleitfaden Inklusion und Film. Methoden, Tipps und Informationen für eine inklusive Filmbildung (2014). Hrsg. von Vision Kino – Netzwerk für Film- und Medienkompetenz. 2. aktual. Aufl. Berlin. (siehe auch: www.visionkino.de)

Reese, Ingeborg (2007): Behinderung als Thema in der Kinder- und Jugendliteratur. Integrationspädagogik in Forschung und Praxis, Band 2, Hamburg: Verlag Dr. Kovač.

Ros Elanjimatton, Sanchia, Hintermair, Manfred (2009): Kommunikative und psychosoziale Partizipation hörgeschädigter Kinder in der Regelschule. In: Leonhardt, Annette (Hrsg.): Sonderpädagogische Förderung, Heft 1, 53–71.

Rupp, Gerhard (2014): Deutschunterricht lehren weltweit. Basiswissen für Master of Education Studierende und Deutschlehrer/innen. Baltmannsweiler: Schneider Hohengehren.

Rupp, Gerhard (2016): Der inklusive Blick auf das Lernen von Sprache, Literatur und Umgang mit Medien – kulturwissenschaftliche Perspektiven auf die Deutschdidaktik. In: Frickel, Daniela, Kagelmann, Andre (Hrsg.): Der inklusive Blick. Die Literaturdidaktik und ein neues Paradigma. Frankfurt a. Main u. a.: Peter Lang, 37–60.

Sacks, Oliver (2008): Der einarmige Pianist. Über Musik und das Gehirn. 8. Aufl. Reinbek bei Hamburg: Rowohlt.

Sacks, Oliver (2015): Stumme Stimmen. Reise in die Welt der Gehörlosen. 10. Aufl. Reinbek bei Hamburg: Rowohlt.

Sander, Alfred (2004): Konzepte einer inklusiven Pädagogik. In: Zeitschrift für Heilpädagogik, Band 5, 240–244.

Schneider, Oliver (2008): Unterrichtsentwicklung an der Förderschule mit dem Förderschwerpunkt Hören und Kommunikation am Beispiel des Kooperativen Lernens. In: Hörgeschädigtenpädagogik, Band 5, Jahrgang 62, 182–188.

Schüller, Liane (2015): „Gepflegt ist mehr als hübsch – es ist eignes Verdienst". Körperdesign in Irmgard Keuns *Gilgi – eine von uns*. In: Huber, Simon, Samsani, Behrang, Schubert, Ines, Delabar, Walter (Hrsg.): Das riskante Projekt II. Die Moderne und ihre Bewältigung. Bielefeld: Aisthesis, 35–58.

Schüller, Liane, Weber, Bianca (2017): Mediale Transformationen von Gedichten. In: Deutschunterricht, Heft 3, Balladen und Erzählgedichte, Jahrgang 70, 36–41.

Seitz, Simone (2003): Literaturunterricht für alle – Schule für alles? In: Klauß, Theo, Lamers, Wolfgang (Hrsg.): Alle Kinder alles lehren … Grundlagen der Pädagogik für Menschen mit schwerer und mehrfacher Behinderung. Düsseldorf: Verlag Selbstbestimmtes Leben, 212–223.

Speck-Hamdan, Angelika (2001): Heterogenität als Chance. Soziales Lernen in gemischten Gruppen. In: Leonhardt, Annette (Hrsg.): Gemeinsames Lernen von hörenden und hörgeschädigten Schülern. Ziele, Wege, Möglichkeiten. Hamburg: Verlag hörgeschädigte Kinder, 48–54.

Spinner, Kaspar H. (1995). (Hrsg.): Imaginative und emotionale Lernprozesse im Deutschunterricht Frankfurt u. a.: Peter Lang, 193–216.

Spinner, Kaspar H. (1998): Thesen zur ästhetischen Bildung im Literaturunterricht heute. In: Der Deutschunterricht, Heft 6, Jahrgang 50, 46–54.

Spinner, Kaspar H. (2001): Kreativer Deutschunterricht. Identität – Imagination – Kognition. Seelze-Velber: Friedrich Verlag.

Spinner, Kaspar H. (2006): Literarisches Lernen. In: Praxis Deutsch, 30. Jahrgang, Heft 200, 6–16.

Spinner, Kaspar H. (2010): Handlungs- und produktionsorientierter Literaturunterricht. In: Bogdal, Klaus-Michael, Korte, Hermann (Hrsg.): Grundzüge der Literaturdidaktik. 5. Aufl. München: dtv, 247–257.

Spinner, Kaspar H. (2013): Handlungs- und produktionsorientierter Literaturunterricht. In: Frederking, Volker, Huneke, Hans-Werner, Krommer, Alex et al. (Hrsg.): Taschenbuch des Deutschunterrichts. Band 2: Literatur- und Mediendidaktik. Baltmannsweiler: Schneider Hohengehren, 319–333.

Spinner, Kaspar H. (2014): Handlungs- und produktionsorientierter Literaturunterricht. In: Kämper-van den Boogart, Michael, Baurmann, Jürgen (Hrsg.): Deutsch-Didaktik: Praxishandbuch für die Sekundarstufe I und II. 5. überarb. Neuaufl. Berlin: Cornelsen, 192–194.

Spinner, Kaspar H. (2015): Lesen – mit Texten umgehen. In: Baurmann, Jürgen, von Brand, Tilman, Menzel, Wolfgang, Spinner, Kaspar H. (Hrsg.): Methoden im Deutschunterricht. Exemplarische Lernwege für die Sekundarstufe I und II. Seelze: Kallmeyer in Verbindung mit Klett, 55–106.

Stecher, Markus (2010): Grafisches Strukturieren im Kontext Kooperativen Lernens. In: Hörgeschädigtenpädagogik, Band 1, Jahrgang 64, 12–16.

Stecher, Markus (2011): Guter Unterricht bei Schülern mit einer Hörschädigung. Heidelberg: Median-Verlag.

Stecher, Markus (2011): Zur Bedeutung handlungsorientierten Unterrichts für Schüler mit einer Hörschädigung. In: Hörgeschädigtenpädagogik, Jahrgang 65, Band 4, 152–155.
Thäle, Angelika, Riegert, Judith (2014): Literarisches Lernen im inklusiven Literaturunterricht – zur Bedeutung von Textzugängen. In: Hennies, Johannes, Ritter, Michael (Hrsg.): Deutschunterricht in der Inklusion. Auf dem Weg zu einer inklusiven Deutschdidaktik. Stuttgart: Klett, 195–208.
Truckenbrodt, Tilly, Leonhardt, Annette (2016): Schüler mit Hörschädigung im Unterricht. Praxistipps für Lehrkräfte. 2. durchges. Aufl. München: Ernst Reinhardt Verlag.
Von Brand, Tilman (2015): Deutsch unterrichten. Einführung in die Planung, Durchführung und Auswertung in den Sekundarstufen. 4. aktual. u. erw. Aufl. Seelze: Kallmeyer in Verbindung mit Klett.
Von Brand, Tilmann, Pompe, Anja (2015): Inklusion im Deutschunterricht. In: Pompe, Anja (Hrsg.): Deutsch inklusiv. Gemeinsam lernen in der Grundschule. Baltmannsweiler: Schneider Hohengehren, 29–44.
Von der Groeben, Annemarie (2001): Literalität: Modewort, alter Hut oder neue Aufgabe? In: Pädagogik, Jahrgang 6, 6–9.
Von Mende-Bauer, Irene (2007): So verstehe ich besser! Hörtaktik und Kommunikationstraining für Kinder und Jugendliche mit einer Hörschädigung. München: Ernst Reinhardt Verlag.
Waldt, Kathrin (2003): Literarisches Lernen in der Grundschule. Herausforderung durch ästhetisch-anspruchsvolle Literatur. Baltmannsweiler: Schneider Hohengehren.
Wermke, Jutta (1995): Hören-Horchen-Lauschen. Zur Hörästhetik als Aufgabenbereich des Deutschunterrichts unter besonderer Beachtung der Umweltwahrnehmung. In: Spinner, Kaspar H. (Hrsg.): Imaginative und emotionale Prozesse im Deutschunterricht. Frankfurt a. Main: Peter Lang.
Wessel, Jürgen (2012): Inklusive Beschulung hörgeschädigter Kinder und Jugendlicher – Anforderungen an eine ‚Schule für alle'. In: Sonderpädagogische Förderung heute, Heft 2, Jahrgang 57, 145–159.
Zec, Peter (2005): Körperdesign auf die Spitze getrieben. In: woerkshop 01 (www.woerkshop.de) [05.03.2017]

Literarische Texte

Boyle, T. C. (2006): Talk talk. München, Wien: Carl Hanser Verlag.
Boyle, T. C. (2010): Das wilde Kind. München: Carl Hanser Verlag.
Hauff, Wilhelm (2003): Das kalte Herz. Berlin: Eulenspiegel-Verlag [Ersterscheinen 1827].
Schrocke, Kathrin (2013): Freak City. Frankfurt a. Main: Fischer.
Thomas, Dylan (1953): From love's first fever to her plague. In: James Laughlin (Hrsg.): The collected poems of Dylan Thomas. New York: New Directions Books.

Filme

Children of a lesser god (dtsch.: Gottes vergessene Kinder). Regie: Randa Haines, USA, 1986.
Das Parfum. Regie: Tom Tykwer, Deutschland, 2006.
Deaf Jam. Regie: Judy Lieff, USA, 2011.
Jenseits der Stille. Regie: Caroline Link, Deutschland, 1996.

La Famille Béliers (dtsch.: Verstehen Sie die Béliers?). Regie: Éric Lartigau. Frankreich, 2014.
Louisa. Regie: Katharina Pethke, Deutschland, 2011.
Marie Heurtin (dtsch.: Die Sprache des Herzens). Regie: Jean-Pierre Améris, Frankreich, 2014.
Nel Giardino dei suoni – Im Garten der Klänge. Regie: Nicola Bellucci, Deutschland, 2012.
Paterson. Regie: Jim Jarmusch, USA, 2016.
Touch the sound. A sound journey with Evelyn Glennie. Regie: Thomas Riedelsheimer, Deutschland, 2004.

Internetquellen

http://www.behindertenrechtskonvention.info/bewusstseinsbildung-3786/ [23.04.2017]
https://www.danmoi.de/melodische-zungen/singende-saege.html [14.04.2017]
http://www.david-ludwig-bloch-schule.lvr.de/de/nav_main/wir_ueber_uns_1/kommunikationen/kommunikationsformen.html [15.02.2017]
http://www.deutschlandfunk.de/plattform-fuer-klangexperimente.807.de.html?dram: article_id=121265 [12.04.2017]
Dylan Thomas. Hund unter der Haut, 19.12.1956. Unter: http://www.spiegel.de/spiegel/print/d-43064857.html (ohne Autorenangabe) [08.01.2017]
http://ftb-esv.de/abi.html [30.11.2016]
http://ftb-esv.de/unides.html [30.11.2016]
http://www.funktionalegesundheit.de/ [09.05.2017]
http://www.gebaerdenlexikon.ch/lexikon_kategorien/alltag.html [12.04.2017]
http://www.geo.de/geolino/basteln/musikinstrumente-selbst-machen-anleitungen [14.04.2017]
www.goethe.de/ins/be/bru/pro/download/jenseitsderstille.pdf [09.01.2017]
http://www.gretaundstarks.de/greta [04.12.2016]
„Jenseits der Stille/Au-delà du silence“: www.goethe.de/mmo/priv/2513945-STANDARD.pdf [07.05.2017]
www.kinofenster.de [29.11.2016]
http://www.kinofenster.de/film-des-monats/archiv-film-des-monats/kf0711/wie_wirklich_ist_die_wirklichkeit/ [03.04.2017]
http://klangwerkstatt.info/kreativ/werkstatt/kreativwerkstatt/80-instrumente-zum-selber bauen/Instrumentenbauverzeichnis.pdf [14.04.2014]
https://www.kmk.org/fileadmin/Dateien/veroeffentlichungen_beschluesse/2012/2012_03_08_ Medienbildung.pdf [09.04.2017]
http://www.kmk.org/fileadmin/Dateien/veroeffentlichungen_beschluesse/2012/2012_10_18-Bildungsstandards-Deutsch-Abi.pdf S. 15 [07.02.2017]
http://www.laermorama.ch/index.html [01.04.2017]
http://www.menschenrechtserklaerung.de/ [29.03.2017]
Rheinische Förderschule – Förderschwerpunkt Hören und Kommunikation (2008): Der Nachteilsausgleich im Gemeinsamen Unterricht. Krefeld, online verfügbar unter: http://www.best-news.de/file.php4?NRW.pdf&dir=menu2%2F [10.03.17]
http://www.schule-bw.de/unterricht/faecher/deutsch/unterrichtseinheiten/film/visuell [29.11.2016]
http://www.schule-und-familie.de/basteln/selbstgebastelte-musikinstrumente.html [14.04.2017]

http://www.schulentwicklung.nrw.de/lehrplaene/upload/lehrplaene_download/gymnasium_g8/gym8_deutsch.pdf [20.02.2017]
http://www.schwerhoerigen-netz.de [29.11.2016]
www.visionkino.de

7.2 Linguistik

Benger, Claus-Bernhard (2004): Von der Blechtrommel bis Ein weites Feld: Günter Grass' Prosastil und die Probleme seiner Übertragung ins Französische. Inaugural-Dissertation zur Erlangung der Doktorwürde der Philosophischen Fakultät der Albert-Ludwigs-Universität Freiburg i. Breisgau. Unter: https://freidok.uni-freiburg.de/dnb/download/161 [22.02.2017]
Deppermann, Arnulf (1999): Gespräche analysieren: Eine Einführung in konversationelle Methoden. Opladen: Leske + Buderich.
Deutsche Gesellschaft für Kinder und Jugendpsychiatrie, Psychosomatik und Psychotherapie (2015). (Hrsg.): Evidenz- und konsensbasierte Leitlinie AWMF-Registernummer 028–044. Diagnostik und Behandlung von Kindern und Jugendlichen mit Lese- und/oder Rechtschreibstörung. Unter: http://www.kjp.med.uni-muenchen.de/download/leitlinie_lrs_kjp_langfassung.pdf. S. 17. [28.03.2017]
Dlugaiczyk, Julia (2010): Mit beiden Ohren UND mit beiden Beinen mitten im Leben – Hören und Gleichgewicht. Unter: http://www.medel.com/de/sf-nr-4-hoeren-und-gleichgewicht/ [03.04.2017]
Eitner, Johannes (1990): Zur Psychologie und Soziologie Hörbehinderter. Heidelberg: Median-Verlag.
Ferguson, Charles, Slobin, Dan Isaac (1973): Studies of child language development. New York: Rinehart & Winston.
Fina, Manuela et al. (2003): Vestibular dysfunction after Cochlear Implantation. Otol Neurotol, 24, 234–242. [01.09.2017]
Fritz, Gerd, Hundsnurscher, Franz (1994). (Hrsg.): Handbuch der Dialoganalyse. Tübingen. Niemeyer.
Günther, Herbert (2008): Sprache hören – Sprache verstehen. Sprachentwicklung und auditive Wahrnehmung. Weinheim und Basel: Beltz.
Gruber, Helmut (1996): Streitgespräche. Zur Pragmatik einer Diskursform. Opladen: Springer.
Gruber, Thomas (2011): Gedächtnis. Lehrbuch. Basiswissen Psychologie. Wiesbaden: VS Verlag für Sozialwissenschaften Springer.
Heineken, Edgar, Habermann, Thomas (1994): Lernpsychologie für den beruflichen Alltag. Heidelberg: Sauer.
Hoffmann, Michael (2007): Funktionale Varietäten des Deutschen – kurz gefasst. Potsdam: Universitätsverlag Potsdam.
Imhof, Margarete (2003): Zuhören. Psychologische Aspekte auditiver Informationsverarbeitung. Göttingen: Vandenhoeck & Ruprecht.
James, William (1893): Thought before language: A Deaf-Mute's Recollections. In: American Annals of the Deaf, Heft 3, Jahrgang 38, 135–145. Unter: https://archive.org/stream/americanannalsd04deafgoog/americanannalsd04deafgoog_djvu.txt [10.03.2017]

Klomfaß, David (2005): Konflikte in politischen Talkshows – Analysen zur Austragung von Dissens am Beispiel der Sendung „Sabine Christiansen". IN: SASI, Heft 7. Unter: http://noam.uni-muenster.de/sasi/Klomfass_SASI.pdf [03.05.2017]

Lechta, Viktor (2002): Symptomatische Sprachstörungen. Sprachstörungen bei Kindern mit Behinderung und sprachheilpädagogische Behandlung. Bad Heilbrunn: Klinkhardt.

Lindner, Gerhart (1994): Entwicklung von Sprechfertigkeiten bei gehörlosen, schwerhörigen, stammelnden, geistig behinderten und Spaltkindern. 2. Aufl. Berlin: Luchterhand.

Linke, Angelika, Nussbaumer, Markus, Portmann, Paul R. (2004): Studienbuch Linguistik. Tübingen: Niemeyer.

Löffler, Heinrich (1994): Germanistische Soziolinguistik. Berlin.

McNeill (1992): Gesture. A psycholinguistic Approach. Unter: http://mcneilllab.uchicago.edu/pdfs/gesture.a_psycholinguistic_approach.cambridge.encyclop.pdf

Oerter, Rolf, Montada, Leo (2008). Entwicklungspsychologie. Weinheim: Beltz.

Peltzer-Karpf, Annemarie (1994): Spracherwerb bei hörenden, sehenden, hörgeschädigten, gehörlosen und blinden Kindern. Tübingen: Narr.

Ptok, Martin (2011): Früherkennung von Schwerhörigkeiten im Neugeborenen und Säuglingsalter. Early detection of hearing impairment in newborns and infants. In: Deutsches Ärzteblatt international, 108/25, 426–431.

Rakoczy, Hannes, Haun, Daniel (2012): Vorsprachliche Kognition und Sprache. In: Schneider, Wolfgang , Lindenberger, Ulman (Hrsg.): Entwicklungspsychologie. München: Beltz, 337–362.

Ryan, Ellen B., See, Sheree, Kwong, T. (2003) In: Fiehler, Reinhard (Hrsg.): Sprache und Kommunikation im Alter. Verlag für Gesprächsforschung, 63 f. Unter: http://www.verlag-gespraechsforschung.de/2004/alter/057–071.pdf [07.03.2017]

Schröler, Hermann (2012): Umschriebene/Spezifische Sprachentwicklungsstörung: Definition, Prävalenz und Verlaufsmerkmale. In: Hellbrügge, Theodor, Schneeweiß, Burkhard (Hrsg.): Sprache, Kommunikation und soziale Entwicklung. Frühe Diagnostik und Therapie. Stuttgart: Klett-Cotta.

Schwitalla, Johannes (1987): Sprachliche Mittel der Konfliktreduzierung in Streitgesprächen. In: Schank, Gerd, Schwitalla, Johannes (Hrsg.): Konflikte in Gesprächen. Tübingen: Narr, 99–175.

Shvachkin, N. K. (1973): The development of phonemic speech perception in early childhood. In: C. A. Ferguson & D. I. Slobin (Hrsg.). Studies of Child Language Development. New York: Holt, Rinehart and Winston.

Suchodoletz von, Waldemar (2013): Sprech- und Sprachstörungen. Göttingen: Hogrefe.

Wendlandt, Wolfgang (2011): Sprachstörungen im Kindesalter. Materialien zur Früherkennung und Beratung. Stuttgart: Thieme.

Wirth, Günter (2000): Sprachstörungen, Sprechstörungen, kindliche Hörstörungen. Lehrbuch für Ärzte, Logopäden und Sprachheilpädagogen. Köln: Deutscher Ärzte-Verlag.

Wygotski, Lew. S. (1964): Denken und Sprechen. Frankfurt a. Main: Fischer [Ersterschienen 1934, Moskau].

Zahnert, Thomas (2011): Differenzialdiagnose der Schwerhörigkeit. In: Deutsches Ärzteblatt international, 108/25, 433–443.

Zante, Felix: Gehörlosengemeinschaft und Gehörlosenkultur. Unter: http://www.gehoerlosen-bund.de/index.php?option=com_content&view=article&id=1553%3Agehoerlosengemeinschaftundgehoerlosenkultur&catid=83%3Ameinkind&Itemid=129&lang=de [05.03.2017]

Zenner, Hans-Peter: Beethovens Taubheit (2002): „Wie ein Verbannter muß ich leben". Deutsches Ärzteblatt, 99/42, A-2762, B-2353, C-2208. Unter: https://www.aerzteblatt.de/archiv/34009/Beethovens-Taubheit-Wie-ein-Verbannter-muss-ich-leben [09.05.2017]
Wrobel, Ulrike. Unter: http://www.uzh.ch/news/agenda/record.php?id=17001&group=43 [04.04.2017]

Internetquellen

http://www.flexoft.de/software/audiolog4/audiolog4_uebersicht.htm [21.02.2017]
https://www.gallaudet.edu/
http://www.gebaerdenlernen.de/index.php?article_id=112. [14.04.2017]; Zum Zählen findet sich ein Video unter: https://www.youtube.com/watch?v=3Kwd-6DadBY&list=PLB838B9D093602F3E [14.04.2017]
http://gehoerlosen-bund.de/index.php?option=com_content&view=article&id=1562%3Abarrierefreiehochschulediegallaudetuniversityeinexkursindieusa&catid=83%3Ameinkind&Itemid=129&lang=de [08.05.2017]
http://www.gl-kirche.de/ [11.04.2017]
https://www.google.de/imgres?imgurl=https://upload.wikimedia.org/wikipedia/commons/thumb/f/fb/Vier-Seiten-Modell_de.svg/330px-Vier-Seiten-Modell_de.svg.png&imgrefurl=https://de.wikipedia.org/wiki/Liste_der_Kommunikationsmodelle&h=141&w=330&tbnid=W5Sxwqoqvoj_9M:&tbnh=94&tbnw=221&usg=__JOB78Y85zAqMgt6ovGeooQScvvw=&vet=10ahUKEwix_efKjOXTAhVRKlAKHcYfAUsQ9QEIKzAA..i&docid=N7bqMOm8_AfJPM&client=firefox-b&sa=X [01.09.2017]
http://www.hoerkomm.de/schwerh%C3%B6rigkeit_in_zahlen.html [21.02.2017]
http://www.klinikum.uni-heidelberg.de/Auditive-Verarbeitungs-und-Wahrnehmungsstoerung-AVWS. 114889.0.html [21.03.2017]
https://www.thieme.de/de/logopaedie/entwicklungspsychologische-sprachtherapie-72078.htm Sprache, Stimme und Gehör [08.03.2017]
https://de.wikipedia.org/wiki/Geschichte_der_Geh%C3%B6rlosen [10.03.2017]
https://de.wikipedia.org/wiki/Geschichte_der_Geb%C3%A4rdensprachen [13.03.2017]
https://de.wikipedia.org/wiki/Kulturhistorische_Schule [13.03.2017]
https://de.wikipedia.org/wiki/Manuel_Ram%C3%ADrez_de_Carri%C3%B3n [10.03.2017]
https://de.wikipedia.org/wiki/McGurk-Effekt [21.02.2017]

7.3 Sprachdidaktik

Baumgartner, Stephan, Füssenich, Iris (2002): Sprachtherapie mit Kindern. München: Reinhardt.
Borstel, Detlef (1980): Training der Wahrnehmung und der Motorik. In: Knura, G. Neumann, B. (Hrsg.): Pädagogik der Sprachbehinderten. Berlin: Volker Spiess Verlag.
Braun, Otto (2006): Sprachstörungen bei Kindern und Jugendlichen. Diagnostik – Therapie – Förderung. Stuttgart: Kohlhammer.
Claußen, Hartwig (2006): Zur Geschichte der Didaktik des Unterrichts mit Schwerhörigen. In: Annette Leonhardt (Hrsg.): Unterricht mit schwerhörigen Schülern – ein Reader zur Didaktik. Heidelberg: Median Verlag.

Deutsche Bundesregierung (2013): Teilhabebericht der Deutschen Bundesregierun. Unter: https://www.bmas.de/SharedDocs/Downloads/DE/PDF-Publikationen/a125-13-teilhabebericht.pdf?__blob=publicationFile, S. 96 [13.02.2017]

Diller, Susanne (2009): Integration hörgeschädigter Kinder in allgemeinen und integrativen Kindergärten. In: Leonhardt, Annette (Hrsg.): Integration hörgeschädigter Schüler in der allgemeinen Schule. Theorie und Praxis der Integration. Stuttgart: Kohlhammer, 274–297.

Dittmann, Jürgen (2002): Der Spracherwerb des Kindes. Verlauf und Störungen. München: C.H. Beck.

Emir, Nergis (2011): Erstellung eines Ratgebers für Menschen mit Höreinschränkungen, Bachelor Thesis, Hochschule Aalen. Unter: https://opus-htw-aalen.bsz-bw.de/files/6/Emir_Nergis_BA.pdf, zuletzt [10.03.17]

Fried, Lilian (2009): Sprache – Sprachförderung – Sprachförderkompetenz. In: Ministerium für Generationen, Familie, Frauen und Integration des Landes NRW (Hrsg.): Kinder bilden Sprache – Sprache bildet Kinder. Sprachentwicklung und Sprachförderung in Kindertagesstätten. Münster: Waxmann, 35–55.

Hagen, Mechthild (2006): Förderung des Hörens und Zuhörens in der Schule. Göttingen: Vandenhoeck & Ruprecht.

Hauke-Schrag, Claudia et al. (2014): Forschungsbericht – „Ehe- und Familienberatung für gehörlose und schwer hörgeschädigte Menschen in Bayern“. Unter: https://www.institut-kom.de/forschung/pdf/forschung-efbg-bericht.pdf [21.03.2017]

Hellbrügge, Theodor, Schneeweiß, Burkhard (2013): Sprache, Kommunikation und soziale Entwicklung. Frühe Diagnostik und Therapie. Stuttgart: Klett-Cotta.

Howald, Lisbeth, Lescow, Katharina, Lienhard, Karin, Ponnaz, Sylvie, Sacher, Judith, Speck, Carina: Gehörlosigkeit – Gebärdensprache (linguistische Aspekte) Universität Zürich, Institut für Sonderpädagogik ISP, lic. phil. Emanuela Wertli, WS 04/05. Unter: http://www.lvglth.de/download/gs_linguistic_aspects.pdf [10.03.2017]

Kurrer, Rauthgundis (2013): Gehörlose im Wandel der Zeit. S. 104f. Unter: https://edoc.ub.uni-muenchen.de/16611/1/Kurrer_Rauthgundis.pdf [18.04.2017]

Leonhardt, Annette (1996): Didaktik des Unterrichts für Gehörlose und Schwerhörige. Neuwied u. a.: Luchterhand.

Leonhardt, Annette (2002): Einführung in die Hörgeschädigtenpädagogik. München, Basel: Reinhardt.

Leonhardt, Annette et al. (2002): Hörgerichtet fördern: Auditiv-verbale Therapie für hörgeschädigte Kinder. Weinheim: Beltz.

Leonhardt, Annette (2009): Integration hörgeschädigter Schüler in der allgemeinen Schule. Theorie und Praxis der Integration. Stuttgart: Kohlhammer.

Leonhardt, Annette, Hellbrügge, Theodor (1998): Ausbildung des Hörens – Erlernen des Sprechens. Frühe Hilfen für hörgeschädigte Kinder. Neuwied u. a.: Luchterhand.

Loewenich, Walther v. (1953): Zur Gnadenlehre bei Augustin und bei Luther. Archiv für Reformationsgeschichte – Archive for Reformation History, Internationale Zeitschrift zur Erforschung der Reformation und ihrer Weltwirkungen H. 44/1953. Unter: https://www.degruyter.com/view/j/arg.1953.44.issue-jg/arg-1953-jg05/arg-1953-jg05.xml. [10.03.2017]

Löwe, Armin (1976): Sprachfördernde Spiele für hörgeschädigte und für sprachentwicklungsgestörte Kinder. Anleitungen für Elternhaus, Kindergarten, Klinik und Schule. Berlin: Marhold.

Miller, Simone, Kühn D., Ptok, Martin (2011): Der PC als Hörtherapeut? DAVID, CASPER, CATS, CAST, SPATS, LACE et al.: Sprache Stimme Gehör, 36/4, 189–191.

Nickisch, Andreas (2013): Permanente Minimale Hörverluste – sind sie unbedeutend oder erfordern sie Behandlungsmaßnahmen? In: Hellbrügge, Theodor, Schneeweiß, Burkhard (Hrsg.): Sprache, Kommunikation und soziale Entwicklung. Frühe Diagnostik und Therapie. Stuttgart: Klett-Cotta, 175–182.

Nickisch, Andreas, Heber, Dolores, Burger-Gartner, Jutta (2010): Auditive Verarbeitungs- und Wahrnehmungsstörungen (AVWS) bei Schulkindern. Diagnostik und Therapie. Dortmund: Verlag Modernes Lernen.

Nonn, Kerstin (2011): Unterstützte Kommunikation in der Logopädie: Einführung, Diagnostik, Therapie. Stuttgart: Thieme.

Quadbeck-Seeger, Hans-Jürgen, Böck, Harald (2005): Das hat noch nie funktioniert. Die besten Killerphrasen von A wie „Aber“ bis Z wie „Zielgruppe“, Weinheim: Wiley.

Renzelberg, Gerlinde (2011): Was ist eine Hörstörung? Testverfahren und ihre Ergebnisse. Unter: http://www.dglb.de/dgb/index.php?option=com_content&view=article&id=1542%3Awasisteinehoerstoerungtestverfahrenundihreergebnisse&catid=83%3Ameinkind&Itemid=129&lang=de [10.07.2017]

Richtberg, Werner (1980): Hörbehinderung als psycho-soziales Leiden. Forschungsbericht. Gesundheitsforschung, Band 32. Bonn: Bundesministerium für Arbeit und Sozialordnung.

Schick, Sylvia (2011): Akustik im Kopf. Konzept für den integrativen Deutschunterricht mit hörgeschädigten Schülerinnen und Schüler. München: kopaed.

Spilger, Thore, Wilken-Dapper, Stephanie (2016): Stark im Leben stehen – Angebote für Geschwisterkinder. Unter: http://bvkm.de/wp content/uploads/Das_Band_1_16_Internet-verlinkt.pdf [21.03.2017]

Schmitt, Julia (2003): Hörgeschädigte Kinder und Jugendliche in allgemeinen Schulen. Untersuchung von schulischen Einzelintegrationen in Bayern unter besonderer Berücksichtigung des Übergangs in die Sekundarstufe. Aachen: Shaker Verlag.

Schumann, Paul (1940): Geschichte des Taubstummenwesens, vom deutschen Standpunkt dargestellt. Reichsfachschaft V Sonderschulen im NS-Lehrerbund (Hrsg.), Frankfurt a. Main.

Spreng, M.: Physiologische Grundlagen der kindlichen Hörentwicklung und Hörerziehung. Institut für Physiologie I, Arbeitsgruppe Biokybernetik, Universität Erlangen. Unter: http://www.schulinfos.de/ifdt/anla/Horen_beim_Kind_Spreng_Universitat_Erlangen.pdf [23.11. 2011]

Stieger, Jasmin (Schülerin). (2004/2005): zum Thema: Gehörlosigkeit. Unter: http://www.taubenschlag.de/cms_pics/Sozialmanagement.pdf [14.02.2016]

Strixner, Stefan, Wolf, Serona (2004): Kleines Wörterbuch der Gebärdensprache. Wiesbaden: Matrix.

Traub, Silke (2011): Gespräche führen – leicht gemacht. Gesprächserziehung in der Schule. Baltmannsweiler: Schneider Hohengehren.

Truckenbrodt, Tilly, Leonhardt, Annette (2016): Schüler mit Hörschädigungen im inklusiven Unterricht. München: Ernst Reinhardt Verlag.

Voss, Sabine, Pöllinger, Susanne (2014): Konkreter Nachteilsausgleich für gehörlose Schülerinnen und Schüler in Regelschulen bundesweit. Unter: https://www.kestner.de/n/elternhilfe/verschiedenes/Regelschule_Nachteilsausgleich_GL.pdf [22.03.2017]

Internetquellen

http://www.adhs-deutschland.de/Home/ADHS/Informationen-zum-Krankheitsbild-ADHS.aspx [21.03.2017]

http://ag-hoerforschung.de/ [14.02.2016]

http://www.best-news.de/schul_regelungen [29.04.2017]

http://www.carl-orff-schule-lingen.de/fileadmin/documents/mobiler_dienst/Nachteilsausgleich_fuer_hoergeschaedigte_Schueler.pdf [22.03.2017]

http://www.christianlehmann.eu/ling/lg_system/phon/index.html?http://www.christianlehmann.eu/ling/lg_system/phon/04_Artikulator_Phonetik.php [21.03.2017]

http://www.david-ludwig-bloch-schule.lvr.de/de/nav_main/wir_ueber_uns_1/kommunikationen/kommunikationsformen.html [15.02.2017]

http://www.gebaerden.de/de/64926-Gehoerlos-oder-Taubstumm [14.02.2016]

www.gehoerlosen-bund.de [21.03.2017]

https://www.google.de/search?q=alles+was+klingt&ie=utf-8&oe=utf-8&gws_rd=cr&ei=olK7VZeGNIu_ygPRxpjYCg [21.03.2017]

http://www.hear-it.org/de/Wie-ist-es-einen-Tinnitus-oder-Horschaden-zu-haben [06.03.2017]

http://www.hoerbehindertenschule-lebach.de/NachteilsausgleichVersionInternet100209.pdf http://www.hoerzentrum-hannover.de/index.php?id=45 [22.03.2017]

http://hoermesse.de/2009/pdfs/kuehnert_vortrag.pdf [08.04.2011]

www.hoernix-darmstadt.de [21.03.2017]

www.ich-will-hoeren.de [21.03.2017]

ichard_Pfeiffer.pdf [21.03.2017]

http://www.kgu.de/fileadmin/redakteure/Fachkliniken/HNO/files/AudAkustik/Urlaub_EAS.mp3 [06.03.2017]

http://www.kmk.org/fileadmin/Dateien/veroeffentlichungen_beschluesse/2004/2004_10_15-Bildungsstandards-Deutsch-Haupt.pdf/ S. 10 f. [07.02.2017]

www.kmk.org/fileadmin/pdf/PresseUndAktuelles/2000/hoeren.pdf [21.03.2017]

https://www.landesschulbehoerde-niedersachsen.de/bu/schulen/paedagogische-psychologische-unterstuetzung/mobile-dienste/hoeren [27.04.2017]

http://www.landkreishildesheim.de/media/custom/546_1011_1.PDF [21.03.2017]

http://www.leichthoerig.de/2013/03/25/einteilung-der-schwerhorigkeit-nach-who-kriterien/ [21.03.2017]

http://www.lifetool.at/fileadmin/user_upload/03_F_und_E/Laufende_Projekte/Masterarbeit_R

http://logopaedie-wiedemann.de/?page_id=231 [21.03.2017]

http://www.medienportal.siemens-stiftung.org/portal./main.php?todo=showObjData/objID=100359 [08.04.2011]

http://www.oessh.or.at/hoerspuren/hoerfruefoerderung [21.03.2017]

http://www.patholinguistik.de/page43/page45/page45.html [08.04.2011]

http://www.rehatechnologie.fk13.tu-dortmund.de/rehapp/de/Toolkit/App-QKK/Barrierefreiheit/Leichte-Sprache/index.html [22.03.2017]

http://www.schubi.ch/suche/uebersicht.xtp [21.03.2017]

http://www.schulentwicklung.nrw.de/lehrplaene/upload/lehrplaene_download/gymnasium_g8/gym8_deutsch.pdf [20.02.2017]

http://www.schwerhoerigen-netz.de/MAIN/statistik.asp?inhalt=uebersicht [21.03.2017]

https://www.stayfriends.de/Schule/.../Reinfelder-Schule-fuer-Schwerhoerige-S-7NV-S [13.03.2017]
www.taubenschlag.de [21.03.2017]
http://www.uniklinikum-saarland.de/fr/einrichtungen/cliniques_et_instituts/hno/haus sprachfruehfoerderstelle/ [21.03.2017]
http://www.vds-in-berlin.de/Heft%201_2013/Beitrag%20Hoppe.pdf [08.04.2011]
http://www.visuelles-denken.de/Schnupperkurs4.html [14.02.2016]
http://www.wdr.de/tv/kopfball/sendungsbeitraege/2012/1230/lippen.jsp [13.02.2016]
http://wiki.studiumdigitale.uni-frankfurt.de/FB04_Grundschulwiki/index.php/Gespr%C3%A4chserziehung [14.02.2016]

Grafiken zum Aufbau des Ohrs und des Hörsystems

Kentner, Gerrit: Phonetik II, 13. Juni 2010. Unter: http://user.uni-frankfurt.de/~kentner/EinfLing/Phonetik2.pdf [06.03.2017]
http://www.google.de/imgres?imgurl=http://www.zacho.de/images/zacho-das-ohr-illu_750.jpg&imgrefurl [06.03.2017]

7.4 Abbildungsverzeichnis

8. Anhang

8.1 Vorausgesetzte Grundkenntnisse

In einigen Teilen des Buchs werden Grundkenntnisse, wie sie in Grundkursen, grammatischen Übungen und Veranstaltungen zu Laut und Schrift vermittelt werden, vorausgesetzt.

Vorkenntnisse aus linguistischen Grundkursen

- Grundbegriffe:
  - Sprachsystem, Sprachgebrauch
  - Paradigmatik und Syntagmatik
  - Phon, Phonem, Silbe
  - Stimmhaftigkeit, Stimmlosigkeit
  - Lexik
  - Morphologie
  - Syntax
- Unterschiede zwischen mündlicher und schriftlicher Sprache
- Kommunikationsmodelle
- Spracherwerb: natürlicher und gesteuerter

Vorkenntnisse aus grammatischen Übungen

- Rektionsverhältnisse
- Wortfolge im Satzglied
- Satzgliedfolgen in Satz

Vorkenntnisse aus Veranstaltungen zu Laut und Schrift der deutschen Sprache

- Phonembestand des Deutschen
- Phonemklassen
  - Vokal: Grundvokal, Umlaut, Diphthong
  - Konsonant: Nasal, Lateral, Frikativ, Plosiv, Affrikat
- Eigenschaften der Phoneme: Bildungsort, Sonorant, Obstruent
- Struktur der Silbe
- Phonem-Graphemstruktur des Deutschen

Vorkenntnisse aus Veranstaltungen zum Schriftspracherwerb

- Schriftspracherwerbsphasen

8.2 Verwendete Fachbegriffe

Absehen	Bezeichnet das Verstehen mündlicher Rede über visuelle Wahrnehmung, insbesondere durch das Wahrnehmen von Mundbildern, es wird umgangssprachlich als *Lippenlesen* bezeichnet.
Amplitude	Die Amplitude gibt an, wie weit die Ausschläge der Schallwellen sind. Maßeinheit Pascal (Pa)
Frequenz	Frequenzen bestimmen die Tonhöhe, sie ergibt sich aus einer langsamen (tief) oder schnellen (hoch) Schwingung der Schallwellen. Maßeinheit Hertz (Hz)
Formant	Ein Formant ist ein Teilton, der neben dem Grundton zur Lautbildung beiträgt.
Gebärde	Durch Gebärden wird visuell wahrnehmbare Sprache produziert.
Geräusch	Nichtperiodische Schallwellen bilden Geräusche.
Grundton	Der Grundton ist ein gegenüber den Formanten meist tieferer Basiston, der in der Glottis gebildet und anschließend durch in anderen Resonanzräumen entstehenden Schall überformt wird.
Mundbild	Die Stellung von Lippen und Unterkiefer ergibt für viele Laute charakteristische visuelle Eindrücke, die beim Absehen genutzt werden.
Peripheres Nervensystem	Hierbei handelt sich um das Nervensystem der Extremitäten.
Schalldruck	Schalldruck bezeichnet die aus dem subglottalen Luftdruck resultierende akustische Energie.
Sprachlaut	Sprachlaute sind Töne oder Geräusche, die zur Spracherzeugung eingesetzt werden.
Ton	Periodische Schallwellen bilden Töne.
Zentrales Nervensystem	Hierbei handelt sich um das Nervensystem des Rückenmarks und des Gehirns.

8.3 Texte, Grafiken und Tabellen zu den Kapiteln

Text zu Kap. 3: Formen der Hörbeeinträchtigung

Sarantuya Shagdarsuren: Die einseitige Hörstörung beim Kind

„Die Wissenschaftler, die sich mit der Erforschung des Hörorgans beschäftigen, haben versucht, die Bedeutung des binauralen Hörens[241] zu erklären. Viele Faktoren tragen zum binauralen Vorteil bei.

Zunächst ist hier das Konzept der binauralen Lautheitssummation zu nennen. Das Konzept der binauralen Lautheitssummation kann als Verbesserung der Hörschwelle für Reintöne und Sprache um ca. 2–3 dB im Vergleich zwischen monauralem und binauralem Hören definiert werden. Obwohl diese Verbesserung um 3 dB zunächst irrelevant erscheint, ist ihr positiver Einfluß auf das Sprachverständnis und die subjektive Bequemlichkeit des Hörens eindeutig nachgewiesen (Konkle, Schwartz 1981, Bergmann 1957). Im Jahr 1970 haben Scharf und Fishken in ihrer Arbeit nachgewiesen, dass die Lautheit von Sinustönen oder Schmalbandrauschen etwa 1,7mal lauter ist, wenn der Schall von beiden Ohren aufgenommen werden kann, als wenn er mit nur einem Ohr gehört wird. Das Hören mit zwei Ohren vermittelt einen höheren Lautstärkeeindruck als das Hören mit nur einem Ohr. Das läßt sich durch einen einfachen Versuch demonstrieren: wenn man sich in einer Hörsituation mit einem Finger ein Ohr verschließt, dann hört man insgesamt etwas leiser.

Ein weiterer Vorteil des binauralen Hörens ist der „Kopfschatten – Effekt“: Der Schall, der auf das der Schallquelle abgewandte Ohr trifft, wird durch den dazwischen liegenden Kopf abgeschwächt. Beispielsweise trifft Sprache mit um 6,4 dB abgeschwächter Intensität auf das der Schallquelle abgewandte Ohr. Die Größe des Schallschatten- Effekts variiert mit der Art und dem Ursprung des akustischen Signals (Konkle, Scwartz D. 1981). Für eine Person mit einseitiger Taubheit kann der Schallschatten- Effekt Vor- und Nachteile haben. Vorteilhaft ist, wenn das primäre akustische Signal direkt auf das gesunde Ohr trifft und ein störendes Signal oder Lärm aus der Richtung des tauben Ohres kommt. In dieser Situation trifft das Störsignal mit einer um 6,4 dB abgeschwächten Intensität auf das gesunde Ohr und ist somit weniger irritierend. Trifft jedoch das Störsignal direkt auf das gesunde Ohr und das primäre Signal kommt aus der Richtung des tauben Ohres, so ist dies ein Nachteil für den Betroffenen: der Störlärm erreicht das gesunde Ohr mit voller Intensität, das primäre Signal wird jedoch abgeschwächt angeboten, während es von der einen Seite des Kopfes auf die andere geleitet wird. Daher ist es oftmals schwierig für den einseitig Schwerhörigen, das primäre Signal im Umgebungslärm zu identifizieren. (…)

Eine andere wichtige Funktion des binauralen Hörens ist der „Zerhack-Effekt“. Der „Zerhack–Effekt“ bewirkt ebenfalls einen Vorteil für den binaural Hörenden. Er

241 des Hörens mit zwei Ohren

entsteht durch die Fähigkeit zweier Ohren, Hintergrundlärm zugunsten des Primärsignals zu unterdrücken. 1950 beobachtete König als erster, dass binaural Hörende störenden Hintergrundlärm wie z. B. Autos oder Stimmen (Alltagsgeräusche) filtern und sich auf gewollte auditorische Stimuli konzentrieren können.Untersuchungen haben gezeigt, dass dieses Phänomen dem binaural Hörenden ein besseres Sprachverständnis im Lärm ermöglicht. Dieser Effekt bleibt auch dann bestehen, wenn der monaural Hörende sein hörendes Ohr optimal zur Schallquelle positioniert (Bess und Tharpe 1984). Das der Schallquelle abgewandte Ohr scheint also einen wichtigen Beitrag zum Hörvorteil durch den Zerhack-Effekt zu leisten.

Ein weiterer Vorteil des binauralen Hörens ist die Fähigkeit der Lokalisation von Tönen in der horizontalen Ebene. Die Fähigkeit eine Geräuschquelle zu lokalisieren ist eindeutig ein binaurales Phänomen. Daher verwundert es nicht, dass einseitig hörende Menschen häufig Schwierigkeiten mit dem Richtungshören haben (Bess und Tharpe 1984). Generell nehmen die Fehler beim Richtungshören mit zunehmender Differenz der Hörleistung beider Ohren zu. Bergmann (1957) hat jedoch festgestellt, dass Richtungshören auch für Menschen mit deutlichem Hörschwellenunterschied zwischen beiden Ohren möglich ist, sofern der Ton auch auf dem schwächeren Ohr gehört werden kann.“[242]

Dieser Text kann den Hinweis zu *Hören und Gleichgewicht* vertiefen, den Hörvorgang verdeutlichen und im fächerübergreifenden Unterricht (Deutsch/Biologie) eingesetzt werden.

Text zu Kap. 3: Lärmschwerhörigkeit

Cornelia Werner: Disco-Lärm geht auf die Ohren[243]

„Laute Musik hören und tanzen bis in die Morgenstunden – der Besuch in der Disco gehört zum festen Wochenendprogramm vieler Jugendlicher. Allerdings ist die Musik dort meist so laut, dass der Lärm mit der Zeit auf die Ohren schlägt. „Lautstärken von mehr als 85 Dezibel sind gehörschädigend“, sagt Prof. Markus Hess, Direktor der Poliklinik für Hör-, Stimm- und Sprachheilkunde am Universitätsklinikum Eppendorf. Die Lautstärke der Musik in Diskotheken fängt aber meist erst bei 90 Dezibel an – in den frühen Abendstunden. „Das Gehör gewöhnt sich mit der Zeit an die Lautstärke, sodass sie, um den gleichen Effekt zu erzielen, im Laufe des Abends immer lauter gestellt wird, bis sie in den frühen Morgenstunden Lautstärken von 110 Dezibel erreicht.“ Dabei ist zu bedenken, dass sich eine Gehörschädigung bei einer Zunahme der Lautstärke um drei Dezibel verdoppelt. Das bedeutet, 90 Dezibel für

242 http://www-brs.ub.ruhr-uni-bochum.de/netahtml/HSS/Diss/ShagdarsurenSarantuya/diss.pdf [06.03.2017]

243 http://www.abendblatt.de/ratgeber/wissen/medizin/article107215644/Disco-Laerm-geht-auf-die-Ohren.html. Abendblatt 10.03.07 [15.07.2017]

acht Stunden ist genauso schädigend wie 93 Dezibel für vier Stunden, 96 Dezibel für zwei oder 99 Dezibel für eine Stunde.

Eine weitere nicht zu unterschätzende Lärmquelle sind tragbare Musikgeräte wie Walkman, iPods oder MP3-Player, mit denen Musik über Ohrstöpsel gehört wird. „Die Lautstärke solcher Geräte erreicht Mittelwerte von 100 Dezibel. Das entspricht dem Lärmpegel eines Presslufthammers", so Hess.

Das Ohr hat keine Möglichkeit, sich gegen Lärm zu schützen. Man kann nur die Zeit reduzieren, in der man sich dem Lärm aussetzt, oder versuchen, die Lautstärke zu mindern. „Wer in der Woche ein bis zwei Stunden in die Disco geht, wird weniger Schadensgefährdung haben als jemand, der fünf Stunden in die Disco geht", sagt Hess. Und man sollte eher früh am Abend als spät in der Nacht in die Disco geben und den Boxen fern bleiben. Zudem rät Hess allen, die öfter in die Disco gehen, einen Gehörschutz zu benutzen: „Ein guter Gehörschutz kann die Lautstärke um bis zu 20 Dezibel reduzieren." (…)."

(…) Wenn man nach der Disco schlecht hört, das Gefühl hat, man hätte Watte in den Ohren, oder ein Pfeifen wahrnimmt, hat schon eine Schädigung eingesetzt. Eine dauerhafte Schwerhörigkeit entsteht meist mit der Zeit, wenn sich Lärmschädigungen summieren, und zeigt sich in bestimmten Tonhöhen. „Sie betrifft vor allem die Hochtonbereiche bei vier Kilohertz. Das ist der Hauptsprachbereich für die Konsonanten. Wenn man bedenkt, dass Konsonanten wichtiger für die Spracherkennung sind als Vokale, wird deutlich, wie stark eine solche Schwerhörigkeit die Kommunikationsfähigkeit beeinträchtigen kann."

Der Hörschaden kann für Jugendliche weitere schwerwiegende Folgen haben. „Traumberufe wie Pilot oder Kameramann können erst gar nicht erlernt werden, da ein ausgezeichnetes Hörvermögen für diese Berufe Voraussetzung ist", so Hess. Auch wer einen Beruf erlernen will, bei dem er verstärkt Lärm ausgesetzt ist, wie etwa Automechaniker oder Tischler, muss vorher zum Hörtest. Fällt dieser schlecht aus, kann es sein, dass der Jugendliche gar nicht erst für die Ausbildung zugelassen wird."

Schaubild zu Kap. 3: Lärmschwerhörigkeit

Hierzu vergleiche auch http://ag-hoerforschung.de/ [15.07.2017]

Text und Schaubild können im fächerübergreifenden (Unterricht Deutsch/Physik oder Deutsch Biologie) eingesetzt werden, um den Schülerinnen und Schülern die Gefahr von Schädigungen durch Lärm bewusst zu machen.

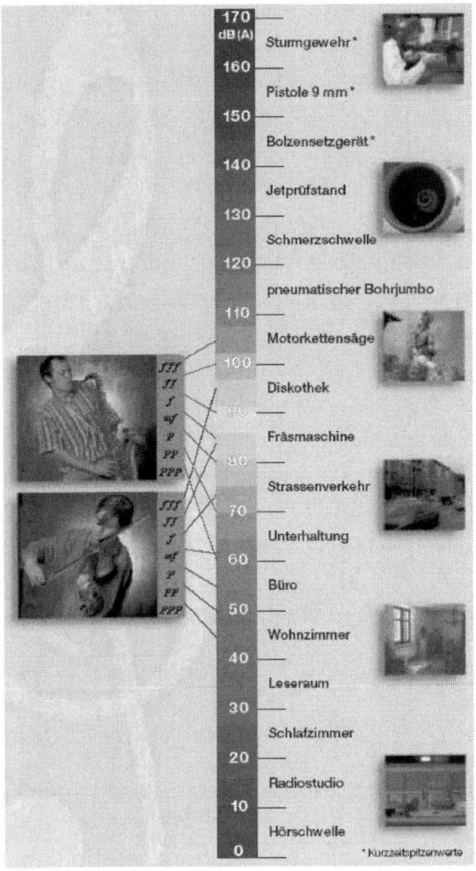

Durchschnittliche Schallpegel & sichere Hördauer und Schutz vor Innenohrschäden[244]

Texte und Tabellen zu Kapitel 4

Text zu Kap. 4.2.1 *Freak City*

Übersetzen – ein Sonderfall von Kommunikation[245]

„Aus wissenschaftlicher Sicht lässt sich eine „Übersetzung [...] als Spezialfall der Kommunikation darstellen" (Albrecht 1973, 19). Bei der zweisprachigen Kommunikation verfügen Sender und Empfänger jeweils über einen unterschiedlichen Code,

244 http://www.uniklinikum-regensburg.de/imperia/md/content/kliniken-institute/hals-nasen-ohren-heilkunde/audiologie/laerm.pdf. [28.02.2017]

245 Claus Bernhard Benger (2004): Von der „Blechtrommel" bis „Ein weites Feld": Günter Grass' Prosastil und die Probleme seiner Übertragung ins Französische. Inaugural-Dissertation zur Erlangung der Doktorwürde der Philosophischen Fakultät der Albert-Ludwigs-Universität Freiburg i. Breisgau S. 20 f. Unter: https://freidok.uni-freiburg.de/dnb/download/161 [22.02.2017]; Im Text erwähnte Literatur: Jörn Albrecht (1973): Lin-

sodass als Schnittstelle die Instanz des Übersetzers notwendig wird, der beide Codes gleichermaßen gut beherrscht und somit die Basis für eine „verlustfreie“ Transformation in beide Richtungen bildet. Grafisch lässt sich dies wie folgt veranschaulichen (nach Koller ^{5}1997, 106):

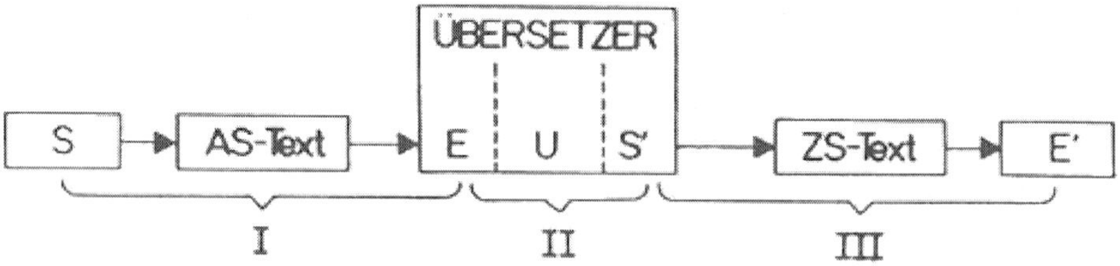

Schematischer Ablauf des Übersetzungsprozesses

Das Modell stammt ursprünglich von Otto Kade, einem der Vertreter der Leipziger übersetzungswissenschaftlichen Schule. Es wurde für die Bedürfnisse der maschinellen Übersetzung erarbeitet und beruht auf dem Postulat, dass beim Vorgang des Übersetzens ausschließlich der Grad an Information invariant bleiben müsse. Aus diesem Grund ist das Modell nur auf Texte anwendbar, bei denen die Form keine besondere Rolle spielt und sich „im Dienst am Inhalt erschöpft“ (Kade 1968, 47). Da dies jedoch gerade bei literarischen Texten nicht der Fall ist, können diese nur unzureichend durch das Modell beschrieben werden.

Dennoch lässt sich für unsere Zwecke die Ausgangskonstellation, also die Kommunikationssituation zwischen Autor, Übersetzer und Leser, darstellen. Insgesamt bestehen drei Phasen (I–III). Hierbei beschreibt Phase I die Kommunikation zwischen dem Autor (hier gleichgesetzt mit „S“ für Sender) und dem Übersetzer, welcher Empfänger (E) des AT ist. Im Hinblick auf den Autor (d. h. den „Sender“) rezipiert der Übersetzer somit den innerhalb des Kommunikationsvorgangs den an ihn „gerichteten“ ausgangssprachlichen Text (AS-Text). Diesen „Originaltext“ eignet er sich nun seinerseits als Empfänger (E) an.

Phase II symbolisiert den Umkodierungsvorgang (U) selbst (black box). Phase III schließlich steht für die Kommunikationssituation zwischen dem Übersetzer (S’) und dem Leser (hier E’).

Eine genaue Auseinandersetzung mit dem Modell zeigt, dass das eigentliche Rezeptionsverhalten von Sender und Empfänger sowohl in Phase I als auch in Phase III völlig unbeachtet bleiben. Eine kognitive Ausrichtung unter der Fragestellung „Wie“ d. h. „Unter welchen Gesichtspunkten“ ein Text entschlüsselt wird, fehlt. Es handelt sich um einen rein systemlinguistischen Ansatz, der sich einzig auf die Ebene der langue konzentriert und dabei die Dimension der parole völlig ausblendet. Eine noch so simple „Mitteilung“ enthält in der Praxis weit mehr Elemente als nur die Information selbst.

---

guistik und Übersetzung, Tübingen; Otto Kade (1968): Zufall und Gesetzmäßigkeit in der Übersetzung. Leipzig.

Aus sprachphilosophischer Sicht ließe sich kritisch entgegenhalten, dass eben gerade nicht davon ausgegangen werden kann, dass ein Kommunikationsvorgang, auch wenn er sich auf reinen Informationsaustausch beschränkt, intersubjektiv identisch nachvollziehbar ist. Das Übersetzen ist also eine weitaus komplexere Aufgabe als ein reiner Informationstransfer."

Der Text kann im Oberstufenunterricht dazu eingesetzt werden, die zahlreichen Hinweise zum Übersetzen zu fundieren, er kann die Kommunikationsprobleme verdeutlichen, die mit Gehörlosigkeit verbunden sind und in Zusammenhang mit anderen Kommunikationsmodellen thematisiert werden, die zusätzliche Aspekte der Kommunikation berücksichtigen.

Gedicht zu Kap. 4.2.2 *Talk talk*

From love's first fever to her plague
From love's first fever to her plague, from the soft second
And the hollow minute of the womb,
From the unfolding to the scissored caul,
The time for breast and the green apron age
When no mouth stirred about the hanging famine,
All world was one, one windy nothing,
My world was christened in a stream of milk.
And earth and sky were as one airy light.

From the first print of the unshodden foot, the lifting
Hand, the breaking of the hair,
From the first secret of the heart, the warning ghost,
And to the first dumb wonder at the flesh,
The sun was red, the moon was grey,
The earth and sky were as two mountains meeting.

The body prospered, teeth in the marrowed gums,
The growing bones, the rumour of manseed
Within the hallowed gland, blood blessed the heart,
And the four winds, that had long blown as one,
Shone in my ears the light of sound,
Called in my eyes the sound of light.
And yellow was the multiplying sand,
Each golden grain spat life into its fellow,
Green was the singing of the house.

The plum my mother picked matured slowly,
The boy she dropped from darkness at her side
Into the sided lap of light grew strong,

Was muscled, matted, wise to the crying thigh
And to the voice that, like a voice of hunger,
Itched in the noise of wind and sun.

And from the first declension of the flesh
I learnt man's tongue, to twist the shapes of thoughts
To shade and knit anew the patch of words
Left by the dead who, in their moonless acre,
Need no word's warmth.
The root of tongues ends in a spentout cancer,
That but a name, where maggots have their X.

I learnt the verbs of will, and had my secret;
The code of night tapped on my tongue;
What had been one was many sounding minded.

One womb, one mind, spewed out the matter,
One breast gave suck the fever's issue;
From the divorcing sky I learnt the double,
The two-framed globe that spun into a score;
A million minds gave suck to such a bud
As forks my eye;
Youth did condense; the tears of spring
Dissolved in summer and the hundred seasons;
One sun, one manna, warmed and fed.[246]

Texte zu Kap. 5: Unterrichtsideen – Filme

Auszug aus: „Ich kann mit Gebärden ein Experiment aufbauen"[247]

Ingo Barth ist Mikrostrukturphysiker und taub. Ein Gebärdengespräch über die Mühen und Chancen von Gehörlosen in den Naturwissenschaften.

Der Mann ist Forschungsgruppenleiter am Max-Planck-Institut für Mikrostrukturphysik in Halle. Er ist der erste deutsche Gehörlose, der in Chemie promoviert hat. Für seine Forschung zum Verhalten kleinster Moleküle hat der 40-Jährige mehrere Preise gewonnen, und das, obwohl er als Physiker in der Chemie forscht. Das Gespräch mit der ZEIT findet unter den gleichen Bedingungen statt wie die Kommunikation mit anderen Forschern: Zwei Gebärdensprachdolmetscher übersetzen. Während der Unter-

246 The collectes poems of Dylan Thomas, hg. von James Laughlin. New York: New Directions Books, 1953. S. 24.
247 Interview: Haluka Maier-Borst. Aus der ZEIT Nr. 15/2017

haltung formen die Finger von Ingo Barth und seinen Dolmetschern Gesten, spreizen sich, kreisen und fliegen durch die Luft.

DIE ZEIT: Herr Barth, wie unterscheidet sich Ihr Alltag von dem anderer?

Ingo Barth: Mein Alltag ist wesentlich weniger spontan als bei einem Hörenden. Ich kann mich nicht mal eben zu einem Gespräch mit jemandem treffen. Jedes Mal brauche ich dafür einen meiner Dolmetscher. Und die haben auch nicht immer Zeit, weil sie Freiberufler sind und keiner von ihnen hier in Halle wohnt. Das bedeutet, ich muss wahnsinnig viel organisieren. Wenn ich einen Vortrag halte, muss ich nicht nur mich vorbereiten, sondern auch meine Dolmetscher. (…)

ZEIT: Bei unserem Gespräch hier helfen uns zwei Dolmetscher. Wieso eigentlich zwei?

Barth: Je länger das Gespräch dauert, desto mehr schwindet bei ihnen die Konzentration. Deswegen hilft es, wenn sie sich abwechseln können. Außerdem ist das Thema, über das ich rede, komplex. Beide Dolmetscher haben zwar ein Studium für das Gebärdensprachdolmetschen abgelegt, aber keinen Physikhintergrund.

ZEIT: Wie schwer ist es denn für Sie als Dolmetscher, Herr Wiebel und Frau Schmegel, Quantenphysik und theoretische Chemie in Gebärden auszudrücken?

Ralf Wiebel: Ich begleite Herrn Barth schon seit zehn Jahren, und es wird mit der Zeit einfacher. Trotzdem ist und bleibt es jedes Mal eine Herausforderung, vor allem wenn es in die Tiefen der Quantenphysik geht.

Andrea Schmegel: Ich bin erst seit drei Jahren dabei. Natürlich kommt es immer mal wieder vor, dass man beim Dolmetschen ins Schwimmen gerät. (…)

ZEIT: Müssen Sie denn etwas von der Materie verstehen, um es zu übersetzen?

Schmegel: Zumindest so weit, dass man es dolmetschen kann. Aber die Themen wirklich in der Tiefe zu begreifen, das geht nicht.

Wiebel: Wenn jemand anders einen fachfremden Vortrag hält, wird es schwierig. Da muss man manchmal einfach versuchen, es irgendwie zu übertragen. Das fühlt sich nicht immer gut an, aber mit viel Buchstabieren und einigen Hilfsgebärden geht das schon irgendwie. Wichtig ist, dass Herr Barth es versteht. (…)

ZEIT: Wie haben Sie denn selbst Ihre Liebe zur Physik und den anderen Naturwissenschaften entdeckt?

Barth: Meine beiden Eltern sind ebenfalls gehörlos. Mein Vater war nachts öfter mit mir draußen, und da haben wir uns die Sterne angeschaut. Er hat mir erklärt, wo welcher Stern steht, was davon der Große Wagen ist und was bei einer Mondfinsternis passiert. Mein Vater war kein Naturwissenschaftler. Er war Werkzeugmacher, weil es damals in der DDR wenig Möglichkeiten für Gehörlose gab. Aber trotzdem hat er sich wahnsinnig stark für diese Themen interessiert. Dass auch er gehörlos war, war mein Glück, sonst hätte ich all dieses Wissen nie bekommen. Der Traum meines Vaters war, dass ich Wissenschaftler werde. (…)

ZEIT: Glauben Sie, dass manche Sachen leichter in der Gebärdensprache zu erklären sind?

Barth: Ja, zum Beispiel das Set-up eines Experiments. In der Schriftsprache oder bei einem Vortrag muss man lange erklären, von wo aus man wie auf die Apparatur schaut. Ich dagegen kann gewissermaßen aus dem Nichts mit Gebärden ein Experiment aufbauen.

ZEIT: Fällt es Ihnen auch leichter, sich gewisse Dinge in der Physik vorzustellen, wie zum Beispiel die Raumzeit?

Barth: Sicherlich. Die Zeit ist in der Gebärdensprache eine weitere Linie im Raum. Wenn ich sagen möchte, dass etwas in der Vergangenheit liegt, dann zeige ich einfach hinter mich. Und die Zukunft: Die liegt vor mir. Die Zeit sich als weitere Dimension vorzustellen ist so gesehen nichts Besonderes für mich.

ZEIT: Haben Sie Lieblingsgebärden?

Barth: Das Quant. Eine kleine, feine Gebärde, passend zum Gegenstand, um den es geht. *(Er bewegt den rechten Zeigefinger über den ruhenden linken Zeigefinger hinweg. Der rechte hüpft dabei von Gelenk zu Gelenk des linken Fingers.)* (...)

Dieser Text kann den Hinweis zur Kultur der Gehörlosen und zur Beschulung ergänzen.

Internetquelle zu den Axiomen nach Watzlawick

„Kommunikation hat nicht nur etwas mit Inhalten, sondern auch etwas mit Appellen und Beziehungen zu tun. Systematisch und zugleich systemisch, d. h. von der Annahme ausgehend, dass wir in selbst konstruierten und relativ festgefügten Systemen leben und kommunizieren, hat sich mit solchen Fragen die Forschergruppe um Paul Watzlawick in dem bekannten und seinerzeit revolutionären Buch ‚Menschliche Kommunikation, Formen, Störungen, Paradoxien' auseinandergesetzt."[248] „(Watzlawick und seine Mitautoren) haben fünf plausible Vorannahmen, sogenannte Axiome, über Kommunikation(sabläufe) aufgestellt (alle Ausdrücke in Klammern sind Zusätze der Autoren des Programms):

1. Axiom: „Man kann nicht nicht kommunizieren."
2. Axiom: „Jede Kommunikation hat einen Inhalts- und einen Beziehungsaspekt, derart, dass letzterer den ersteren bestimmt und daher eine Metakommunikation ist."[249]
3. Axiom: „Die Natur einer Beziehung ist durch die Interpunktion der Kommunikationsabläufe seitens der Partner bedingt."[250]

---

248 http://rowe-online.de/QM/Circle/userfiles/downloads/2014-11-16%20Kommunikation%20II%20-%20Watzlawick%20-%20Quelle%20Internet.pdf [17.07.2017] Vgl. Paul Watzlawick et al. (2000): Menschliche Kommunikation. Formen, Störungen, Paradoxien. 10. Aufl. Bern u. a.: Huber. S. 50–60; Paul Watzlawick et al. (1996): Menschliche Kommunikation. Formen, Störungen, Paradoxien. 10. Aufl. Bern u. a.: Huber. S. 53.

249 Ebd. S. 56.

250 Ebd. S. 61.

4. Axiom: „Menschliche Kommunikation bedient sich digitaler (verbaler) und analoger (non-verbaler, nicht-sprachlicher) Modalitäten (Ausdrucksmittel). Digitale Kommunikationen haben eine komplexe und vielseitige logische Syntax aber eine auf dem Gebiet der Beziehungen unzulängliche Semantik (Bedeutungslehre). Analoge Kommunikationen hingegen besitzen dieses semantische Potential, ermangeln aber die für eindeutige Kommunikation erforderliche logische Syntax."[251]

8.4 Ergänzender Anhang

Texte und Grafiken zum Hören als physikalischem Prozess

Hören von Einzellauten

Gegenstand des Hörens sind die von einem Sprecher erzeugten Schallwellen, die für das Hören relevante Eigenschaften haben. Sie werden, als Wellen, nach Frequenz und Amplitude beschrieben.

Die Frequenz ist für die *Tonhöhe* ausschlaggebend sie ergibt sich aus einer langsamen oder schnellen Schwingung der Schallwellen, sie wird in Hertz (Hz) gemessen.

Die *Lautstärke* von Sprache hängt von der Amplitude der Schallwellen ab, sie gibt an, wie weit die Ausschläge der Wellen sind, sie wird in Pascal (p) gemessen. Sie geht auf den Schalldruck zurück. Der Schalldruck ergibt sich aus dem subglottalen Druck mit dem die Luft aus der Lunge gegen die Stimmlippen gepresst wird. Hoher subglottaler Druck ergibt eine starke Schwingung der Stimmlippen. Laute mit hoher Amplitude klingen laut.

Der Schalldruckpegel wird in Dezibel (dB) gemessen. Die Lautstärke ergibt sich aus Frequenz und Schalldruck. Der Lautstärkepegel ist ein psychoakustisches Phänomen: Hochfrequente Laute werden bei gleichem Schalldruck lauter erlebt als niederfrequente Laute. Der Lautstärkepegel wird in Phon gemessen.

Tonhöhe und Schalldruck tragen zur *Sonorität* bei. Sonorität ist die Effektivität eines Lautes in Bezug auf seine akustische Energie. Laute deren weitere Modulation des Grundtons mit einer starken Engebildung im Artikulationsraum, z. B. im Mund, einhergeht, zeigen eine geringe Sonorität, da die Resonanzräume sich verengen und bei der Artikulation dann verstärkt Turbulenzen eine Rolle spielen. Laute mit schwacher Engebildung zeigen eine hohe Sonorität, da die Resonanzräume groß bleiben.

Die Sonorität ist bei Lauten mit starker Engebildung, bei hochfrequenten Laute und bei hohen Lauten sowie bei Lauten mit geringer Amplitude, also bei leiser Sprache. Hoch ist die Sonorität bei Lauten mit geringer Engebildung, niederfrequenten Laute und Lauten mit hoher Amplitude.

Bei *Formanten* handelt es sich um Teiltöne, die, neben dem meist tieferen Grundton, einen Laut wie /a/ mitbilden. Der Grundton ist in der Sprachbanane im

251 Ebd. S. 68.

linken Bereich dargestellt, auf dem keine Laute eingetragen sind. Formanten kommen durch die verschiedenen Schwingungen der verschiedenen Resonanzräume zustande. Die Resonanzräume für menschliches Sprechen sind z. T. veränderlich (Rachenraum, Mundraum, Nasenraum) z. T. unveränderlich (Nasennebenhöhlen, Brustkorb).

Tabelle 2: Formanträume[252]

Formant	Frequenzspektrum (männlich)	Resonanzraum
F0	80–200	Stimme
F1	220–780	Rachen
F2	1200–2000	Mundraum
F3	2200–3000	Lippenraum
F4	3350–4150	Koronalraum

Für Vokale sind 4–5 Formanten nachweisbar, die untenstehende Grafik zeigt die beiden wichtigsten.

Die obige Abbildung zeigt, dass die Teiltöne unterschiedliche Schwingungszahlen aufweisen können, die für den Hörvorgang noch nutzbar sind, wenn höherfrequente Teiltöne nicht mehr wahrnehmbar sind. Das /a/ zeigt z. B. im ersten Formanten ca. 700 Hz in zweiten dagegen 2500.

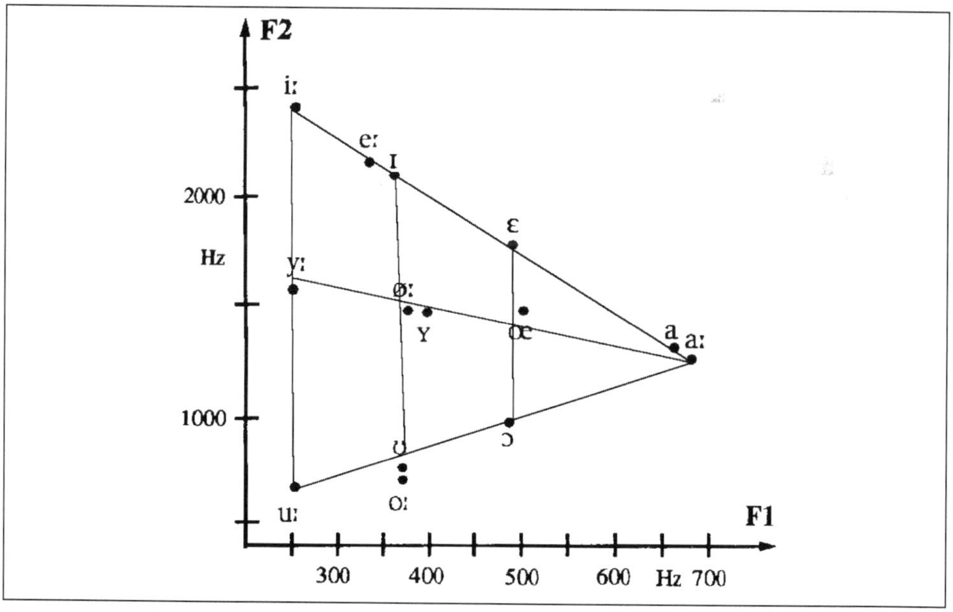

Formant 1 und 2 bei Vokalen[253]

252 http://www.christianlehmann.eu/ling/lg_system/phon/index.html?http://www.christianlehmann.eu/ling/lg_system/phon/03_auditive_phonetik.php [17.07.2017]

253 http://www.uni-koeln.de/phil-fak/muwi/ag/aph2.html [17.07.2017]

Die geringere Signifikanz von Vokalen für Wortinhalte ergibt sich aus der Tatsache, dass sie fast 40 % der verwendeten Laute ausmachen, ihr Bestand aber relativ klein ist. Im Deutschen werden fünf Grundvokale mit qualitativen und quantitativen Varianten, zwei Umlaute und drei Diphthonge verwendet. Die Konsonantenlaute sind zahlreicher, für das Hörverstehen von größerer Relevanz und auf viele Frequenzbereiche verteilt, wie die „Hörbanane" zeigt.

Hören größerer Einheiten

Hören ist zunächst nicht auf Einzellaute, sondern auf ganzheitliche Lautgebilde wie Wörter oder Sätze gerichtet. Der geübte Hörer erkennt die Lautbilder von Wörtern und Sätzen bereits aus wenigen Einzelmerkmalen.

Die Interpretation der Hörreize führt zur Identifikation der Schallwellen mit Wörtern und Sätzen, die im mentalen Lexikon abgelegt sind, sodass eine Informationsentnahme erfolgen kann.

Einzellaute werden aus größeren Einheiten nur dann isoliert, wenn ein bestimmter Bedarf besteht. So um einem Missverständnis vorzubeugen, um Fehler zu identifizieren und wenn unbekannte oder lautlich komplexe Wörter in Silben und Einzellaute zerlegt werden müssen, damit sie geschrieben werden können.

Die Diskrimination eines Einzellautes ist nicht immer einfach, denn in Wörtern oder Sätzen sind die Einzellaute durch Koartikulation, Betonungsverhältnisse, Sprechgeschwindigkeit und Umgangssprache oft stark verändert.

Selbstportrait von Joshua Reynolds zum ergänzenden Hinweis 5.2.2

Joshua Reynolds: Self-Portrait as a Deaf Man[254]

Das Selbstportrait von Joshua Reynolds, der sein Gehör durch einen Reitunfall verlor, kann in verschiedenen Zusammenhängen eingesetzt werden. Es kann dazu dienen, die Kommunikationseinschränkung zu verdeutlichen, die mit Gehörlosigkeit einhergeht oder bei einer Betrachtung der Kultur Gehörloser eingesetzt werden. In diesem Fall kann auf weitere herausragende ertaubte Künstler eingegangen werden wie Francisco de Goya, David Hockney und Ludwig van Beethoven. Hier können

254 https://upload.wikimedia.org/wikipedia/commons/e/ee/Sir_Joshua_Reynolds_-_Self-Portrait_as_a_Deaf_Man_-_Google_Art_Project.jpg?uselang=de [08.05.2017]

auch Wissenschaftler genannt werden, wie Thomas Edison oder Politiker wie Winston Churchill und Nelson Mandela.[255]

Fundorte zur allgemeinen Berufsberatung und zu ausgewählten Berufen innerhalb des Schwerpunkts „Hören" (vgl. Kap. 4.2.2 *Talk talk* – Aspekte der Berufsorientierung)

Integrationshelferin/-helfer (I-Helferin/I-helfer):
- https://www.ausbildung.de/berufe/integrationshelfer/
- http://www.ils.de/fernkurse/persoenlichkeitsbildung-gesundheit/coaching-beratung-psychologie/fluechtlings-und-integrationshelfer/?o=00001_00010_PG02232GOO&gclid=COvowb7Cg9MCFeopowodCDAHjw
- https://www.wbstraining.de/weiterbildung-integrationshelfer-in-fuer-kinder-und-jugendliche-mit-migrationshintergrund/

Hörgeräteakustikerin/-akustiker
- https://www.ausbildung.de/berufe/hoergeraeteakustiker/
- https://www.azubiyo.de/berufe/hoerakustiker/
- http://handwerk.de/berufsprofile/h%C3%B6rger%C3%A4teakustiker-in?gclid=CLD_yoLDg9MCFVOMGQod7vYDww

HNO-Ärztin/HNO-Arzt
- http://flexikon.doccheck.com/de/Facharzt_f%C3%BCr_Hals-Nasen-Ohrenheilkunde

HNO-Audiologieassistentin/-assistent
- https://www.azubi.de/beruf/ausbildung-hno-audiologieassistent

Gebärdendolmetscherin/-dolmetscher
- http://www.dgsd.de/info/allgemein/taetigkeitsprofil.html
- http://www.gsdnrw.de/startseite.html
- https://www.land.nrw/de/tags/gebaerdendolmetscher

Tontechnikerin/-techniker
- http://www.berufe-lexikon.de/berufsbild-beruf-tontechniker.htm
- https://www.medienwiki.org/index.php/Tontechniker
- http://www.buehnenverein.de/de/jobs-und-ausbildung/berufe-am-theater-einzelne.html?view=49

Erzieherin/Erzieher
- https://www.ausbildung.de/berufe/erzieherin/
- https://www.erzieherin.de/

---

255 Vgl. Maggie Woodley (1998): Hören ohne Töne. Lüneburg: Saatkorn-Verlag. S. 27.

Lehrerin/Lehrer

- http://www.lehrer-werden.de/

Sonderpädagogin/-pädagoge

- https://www.studycheck.de/studium/sonderpaedagogik
- https://berufenet.arbeitsagentur.de/berufenet/faces/index;BERUFENETJSESSIONID=vrYqAQ9p9urq8CWPBW_QOgyjKP